MANUEL

DE

L'AMATEUR DE JETONS

AUTUN, IMPRIMERIES DEJUSSIEU ET VILLEDEY.

MANUEL

DE

L'AMATEUR DE JETONS

PAR J. DE FONTENAY

MEMBRE DE L'INSTITUT DES PROVINCES DE FRANCE
SECRÉTAIRE PERPÉTUEL DE LA SOCIÉTÉ ÉDUENNE DES LETTRES, SCIENCES ET ARTS
CORRESPONDANT DE PLUSIEURS ACADÉMIES

PARIS

DUMOULIN, QUAI DES AUGUSTINS, 13

ROLLIN, RUE VIVIENNE, 12. | DIDRON, RUE HAUTEFEUILLE, 13
DIJON, LAMARCHE ET DROUELLE. AUTUN, MICHEL DEJUSSIEU

1854

DÉDICACE

A SON ALTESSE MONSEIGNEUR LE PRINCE
ALEXANDRE DE HESSE-DARMSTADT.

Prince,

Plus l'homme studieux a interrogé les mystères de la science, plus il désire connaître et apprendre encore. Si la satisfaction qu'il éprouve lui suffit d'abord, il ne tarde pas à sentir le besoin d'éclairer la route parcourue, afin d'épargner à ses successeurs les peines et les recherches qui, maintefois, ont refroidi son ardeur, découragé sa persévérance. Ceci est vrai pour la médiocrité, tout aussi bien que pour le génie. On aime à revenir sur sa pensée première, à en suivre le développement et à constater le résultat auquel elle a conduit.

Vous savez, Monseigneur, que, dès le milieu du quinzième siècle, Pétrarque recueillait avec soin les médailles et les autres objets curieux dont, jusqu'à lui, on avait fait peu de cas. Cinquante ans après, on rencontrait bon nombre de collections précieuses, et le siècle ne s'était pas encore écoulé que déjà des avares d'un nouveau genre entassaient des trésors pour les générations futures.

Les rois se firent gloire d'ouvrir leurs cabinets à ces restes de l'antiquité que le vulgaire appelait des vieilleries, mais que le savant couvait du regard. Il y voyait un aliment à ses recherches, il comprenait tout le parti que pouvait en tirer l'histoire, tout le profit qui devait en découler sur les arts. C'est avec raison que le premier président de Lamoignon s'étonnait qu'on trouvât des gens d'assez méchant goût pour ne pas estimer la science des médailles autant qu'elle le mérite.

Aujourd'hui, les princes ne se contentent plus de posséder des collections numismatiques ; Gaston, frère de Louis XIII, leur a appris à les former eux-mêmes, et ils lisent couramment ces grands mémoires métalliques plus fidèles que ceux des chroniqueurs. N'êtes-vous pas, Monseigneur, le plus bel exemple que l'on puisse citer de cet éclatant progrès ?

Dans ma modeste retraite, j'ai souvent envié le

bonheur de ceux qui peuvent, à chaque instant, puiser aux sources fécondes, profiter des mines inépuisables créées par les gouvernements, vivifiées par l'agglomération incessante de tout ce que l'esprit humain a fait, inventé ou écrit. Quand, laissant là l'épée pour me retirer au lieu de ma naissance, je vins fouler ce sol tant de fois dévasté dans les vieux âges, recelant les débris des arts et de l'industrie des peuples de l'antiquité, je ne pus toucher sans émotion ces restes éloquents ramenés à la surface par le soc de la charrue. Après les avoir étudiés, je sentis qu'il me serait impossible de rien ajouter à ce qu'avaient écrit des milliers de plumes plus habiles et plus savantes que la mienne. En descendant d'âge en âge, je vis un sentier à peine frayé : les épines qui le couvraient ne me rebutèrent pas. J'allais à la découverte sans pilote et je pouvais faire naufrage sans courir le risque d'être taxé d'incapacité. Si je n'ai pas abordé au continent, j'ai du moins touché à une île où j'ai pu me reposer. D'autres viendront et ne se briseront pas aux écueils de la route.

Je n'aurais plus songé qu'à applaudir à leurs succès, si un heureux hasard ne m'avait procuré l'insigne honneur d'entrer en relation avec V. A. C'est au savant M. de Koëhne que je le dois. Il m'avait bien vanté votre science et vos qualités aimables, mais vous avez mis le comble à tout ce que je pouvais espérer de votre bienveillance, en prenant quelque intérêt à mes travaux.

DÉDICACE.

Vous avez daigné agréer la dédicace d'un modeste manuel, et par là, vous avez voulu encourager les études d'un Bourguignon dont le cœur palpite au souvenir du prince qui fut l'époux de Caroline de Hesse-Reinfeld. Hesse et Condé sont les deux grands noms que vénéraient nos ancêtres, et ils leur consacrèrent un jeton dont la belle exécution témoigne du soin qu'ils mirent à élever ce monument de reconnaissance.

Un pareil sentiment m'anime en ce moment; et si mes forces n'égalent pas le désir que j'ai de rendre mon travail digne de vous être offert, je saisis du moins avec empressement cette occasion de me dire, avec le plus respectueux dévouement,

Monseigneur,

De Votre Altesse

Le très humble et très obéissant serviteur,

J. DE FONTENAY.

Autun, 1er mai 1853.

AVERTISSEMENT

I LA crainte de faire quelque chose d'incomplet, si la chance de tomber dans des erreurs étaient des obstacles à ce que chacun émît publiquement le résultat de ses recherches, de combien d'ouvrages importants ne serions-nous pas privés ! Nul jalon ne serait planté, nulle route ne serait tracée ; et quel est l'homme assez aventureux pour se lancer quand il ignore si le terrain est solide sous ses pieds ?

Celui, surtout, qui n'a pas à sa disposition de riches bibliothèques, des dépôts d'archives, des collections

telles que les capitales seules les possèdent, resterait inactif; la province serait déshéritée; et cependant elle produit, car enfin elle a senti sa puissance, elle a réuni ses forces. Elle s'est dit, entre autres choses :
— A toutes les époques on a écrit l'histoire sur le bronze; le bronze est un des livres qu'il faut lire jusqu'à la dernière page.

Trop longtemps, *les curieux*, comme on les appelait autrefois, ont négligé de recueillir les monuments métalliques qui n'avaient pas une odeur de grec ou de romain; ou bien, insoucieux de l'histoire de leur propre pays, ils ont enseveli sous la poussière de leurs cabinets leurs trésors d'*antiquaires*.

Il faut aujourd'hui repousser ces deux qualifications : le mot de *numismate* même a été remplacé par celui, moins français du reste, de *numismatiste*. Ce dernier s'applique particulièrement à l'école moderne qui fait de l'histoire avec des pièces de métal, qui a révélé de quel secours peuvent être les portraits, les noms, les allégories, les emblèmes et les devises qu'on y rencontre.

Quelques auteurs, comme je le dirai tout-à-l'heure, avaient déjà écrit sur les médailles et au moyen des médailles, mais pas toujours avec cet esprit consciencieux qui ne doit avoir pour auxiliaires que des yeux exercés et de l'intelligence. Ils ont systématiquement repoussé l'immense quantité de jetons qui se trouvaient dans toutes les mains et qui offrent la mine la plus riche que l'on puisse exploiter. Ils ont attendu que le temps eût jeté son voile épais sur des représentations abrégées, sur des paroles concises qu'il devient parfois si difficile d'expliquer.

C'est dans ce chaos qu'à plusieurs reprises j'ai cherché à porter la lumière. Puissent mes efforts être secondés par ceux qui collectionnent.

MM. Hermand, Hucher, Cartier, Rouyer, de Lonpérier, Leber, Rigollot, Morel-Fatio, Duchalais, de Soultrait, Robert, Dancoisne, Delanoy et tant d'autres savants n'ont pas regardé comme au-dessous d'eux d'étudier des jetons et des pièces modernes; mais il reste tant à faire qu'une vie d'homme serait loin d'y suffire, surtout si, comme je le crois nécessaire, un dessin exécuté par l'auteur lui-même devait toujours accompagner le texte. Cette méthode longue et coûteuse a l'avantage de parler aux yeux et de dispenser d'une description minutieuse qui finit par fatiguer.

Je recevrai avec reconnaissance toutes les observations et les communications qu'on voudra bien me faire. Elles me mettront à même d'écrire peut-être un jour un traité plus complet et plus digne du sujet.

PRÉFACE

A juger par le nombre des membres inscrits sur les listes des Sociétés scientifiques, de la quantité de personnes qui, en France, s'occupent d'archéologie et de numismatique, on serait porté à croire qu'à aucune époque le goût de ce genre d'études ne fut plus répandu.

Les esprits, il est vrai, sont tournés vers la science historique appuyée sur les monuments construits, sculptés ou frappés, mais les rangs des hommes qui prennent part à la lutte ne sont pas aussi serrés qu'ils le paraissent. On se fait honneur d'appartenir à une Compagnie académique sans, malheureusement pour cela, prendre l'engagement de concourir à ses travaux; ou mieux encore, si on en a eu la volonté, bientôt elle a faibli en présence des obstacles qui s'attachent principalement aux débuts. Il faut en chercher la raison dans le manque d'ouvrages rudimentaires. Depuis que l'illustre fondateur de l'Institut des Provinces et de la Société Française pour la conservation et la description des monuments historiques a publié son Cours d'archéologie, son Bulletin monumental, depuis surtout qu'il a institué et soutenu avec tant de persévérance et d'habileté les congrès qui tiennent leurs assises tantôt dans une ville, tantôt dans une autre, le nombre de ceux qui, à première vue, peuvent assigner une date à un édifice, s'est accru dans des proportions extraordinaires. Pourquoi cela? — C'est que les ouvrages auxquels ont donné naissance ces réunions d'hommes, comptant depuis le plus savant jusqu'au plus novice adepte, contiennent, outre les principes élémentaires, le compte-rendu des discussions publiques où chacun a pu émettre son avis, et enfin la solution des questions les plus controversées.

En assistant à ces assemblées périodiques, j'ai compris que les rapports qui s'établissent entre les personnes s'occupant de travaux analogues font plus pour l'avancement de la science, pour le perfectionnement de chacun, que les plus beaux traités sortis du silence du cabinet. Jamais les amateurs de médailles ne se donnent rendez-vous pour des sessions exclusives; aussi la phalange des archéologues est puissante par le nombre et le savoir, tandis que les numismates sont faciles à compter, surtout si l'on exclut de leurs rangs ceux qui en usurpent le titre pour servir d'enseigne à leur industrie.

Je ne sache pas qu'il existe un livre de numismatique tel que je l'ai entendu désirer par tous ceux qui commencent l'étude de cette science, c'est-à-dire fait véritablement dans le but d'initier à des connaissances qui exigent beaucoup d'observations. Pour moi, j'avoue que je me suis heurté à des difficultés que quelques lignes auraient facilement levées. En réfléchissant un peu, j'ai reconnu, à part tout traité, que la pratique et les comparaisons pouvaient seules conduire à une connaissance parfaite. Il faut donc des maîtres patients et complaisants.—Où les trouve-t-on? — Nulle part! — Les vrais connaisseurs s'assemblent-ils pour discuter et s'éclairer mutuellement? — Jamais!

Et cependant j'aimais ces pièces de métal auxquelles s'attachent tant de souvenirs. J'ai parcouru leurs différentes séries et, arrivé au bas de l'échelle, j'ai remarqué une lacune. Dès ce moment, mon parti fut pris; j'essayai de la combler.

Avant d'entamer le sujet que je reprends aujourd'hui pour la troisième fois, voyons les degrés où la science peut faire halte. Il est des branches nombreuses dans l'histoire des médailles. Sans compter les pièces grecques si belles par le module et par le dessin, mais étrangères à nos contrées, nous trouvons :

1° Les gauloises ou celtiques.
2° Les médailles consulaires.

3° Les médailles romaines se subdivisant en médaillons d'or et d'argent, module ordinaire d'or et d'argent, grand bronze, petit bronze et quinaire des trois métaux, jusqu'au module lenticulaire en bronze.

4° Les byzantines.

5° Les sous d'or, les tiers de sous d'or ou triens (sixième et septième siècles).

6° Les deniers carlovingiens et leurs oboles.

7° Les monnaies épiscopales et baronales.

8° Les florins, francs, gros, parisis, tournois, blancs, écus, etc., etc., etc., et les testons qui nous conduisent à la renaissance du médaillon qu'on appelle alors médaille moderne, et aux différents systèmes monétaires des derniers siècles.

9° Pièces non classées, bractéates, obsidionales, etc.

10 Médailles modernes, jetons, etc., etc.

Les gauloises en or, en électrum, en argent, en potin et en bronze affectent généralement la forme concave d'un côté et convexe de l'autre. On les reconnaît facilement à leur dessin rudimentaire, et si quelques-unes font exception, elles le doivent à l'influence de l'art grec. Le type le plus fréquent est le sanglier, le cheval en liberté et le bige conduit par un personnage debout. Les accessoires ou différents sont très variés.

Ces médailles sont, pour la plupart, muettes ou anépigraphes. Quelques-unes portent un nom de chef ou de lieu. Divers types bien déterminés et suffisamment étudiés permettent d'attribuer d'une manière à peu près certaine à un peuple des pièces muettes.

1re période, style barbare.

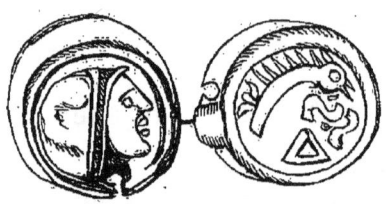

2e période, imitation grossière du type macédonien, du bige au revers de la tête d'Apollon, avec symboles accessoires qu'il faut étudier.

On est convenu aujourd'hui d'attribuer aux contrées gallo-kimriques de l'ouest et du nord des Gaules le cheval à tête humaine ou androcéphale foulant aux pieds Typhon.

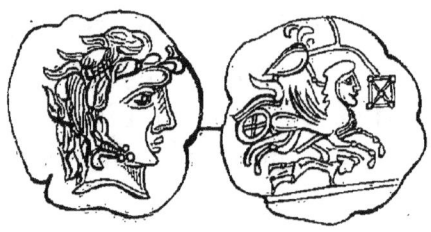

3e période, les légendes paraissent, la tête d'Apollon s'efface devant celle de Diane ou devant la tête allégorique de la cité ou du peuple. C'est ainsi que le nom d'ORGETIRIX, chef de la ligue éduenne, se trouve écrit sous un ours et au revers de la tête de Diane pharétrée qu'accompagne le nom de peuple EDVIS.

Bouteroüe, Lelewel, Lambert, Pellerin, Mionnet, Duchalais, Akerman, de La Saussaye, de Lagoy, Chaudruc de Crazanne, Jeufrain et Brelier doivent être comptés parmi les principaux auteurs qui se sont occupés de l'étude, de la classification et de l'attribution de ces médailles si longtemps négligées.

On entend par médailles consulaires, non des pièces frappées par les consuls, mais bien par des descendants de ces familles illustres qui se trouvèrent à la tête du monnoyage et rappelèrent les hauts faits de leurs ancêtres. Elles portent presque toutes, en entier ou en abrégé, les noms de ces familles dont on connaît au moins cent quatre-vingts, sans compter les incertaines.

Il faut consulter à leur sujet Ursinus, Patin, Vaillant, Morell, Mionnet et Riccio.

La numismatique impériale a, jusqu'à ce jour, tenu le premier rang, tant par son importance que par la longue période qu'elle occupe dans les annales de l'histoire. Son étude est attrayante, car les pièces qui la composent témoignent d'abord du degré de perfection auquel était alors parvenu l'art monétaire. On assiste graduellement à sa décadence en suivant le cours des siècles, et chemin faisant on s'initie aux évènements les plus importants de chaque règne; on voit les grands détails de l'administration, les libéralités exercées envers le peuple, les voyages faits par les empereurs, les guerres qu'ils ont entreprises, leurs victoires, leurs conquêtes, leurs traités de paix et enfin leurs apothéoses. N'est-ce pas d'ailleurs un grand mérite des médailles, que d'offrir des portraits qui ont en quelque sorte un caractère d'authenticité, puisqu'ils ont été exécutés par ordre de l'autorité?

On ne comprend pas bien comment il se fait qu'on ait attaché plus de prix à la rareté de certains revers qu'à la beauté et à la conservation de la tête; aussi on revient de ce travers, et tout homme de goût convient que l'histoire sans l'art a perdu son charme le plus précieux.

J'avoue que je ne saurais me lasser d'admirer un médaillon recouvert de cette *patine* si douce à l'œil de l'antiquaire, cachet du temps qui, semblable au vernis, fait ressortir les beautés du tableau.

C'est une belle chose aussi qu'un grand bronze bien conservé.

Il n'est pas donné à tout le monde de former une série de pièces d'or et de posséder, comme le cabinet de la ville d'Autun, un Postume à quatre têtes.

Une Salonine inédite.

Une tête à l'avers et une ou plusieurs au revers indiquent généralement une pièce peu commune.

GERMANICUS. 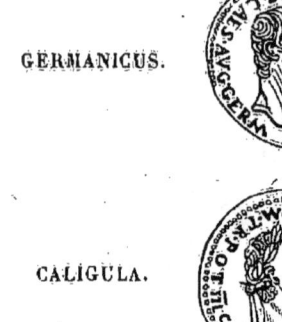 CALIGULA.

CALIGULA.  AGRIPPINE.

SEPTIME-SÉVÈRE.  JULIA-DOMNA, CARACALLA et GETA.

Les collections de pièces d'argent se rencontrent plus fréquemment, et pour peu qu'elles soient importantes on doit y trouver des pièces telles que :

CLAUDE  AGRIPPINE.

MATIDIE.  MARTI VLTORI.

DIDIVS
JVLIANVS.  P. M. TR. P. COS.

MANLIA SCANTILLA.		JVNO REGINA.
PESCENIVS NIGER.		APOLLINI SANCTO.
JVLIA DOMNA.		LEG. III. ITAL. VI. TR. P. COS.
ANTONINVS PIVS FIL. AVG.		SANCT. DEO SOLI ELAGABAL.
PUPIEN.		BALBIN et GORDIEN.

Sous le haut-empire, riche par le dessin, le grand bronze abonde; le moyen bronze est aussi remarquable; le quinaire ne se montre que peu. On y rencontre des pièces fourrées, celle-ci par exemple :

DIVA AVGVSTA MARCIANA.   LIBERTAS PVBLICA.

Sous le bas-empire, le moyen bronze, le quinaire

surtout, dominent. C'est à cette époque aussi qu'on trouve immensément de médailles *saucées* ; elles commencent à Gallien pour finir à Dioclétien.

On voit avec regret l'art décroître en même temps que la monnaie s'altère; cependant il faut encore citer:

VOLUSIEN avec le revers inédit ANNONA AGG.

POSTUME avec le revers également inédit HERCVLI ROMANO.

TETRICVS et son fils PIVESVVIVS TETRICVS.

IMP. PISO FRVGI P. F. AVG. R. — THESSAL. AVGVS.

LE DIVIN NIGRINIEN. — CONSECRATIO.

CONSTANTIN; un labarum surmonté d'une croix lumineuse.

CONSTANTINOPOLIS, au revers duquel on remarque le monogramme du Christ.

ANTHEMIVS, petit quinaire de bronze. VICTORIA AVG.

La manière dont j'ai noté ces pièces indique assez que je n'ai pas voulu les décrire, mon but n'étant pas de faire un traité de numismatique ancienne.

Qui ne connaît les ouvrages de Vaillant, Patin, Goltzius, Mionnet, Banduri, Musellius, Havercamp, Vico, Eckhel, l'abbé Kell, et de tant d'autres dont la plume patiente et savante nous a fait connaître l'origine et les révolutions des États, les noms de familles illustres, les divinités du paganisme, les instruments des sacrifices, les ornements des pontifes, des augures et des sacrificateurs, les noms et les machines de guerre des anciens, la pompe de leurs triomphes, les couronnes qui servaient de récompense pour les services rendus à la patrie, les autels, les temples, les théâtres, les cirques, les arcs-de-triomphe et en général toute sorte d'édifices et de monuments que le temps a détruits, que le vandalisme a nivelés, et que l'or, l'argent, le bronze nous ont conservés.

On croirait qu'après tant d'écrits, après de si longues recherches, le sujet doit être épuisé. Il n'en est rien cependant, car il reste toujours à faire des rectifications, des observations et des additions nouvelles. La terre n'a pas encore rejeté de son sein tout ce qu'elle a enfoui, et la science est loin d'avoir dit son dernier mot. Il suffit, pour s'en convaincre, de lire la Revue numismatique dirigée par MM. de la Saussaye et Cartier, d'Amboise. Depuis nombre d'années elle ne cesse de donner des pièces inédites, des aperçus nouveaux sur toutes les branches de l'art monétaire. Ajoutons à cela les travaux particuliers, les Mémoires des sociétés savantes, et nous devrons conclure qu'il n'y a pas plus de repos pour la pioche que pour la plume de l'antiquaire.

Les médailles byzantines ou de l'empire d'Orient à légendes grecques ne se trouvent pas en France.

Voir les ouvrages de du Cange, Banduri, Hardouin, Eckhel et Beauvais.

La domination franque amena un nouveau monnayage dans la période qui s'étend de la première moitié du sixième siècle à la fin du septième. L'or fut presque exclusivement employé dans cette fabrication, et le *triens* ou tiers de sou d'or fut très répandu.

Personne n'ignore que, chez les Romains, les *triumvirs-monétaires* étaient des magistrats ou officiers fort considérables tirés du corps des chevaliers, et j'ai cherché à prouver, il y a quelques années, que les *monétaires* de l'époque dite mérovingienne, ayant le droit d'inscrire leurs noms sur les pièces courantes, occupaient une charge du premier ordre. Elle ne devait donc s'accorder qu'aux courtisans le plus en faveur, et c'est ce que confirment les noms de *Magnoaldus*, de *Vintrio*, de *Sigoaldus* et d'une foule de puissants seigneurs qui jouèrent, comme eux, un rôle important dans les évènements du règne de Brunechilde.

Nous connaissons également les lieux inscrits au datif sur les pièces qu'ils firent frapper. — *Avgvstodvno*, *Cabillonno*, *Sinemvro*, de même que *Beleno* et *Avtixiodvro*; mais combien d'autres n'ont été découverts que depuis que l'on étudie sérieusement la numismatique, et combien sont encore inconnus. On en jugera en consultant les ouvrages de Bouteroüe, Le Blanc, Comberouse, de Lagoy, Robert, Renault, etc., etc. Il est donc important, sous le rapport géographique, de poursuivre les recherches si intéressantes auxquelles ont déjà donné lieu les observations faites sur les petites pièces que l'on désigne par le nom de *triens*, ou plus communément par celui de *monétaires*. On pourra encore, en examinant les produits des lieux divers signés du même personnage, en suivant les officiers monétaires dans les tournées qu'ils étaient obligés de faire pour convertir en espèces les lingots donnés en échange de marchandises, reconnaître les pays soumis à une communauté d'administration et leur plus ou moins d'importance sous le rapport commercial.

AUTUN.		MAGNOALDVS M. AVGVSTEDVNO.
CHALON S.-S.		VINTRIO MONETAR CABILLONNO FIT.
SEMUR-EN-AUXOIS.		SIGOALDVS MO. SINEMVRO.
BEAUNE.		M.... MONET. BELENO FIT.
AUXERRE.		AVDO MONET. AVTIXIODIRO.

Lieu incertain.

LEVEDGISOLVS MONTAT.		BANNIACIACO FIT.

Les monnaies royales françaises ont trouvé dans Le

Blanc, gentilhomme du Dauphiné, mort à Versailles en 1698, un interprète d'autant plus méritant, que le sujet qu'il se proposait de traiter avait à peine été abordé avant lui, et que, désirant éviter toute conjecture hasardée, il lui fallut secouer et déchiffrer bien des manuscrits poudreux. Son ouvrage a servi jusqu'ici de *vade mecum* aux amateurs qui se sont occupés de la recherche des monnaies produites par dix siècles de monarchie.

Tout vieillit en ce monde et devient incomplet. Des découvertes, comme je l'ai dit plus haut, se font chaque jour; aussi a-t-on regardé comme une bonne nouvelle l'annonce d'un Traité mis au niveau des connaissances actuelles et dû à la laborieuse persévérance de M. Berry, conseiller à la cour de Bourges.

La probabilité à peu près certaine des attributions ne commence guère qu'à Charles le Chauve; et encore, si on donne à ce prince de nombreuses monnaies, on ignore le lieu positif où quelques-unes furent frappées. Pour ma part, je ne suis pas encore édifié sur ce denier que l'on prétend attribuer à Curtisson.

F. CVRTISASO-NIEN.   GRATIA DNI REX.

En cherchant bien, on découvrira sans doute un lieu moins contestable. — Auxonne, par exemple.

A Carloman commence le monogramme du mot REX.

PRÉFACE.

CARLOMANVS.
Dans le champ :
REX.

EDVA CIVITAS.
Croix cantonnée
de deux annelets.

Le type se maintint sans grandes différences jusqu'à la troisième race, mais alors on entre dans cette variété de pièces si différentes par le module, le poids et le dessin, dont on trouve les noms principaux au numéro 8 de la classification et dont je m'abstiendrai de parler.

Quand la main de Charlemagne se glaça, les fils de la vaste organisation qu'elle tenait se brisèrent ; la féodalité reçut le jour et avec elle un nouveau système de monnaies.

L'évêque Modoinus qui, dès 838, eut l'administration du comté d'Autun, fit battre monnaie, et on a pensé pouvoir lui attribuer, quoiqu'elle paraisse d'une époque postérieure, la pièce suivante :

I=EDVA XPI
CIVITAS.

MONETA SCI
NAZARII.

Il faut plus naturellement la donner à l'évêque Jonas qui obtint de Charles le Chauve le privilège de monnayage en même temps que d'autres grands privilèges pour l'église de Saint-Nazaire.

SCI NAZARI MONETA.   GRATIA DNI REX.

Croix à branches égales. — Monogramme de Charles le Chauve.

Quoi qu'il en soit, les comtes qui s'étaient déclarés indépendants, les prélats, princes dans leurs diocèses, les abbés, maîtres dans leurs monastères, usèrent de tous les droits de souveraineté; ils eurent leurs coins et leurs ateliers monétaires. Des types particuliers ne leur suffirent pas toujours, et pour assurer le coûrs de leurs espèces, il leur arriva de copier, en les altérant, les types des rois et des empereurs, en sorte que ce fut un vrai déluge de monnaies épiscopales et baronales.

Vers la fin du dernier siècle, Tobiésen Duby entreprit une œuvre que Le Blanc n'avait pas eu le temps d'achever. Les difficultés ne l'arrêtèrent pas, et il tressa un canevas sur lequel on a brodé nombre de monographies provinciales et locales. C'est ainsi que M. Cartier a écrit un volume entier sur le type chartrain, que M. A. Barthélemy a donné la série si importante des ducs de Bourgogne, dans laquelle je me bornerai à citer Hugues IV et Robert II.

MONETA HVGONIS.   CABVLO CIVITAS.

R. DVX
BVRGVNDIE.

DIVIONENSIS.

Ecu de Bourgogne. — Croix cantonnée d'un annelet.

L'auteur du Traité des monnaies des barons a embrassé l'ancien domaine de la France, et conséquemment il a dû donner la Navarre, la Flandre, le Hainaut, la Lorraine, la Savoie, etc., etc.

Voici deux pièces qu'il ne cite pas et qui se rapportent à la domination espagnole. Elles m'ont paru intéressantes à cause de leur rapport avec l'ordre de la Toison-d'Or.

RO. IMPERATOR.

CAROLVS V.

Croix rayée et feuillée.

Briquet de Bourgogne orné de deux têtes de bélier et faisant jaillir des étincelles d'un caillou. Au-dessus, la couronne impériale romaine.

...IMP. C. BVRGVN.

BVRGVNDIE. 1550.

K couronné. — Croix de Saint-André liée par le briquet.

Il n'est pas nécessaire d'insister sur l'importance que présente l'étude de cette branche de la numismatique; on la comprend facilement en voyant le médaillier dérouler la nomenclature des souverainetés féodales, les dominations successives, les empiétements et en quelque sorte les luttes qui troublèrent fréquemment la paix.

Malgré les progrès de la science, il y a encore un grand nombre de pièces non classées; deux entre autres, trouvées à Autun, offrent à mes yeux un grand problème.

Les *Bractéates* sont tellement minces, que le dessin frappé au repoussoir paraît en relief au revers; elles ont existé depuis le moyen-âge jusqu'à une époque très rapprochée de nous. Perpignan et le Roussillon

en général en offrent des exemples; on en a découvert dans des fouilles faites à Saint-Martin d'Avallon; la Suède est, dit-on, le pays où l'on en rencontre le plus. Je ne sache pas que l'on se soit occupé sérieusement de leur étude.

Le nom de monnaies *obsidionales* (nummi obsidionales, — nummi castrenses) a été improprement donné à tout fragment de métal ou de toute autre matière frappé ou marqué pendant un siège ou dans un camp, afin de suppléer à la vraie monnaie qui manque, pour servir aux troupes et aux habitants de signe représentatif d'une valeur intrinsèque spécifiée.

La plus ancienne pièce de ce genre est celle du siège de Leyde (1474); les plus récentes sont celles d'Anvers et de Strasbourg (1814-1815).

Il existe un traité bien incomplet, quoique portant le titre de *Recueil général des pièces obsidionales et de nécessité*, publié par Michelet d'Ennery d'après les manuscrits de feu Tobiésen Dubuy.

Un sommeil de mille ans pesa, à part l'architecture, sur les arts en général et sur l'art monétaire en particulier, mais son réveil fut un triomphe. Ce n'est qu'en 1415 que l'on vit la première médaille moderne, celle de Jean Hus; en 1438, celle de Jean Paléologue, dernier empereur de Constantinople, gravée par Pisano; dix ans plus tard, en France, celle d'Alphonse, roi d'Aragon; la ville de Lyon attendit jusqu'à 1494 pour offrir à Charles VIII et à Anne de Bretagne une médaille à leur effigie. Les produits de Bolduchi et d'autres artistes commencèrent à être recherchés.

La renaissance produisit assez pour que, sous le titre de *Silloge nvmismatvm elegantiorvm*, Luckius ait pu former un gros volume de ce qui parut dans le dix-septième siècle. Le célèbre Benvenuto Cellini nous raconte lui-même, dans ses Mémoires, qu'il se livra à la gravure des médailles.

Jacques de Bie, calcographe, publia, en 1634, un grand nombre de médailles avec quelques explications; mais on ne peut avoir confiance en cet auteur, car, bien qu'il dise n'avoir rien dessiné que sur les originaux, il n'est pas douteux qu'il n'ait donné un large essor à son imagination. D'après les lignes précédentes, il devient impossible d'admettre sa pièce de Pharamond ainsi que les suivantes qu'il attribue aux dix premiers siècles de la monarchie française. Il a sans doute pensé que, puisque Phidias avait bien fait un Jupiter en s'inspirant des vers d'Homère, il pouvait bien, lui, inventer les têtes de nos vieux rois. A la vérité, Maximilien d'Autriche fit frapper des médailles au nom de ses ancêtres, et, le 20 thermidor, an X, Bonaparte, honteux des produits de l'art républicain, ordonna de confier à de nouveaux graveurs toutes les opérations importantes de la Révolution, en commençant par celles qui avaient eu lieu depuis le 18 brumaire; mais on doit considérer comme bonnes seulement les pièces du temps, c'est-à-dire celles frappées du vivant de l'homme dont elles offrent l'image et au moment de l'évènement qu'elles retracent.

Le degré de gloire auquel la France était parvenue sous les règnes de Henri IV, de Louis XIII et particulièrement après la paix des Pyrénées suivie du mariage de Louis XIV, nécessitait le soin de consacrer sur le marbre et sur le bronze le souvenir des actions les plus brillantes et des évènements les plus remarquables.

Jusque-là, les monuments métalliques avaient été abandonnés au caprice de leurs auteurs qui oubliaient trop souvent les règles et le bon goût dont l'antiquité nous a légués de si nombreux et si brillants modèles.

Le roi sentit la nécessité de créer une Académie chargée de travailler aux inscriptions, aux devises, aux médailles, et de leur rendre cette noble simplicité qui en fait le véritable prix.

Pendant le ministère de Colbert et sous la direction de cet homme habile, on entreprit de constituer par médailles une histoire suivie des principaux évènements du règne de Louis XIV. La tâche était difficile, car *le faire* des anciens n'avait pas encore été étudié avec assez de soin. On marchait lentement, dans l'impossibilité d'arriver tout d'un coup à la perfection, lorsque le ministre mourut.

Louvois, nommé à sa place surintendant des bâtiments, continua avec ardeur une entreprise qui, à juste titre, lui semblait belle. Le travail fut repris et plusieurs médailles de différentes grandeurs furent frappées.

En 1691, Sa Majesté remit le département des Académies à M. de Pontchartrin, alors contrôleur général et secrétaire d'Etat, ayant le département de la maison du roi. Ce nouveau ministre donna une attention particulière à la *Petite Académie* (c'était son nom vulgaire), qui devint plus connue sous le titre d'Académie royale des Inscriptions et Médailles.

Il confia l'inspection de cette compagnie à M. l'abbé Bignon, son neveu, dont le génie et les talents étaient déjà appréciés.

Un nouveau plan ayant été définitivement arrêté, les médailles frappées et les dessins faits du temps de Louvois furent revus avec soin; on en réforma plusieurs, on en ajouta beaucoup, et toutes les médailles reçurent le même module. L'histoire métallique fut ainsi poussée jusqu'à l'avènement de Mgr le duc d'Anjou à la couronne d'Espagne.

M. de Pontchartrin fils succéda à son père nommé chancelier au mois de septembre 1699; mais celui-ci avait fortement à cœur l'histoire du roi par médailles qu'il avait conduite et avancée avec un soin particulier, aussi il retint l'inspection de cet ouvrage qui fut achevé et publié avec un luxe jusqu'alors inconnu. La première édition est de 1702; la seconde, de 1723, est plus complète, mais elle n'a pas de préface.

On trouve dans les Annales de la monarchie française un grand nombre de médailles qu'il ne faut guère prendre au sérieux que depuis Henri IV; elles nous conduisent jusqu'au sacre de Louis XV.

Bizot, sous le titre d'*Histoire métallique de la République de Hollande*, a donné les plus belles médailles de Louis XIV, représentant des faits de guerre dans les Pays-Bas (Paris 1688). Ce recueil fut augmenté dans la suite.

Le P. Ménestrier fit, pour les Enfants de France, l'*Histoire de Louis le Grand,* par les médailles, emblèmes, devises, jetons, inscriptions, armoiries et autres monuments publics (Paris 1689).

Fleurimont acheva un ouvrage, déjà commencé, sur les médailles du règne de Louis XV.

Ces recueils manquent d'un texte suffisant, et on ne doit les considérer que comme des albums.

L'anglais Snelling et le hollandais Van-Loon ont

écrit sur les médailles modernes et même sur les jetons. Je n'en parle que par ouï-dire. Il en est ainsi à l'égard d'autres auteurs étrangers.

De Renesse a publié un catalogue de 40,000 articles, mais sans explications historiques.

La Napoléonide chante en vers les exploits du héros des temps modernes, triste manière de faire de la numismatique.

Dans ces dernières années, j'ai publié deux ouvrages spéciaux, l'un intitulé *Fragments d'histoire métallique*, l'autre, *Nouvelle Étude de Jetons*. On doit à M. Rossignol, de Dijon, une histoire très intéressante, écrite à ma sollicitation et sur mes dessins, ayant pour titre : *Des Libertés de la Bourgogne d'après les Jetons de ses États*.

Ce sont ces trois livres, fruits d'une même pensée, que je vais refondre en un moule unique, en ayant soin d'élaguer tout ce qui est conjectural ou inutile, de rectifier des faits ou des appréciations, et enfin d'ajouter bon nombre de pièces que j'ai étudiées depuis.

Avant d'entrer en matière, on me permettra encore quelques réflexions.

Mon admiration est grande pour tous ces chefs-d'œuvre numismatiques du haut-empire romain qui, après avoir bravé une longue suite de siècles, témoignent encore du degré de perfection auquel était alors parvenu l'art monétaire. Au temps de la décadence, l'artiste doit fermer les yeux, mais la tâche de l'historien n'est point achevée, car les lettres survivent difficilement à l'art, et dans ces transitions fâcheuses, les monuments métalliques, quelque imparfaits qu'ils soient, n'en sont pas moins très utiles pour expliquer des faits obscurs; ils acquièrent une véritable importance.

En général, les arts ont eu, comme la civilisation, des périodes caractéristiques. Quand un Etat est grand et florissant, les œuvres qu'il voit éclore sont belles. Quand la discorde agite la société, les œuvres sont, à peu d'exceptions près, maigres, sans style et comme produites à la hâte dans l'incertitude du lendemain. En veut-on un exemple? on n'a qu'à comparer le médaillon frappé à l'occasion de ces admirables travaux qui préludaient à la chute définitive des barrières provinciales, avec cette médaille coulée pour perpétuer l'effigie de l'ignoble père Duchêne.

Il s'agit, dans le premier, des trois canaux du Charollais, de la Franche-Comté et de la Bourgogne, formant une triple jonction des deux mers à travers la France. Quelle gracieuse composition! quelle pureté

de dessin! La Saône sous la figure d'une femme couronnée ayant à ses pieds l'écusson de la province, comme elle en avait les fleurons sur la tête. Sa main droite élève l'emblème du commerce, tandis que sa gauche s'appuie sur une corne d'abondance. Les eaux de cette puissante rivière se mêlent amoureusement à celles de la Loire, de la Seine et du Rhin, trois vieux fleuves couchés sur leurs urnes au milieu des roseaux.

Dans la seconde, quelle figure canaille! quelle caricature! quelle légende de taverne! Elle fait partie du recueil publié par M. Hennin, sous le titre d'*Histoire numismatique de la Révolution française*. Celle de notre Révolution de février ne lui cède en rien.

Si ce n'est pas par amour du beau que nous recherchons une grande partie des médailles romaines et les monnaies du moyen-âge, pourquoi négligerions-nous une foule de pièces plus récentes qui, présentées sous leur véritable jour, sont bien propres à piquer la curiosité? Ces pièces modernes peuvent être divisées en deux classes : 1° celles connues sous le nom de *médailles,* variant beaucoup dans le module, mais d'une épaisseur notable; 2° celles d'un diamètre à peu près uniforme et généralement minces, auxquelles on donne le nom de *jetons.*

Les unes et les autres offrent des dessins appréciables a tous les degrés, représentant des portraits, des armoiries, des emblèmes politiques et religieux, des allégories, des monuments, des sièges, des combats sur terre et sur mer, des triomphes, des avènements, des entrées dans les villes, des naissances, des mariages et des funérailles. Les dates que l'on voit sur la plupart, les rendent plus positives que les médailles antiques et leur donnent un intérêt qui manque à ces dernières. Les conjectures sont moins hasardées, et l'exacte traduction ou explication de leurs devises est toute une page d'histoire.

Je ne veux m'occuper que des pièces de la seconde classe dont les sujets sont en nombre infini et conséquemment deviennent intéressantes par leurs variétés, par les évènements ou les hommes dont elles consacrent la mémoire et que, malgré cela, on plonge à profusion dans le creuset des fondeurs. Je vais essayer de les classer, de jeter du jour sur quelques-unes, et solliciter l'attention du public sur leur valeur scientifique. J'en représenterai la plus grande quantité possible, c'est-à-dire tout ce qu'il sera donné à ma patience de dessiner. Manier à la fois la plume et le crayon, n'est pas toujours chose facile, aussi je compte sur l'indulgence du lecteur et il voudra bien m'excuser en pensant à toutes les difficultés que j'ai eu à vaincre.

MANUEL

DE L'AMATEUR DE JETONS.

CHAPITRE I.

DÉFINITION DES JETONS ET DE LEURS TROIS GRANDES CLASSES.

JETONS.

Les jetons sont des pièces le plus souvent rondes, taillées quelquefois à huit pans, particulièrement dans la seconde moitié du dix-huitième siècle ; leur diamètre est à peu près celui de nos sous actuels, mais ils sont généralement plus minces.

On ne doit pas considérer les pièces qui nous occupent comme médailles, quoiqu'elles portent souvent la tête du souverain, ni comme monnaies proprement dites, bien que quelques-unes d'entre elles aient servi à en tenir lieu et que parfois elles en affectent la dénomination. Dans ce cas, il n'est pas rare de voir la légende exprimer la matière afin de prévenir la confusion.

JE SVI DE LAITON MERIAV. AQTE.
(Je suis méreau de laiton)

DE·LATON : SVI : NOVMES.
(Je suis monnaie de laiton)

JE NE S. PAS VRAI AGNEIL D'OR. (¹)

JE NE SVI PAS D'ARGENT.

Le type des gros anglais de Londres ou de Calais a été employé pour les jetoirs de quelque bureau, mais le revers avertit le public pour qu'il ne fasse pas erreur.

CE SONT LES GETOERS DE LA

JE SVI FAVS ET MAVVES NA.
(Je suis faux et de mauvaise nature.)

(¹) L'aignel était une monnaie au type de l'agneau, introduit par saint Louis sur les espèces.

On remarquera en outre ici une confusion de coins, car les deux légendes ne font pas suite, et il est évident que le revers n'a pas été fait pour l'avers.

La légende AVE MARI STELLA DEI MATER entoure une pièce au type de Louis XII.

Le privilège donné aux chanoines de Saint-Flour, en 1375, enjoignait expressément de ne pas imiter les monnaies dans la fabrication des méreaux et recommandait de leur donner pour signe distinctif un animal. Nous ne connaissons pas les méreaux du Chapitre auvergnat, mais il est à croire que les clauses de ce privilège furent observées ailleurs.

BÊTE SVI
NOVME
CAVVAGE. D.
(Je suis monnaie à la bête sauvage.)

CROIS : DE
PARDEIX :
NOVM.

Les types des monnaies ayant été souvent reproduits par les jetons, de là vint le proverbe : *Faux comme jeton.*

Par contre, il est de véritables monnaies qui ont l'apparence d'un jeton, telles : — une monnaie de l'île de Man. — SANS CHANGER. 1733. Un aigle posé sur un enfant au berceau, placé sur un chapeau ou couvre-chef de forme antique.

Revers. — QUOCUMQUE JECERIS STABIT. — Trois houssettes jointes en cœur, forme de l'île de Man, et cantonnées de I. J. D (11 deniers, ou bien Jacques Derby 1 penny).

Et une monnaie irlandaise de 1641, dite farthing, frappée après le massacre d'Irlande. Elle offre d'un côté le roi David chantant sur la harpe et représen-

tant le monarque anglais, — FLOREAT REX ; — au revers, saint Patrick tenant la double croix; derrière lui une église, et devant, des animaux malfaisants qu'il met en fuite. — QVIESCAT PLEBS.

Pour juger de l'âge d'un jeton, il est nécessaire d'avoir des connaissances en paléographie ou d'être versé dans l'étude des monnaies, c'est-à-dire, qu'on aura recours à la forme des lettres ou aux types monétaires. Ceux-ci indiquent des époques à peu près certaines, tandis que celles-là laissent encore du vague, car l'invention de l'imprimerie ne conduisit pas tout-à-coup vers un mode d'écriture clair et régulier. Depuis longtemps la simplicité des caractères grecs et latins, commandée par le bon goût, avait disparu, entraînée par la décadence des lettres et des sciences dans un mélange bizarre des lettres capitales et onciales, de minuscules et de cursives. On ne leur laissa même pas leur forme, on les défigura, on les contourna de mille manières en les surchargeant d'ornements superflus.

Les Goths venaient de renverser l'empire romain, et le nom de ce peuple fut donné aux nouveaux caractères dont l'altération alla croissant jusqu'au quatorzième siècle. Enfin, le caprice se soumit à un retour vers les formes régulières et réglées. Le gothique eut un beau temps : il était devenu, dès le treizième siècle, d'un usage général chez les peuples qui, précédemment, employaient l'écriture latine. Il progressa pour décliner au quinzième siècle et disparaître au seizième. Il ne fut aboli que sous Henri II, quoique les lettres romaines eussent reparu sous Charles VIII.

Les jetons suivent à peu près les monnaies, pour le millésime, la lettre et la marque. Comme elles, ils ont leurs points secrets.

Le millésime est la date mise sur une pièce pour indiquer l'année de sa fabrication. On doit cet usage à Anne de Bretagne, femme de Louis XII (1478), mais il ne fut régulier qu'à partir du règne de Henri II. C'est ce même roi qui, en 1548, ordonna que sa *pourtraiture* serait gravée à la place de la croix qui servait plus souvent de type que l'effigie du roi. Avant lui, François Ier, en 1539, avait voulu que les produits de chaque atelier monétaire fussent distingués par une lettre de l'alphabet. Enfin, la marque des directeurs et graveurs des monnaies complète la série des précautions prises relativement à la contrefaçon.

Il ne faut pas se fier toujours à la date que portent les jetons, car il arrive que cette date se trouve fausse, comme dans l'exergue : TRAIECT. CAPT. 1674.

La prise d'Utrecht, figurée par un bras mouvant d'un nuage et frappant l'hydre d'une massue, est rapportée ici à l'année 1674, bien qu'elle eût eu réellement lieu en 1672.

Deux exemplaires de cette pièce portent des revers différents. Sur le premier, un jeune tambour accompagnant un suisse armé de sa hallebarde et faisant signe à un homme placé sur la porte d'une boutique de barbier auquel il adresse ces paroles : MARCHE A MOY LAVIOLETTE; sur le second, une femme tenant une fleur dans la main gauche et, de la droite, se-

couant un homme endormi sous un arbre. Elle lui
dit : O. THOMA. RÉVEILLE. TOY.

Nous laissons à d'autres plus habiles que nous, ou
à une découverte fortuite, le soin d'expliquer le sens
de ces deux singuliers sujets.

Dans d'autres cas, on trouve des dates différentes
sur chacun des côtés du même jeton. Le traité de l'île
des Faisans, dans lequel le mariage du roi fut une des
conditions de paix, est caractérisé par le vol de la
colombe, oiseau de Cypris, la branche d'olivier, le
rameau de la paix.

FERT. PACEM. CIPRIDIS.. ALES. 1659.

Au revers, une grue au moyen de laquelle est sou-
levée une énorme pierre destinée à une construction.

ONVS ARTE LEVATVR. 1638.

On ne peut expliquer ces différences de dates que
par l'empressement que l'on mit à frapper une pièce
commémorative du grand évènement du jour. Il fallut
alors se contenter d'un revers déjà connu, qui, du
reste, s'adaptait parfaitement au sujet, en faisant voir
que l'art de la diplomatie avait triomphé des difficultés et que l'union royale aurait pour résultat de fonder quelque chose de solide.

L'art du graveur de jetons n'a pas eu, comme pour les monnaies, une physionomie particulière aux diverses époques; il s'est montré en apparence capricieux, parce qu'il n'était pas soumis au monopole. On frappait en tous lieux, tant en France qu'à l'étranger; et à part certains Ordres, certaines corporations qui avaient leurs coins spéciaux, l'industrie et la concurrence se chargeaient de fournir aux besoins du commerce, de satisfaire les goûts et les fantaisies des personnes qui employaient ces sortes de pièces. Cependant, si chacun était libre, il n'en existait pas moins un atelier royal où l'art eût pu s'inspirer si la gravure des jetons eût été règlementée.

DE FAÇON SVIS ROYAL (Salamandre de François Ier).

M. S. TESTE. CSEILLIER. ET CORRECTR. DES QPTES (Comptes).

Armoiries de la famille Teste que nous ne pouvons blasonner, et cela nous arrivera souvent, car on sait que les signes conventionnels pour représenter les couleurs ou émaux ne commencèrent à être employés qu'au dix-septième siècle.

On a cherché à faire remonter bien haut l'origine des jetons, et nous avons nous-même eu le tort de nous livrer ailleurs à plusieurs de ces investigations qui ne prouvent rien. Laissons là les Romains et soyons Français ou Allemands, car les jetons le sont essentiellement. On en trouve, il est vrai, en Angleterre, en Russie, dans les Pays-Bas, en Espagne, en Navarre,

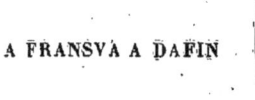 

A FRANSVA A DAFIN — A NAVARA 1605.

(René de Savoie).

en Savoie, etc., etc., mais en bien moins grande quantité que dans le centre de l'Europe. On peut même dire que ceux de Flandre, de Belgique et de Hollande ne naquirent que sous l'influence des provinces voisines. Leur faire et leurs types en offrent la preuve.

Paris et Nuremberg sont les deux terres réellement classiques. La première pourvoyait le luxe; la seconde donnait à bon marché. Généralement nos produits ne sont pas signés dans les premiers temps. C'est une rareté que de trouver le nom du graveur ou du fondeur et celui du lieu où il fabriquait au quinzième siècle. L'orthographe du suivant est un curieux spécimen.

MINIEL. POLET. LAFET. (Michel Polet l'a fait.)

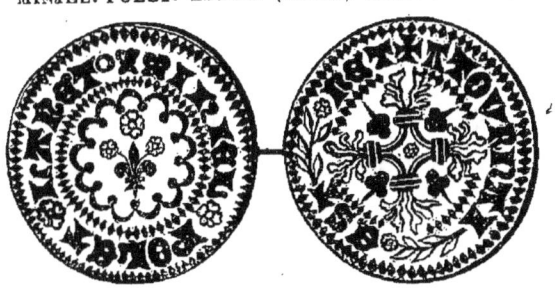

EST FET A TOVRNAI. (Est fait à Tournay.)

A cette époque, le travail du cuivre formait une des principales industries de la ville de Tournay; la marque de ses produits était trois cercles, tout aussi bien que des tours dans les ornements secondaires.

Dans les derniers siècles, les jetons français portent les noms ou, plus souvent encore, les initiales de nos plus célèbres graveurs de médailles. Dollin sous Louis XIV, 1643; — Varin; — Mavelot, 1715; — Du Vivier, 1739; — Bernier, sous Louis XVI (Rouen).

Jusqu'au commencement du dix-septième siècle, on ne connaissait, en fait de graveurs français, que ceux qui étaient employés dans l'hôtel des monnaies à graver les matrices et quarrés d'acier pour la fabrique des espèces, médailles et jetons; la gravure sur l'or et sur l'argent dépendait de l'art de l'orfèvrerie. Au mois de mai 1631, le roi érigea en maîtrise et jurande l'art et métier de graveur tailleur, limitant le nombre des maîtrises à vingt seulement pour la ville et les faubourgs de Paris.

Le nom de tailleur se donnait plus particulièrement

aux graveurs sur acier. Les tailleurs pouvaient graver des médailles et des jetons, chose défendue aux graveurs, s'ils n'étaient en même temps tailleurs. Toute infraction à cette règle était réputée crime de faux monnayage. Un usage constant était de donner beaucoup de relief aux médailles, un moindre aux monnaies et un plus petit encore aux jetons. Cependant, si quelques-uns de ces derniers offrent un beau dessin et un relief très satisfaisant, cela tient à ce que, quand Henri III défendit, en 1585, de se servir de la fabrication au moulin, il se réserva ce moyen pour les pièces de plaisir et les jetons. Rien ne limitait le nombre de coups pour les obtenir. En outre, les graveurs pouvaient surveiller la préparation des flans et les enfermer dans une virole. Ajoutons à cela que deux arrêts de la cour des monnaies, en date des 18 février et 10 mars de l'année 1672, portent défense de fabriquer des jetons ailleurs qu'au balancier du Louvre. Ils contiennent des dispositions sévères et défendent l'entrée dans le royaume des jetons de fabrique étrangère.

Un édit du mois de juin porte création d'un directeur du balancier du Louvre et d'un contrôleur et garde de la fabrication des jetons.

Il est vrai que les fabriques de jetons étrangers se sont peu inquiétées du dernier article de l'arrêt de 1672, et la France continua à se trouver inondée de contrefaçons de jetoirs, de grotesques imitations de jetons historiques et de nombre d'autres pièces. Nuremberg tenait à son commerce; ses ouvriers, produisant beaucoup, voulaient un écoulement et, pour cela, comme nous l'avons dit plus haut, il fallait du bon marché. Dès-lors le graveur laissait errer son burin et surchargeait la légende de lettres inutiles quand le cercle n'était pas rempli.

En Allemagne, peu de produits sont anonymes. Ainsi, on trouve communément les noms de *Schultes* et de *Kravwinckel* qui semblent avoir appartenu à de féconds artistes ou à de puissants fondeurs. La signature du premier se lit sur de vieux jetoirs, au revers semé de fleurs-de-lis sans nombre; celle du second se voit sur d'anciens pfenings de Nuremberg. Il n'est pas étonnant que l'orthographe n'ait pas été toujours correcte sur les nombreuses pièces qui forment la série du seizième siècle, car bien des mots faciles à écrire et qu'ils connaissaient parfaitement ont été défigurés par les graveurs étrangers, au point d'en rendre le sens très difficile à saisir. Sur un jetoir de 1553, George Schultes est écrit : IOGR SHULTES.

Le revers est le même que le suivant de EGIDIVS

KRAVWINCKEL; on remarquera que le différent de la légende est une paire de lunettes, ce qui porte à croire que le fabricant était en même temps opticien.

Les prénoms de cette vieille famille nurembergeoise sont *Hans* et *Egidius*; ses initiales se retrouvent sur des jetons de Charles-Quint.

Schultes reparaît sous Henri II; *Lazarus Gothlieb, Matheus, Ulrich Horaves, Johann. Jacob. Dietzel,* rivalisent à la même époque.

Chilianus ou *Kilianus Cocuus* ou *Kochuus* frappe sous Henri III.

Hans Laufer, dont nous avons vu un ancêtre sous Charles-Quint, est le grand fabricant sous Louis XIII.

LVDO. XIII. D. G. FR. ET. NA. ANNA. AVSTR. HISPAN.

CARITAS. SPES. FIDES. — H. L. (Hans Laufer.)

Chrétien Maler, graveur privilégié par l'empereur, commença à être célèbre en 1648.

Lazarus Gothlieb Laufer fut monnayeur à Nuremberg et du Cercle de Franconie à partir de 1670.

Volf, Cornelius, Conrad et *Hoger* suffisent à peine à la reproduction des évènements mémorables du siècle de Louis XIV. Sa renommée s'étend partout.

4

SVA. CIRCVIT.  ORBE. FAMA.

Joh. Fried. Weidinger, qui avait paru sous le règne précédent, brille du temps de Louis XV.

Lauer et *Reich* retracent les tristes évènements du règne de Louis XVI.

Le premier nous a encore donné le jeton du couronnement de l'empereur.

GEKRONTD.
23 NOV.
1804.  LAUER
JETTON.

Le dernier (Jean Chrétien), né en 1730, se fixa à Fürt près Nuremberg, en 1758, et y établit une fabrique d'ouvrages divers en cuivre. Il frappa un grand nombre de jetons et mérita, par ses connaissances et sa fortune justement acquise, une haute considération. Il fut nommé graveur de la cour de Prusse et mourut en 1814. C'était un de ces hommes comme il s'en rencontre dans les circonstances difficiles; son art était en décadence, l'usage des jetoirs allait en s'affaiblissant pour cesser bientôt; on ne voyait plus sur *l'abaque* se dessiner les traits historiques : Reich sut continuer à les populariser en les reproduisant sur des pièces destinées à d'autres usages.

Au temps où les corporations de monnoyers étaient fortement constituées, on les distinguait en *monnoyers du serment de l'Empire* et en *monnoyers du serment de France*. Elles possédaient de nombreux privilèges et, entre autres, celui de l'exemption de péages. Leurs membres, pour se faire reconnaître, portaient une médaille où se lisaient ces mots : *Péagers, pontonniers, laissez passer les monnoyers*.

Cet usage fut adopté dans le cours du seizième siècle par plusieurs corporations de monnoyers du serment de l'Empire, notamment par celle des monnoyers de Trévoux (1576).

Nous connaissons un jeton de Rouen portant les instruments de l'état, surmontés d'une étoile et d'une couronne royale, avec la légende :

BARRIES. PEAG...

LAISSEZ. PASSER.
L. MONYE.

Dans l'appendice au règlement fait en 1354 par les ouvriers et monnayeurs du serment de France, il était dit que, lors de leur réception, ils seraient obligés de distribuer à chaque membre de la compagnie un certain nombre de jetons d'argent du poids de deux gros. Nous croyons que cette obligation a reçu son effet jusqu'au règne de Louis XVI, époque où la corporation du serment de France a cessé d'exister. Quoi qu'il en soit, voici un exemple du milieu du dix-septième siècle.

MATHIEU GRANDCERF.

LES OUVRIERS ET MONNOYERS DE LA MONNOYE D. PARIS.

Les jetons eurent des destinations nombreuses. Signes représentatifs, instruments de calcul, marques d'honneur, pages d'histoire à l'usage de tous, souvenirs d'unions, ils remplirent tous les rôles, jusqu'à devenir l'accessoire indispensable des tables de jeu.

Avant d'essayer de les classer, nous allons examiner leurs divers éléments. Le rébus et le calembourg y occupent une large place. Les armoiries et les emblèmes qui les décorent peuvent donner lieu à d'intéressantes recherches ou dissertations, et il nous paraît convenable de consacrer à ces représentations quelques lignes préliminaires.

Les armoiries ou armes sont des marques ou emblèmes propres à chaque état, à chaque ville, à chaque corporation, et héréditaires dans les maisons nobles ou de distinction. Les premières de ces maisons avaient seules le droit d'armoiries; mais Charles V ayant anobli les bourgeois de Paris, leur permit de porter des écussons, et, à leur exemple, les plus notables bourgeois des autres villes en prirent aussi. Nous n'avons pas à nous occuper ici de l'origine et de l'ancienneté des signes héraldiques; nous admettons qu'ils naquirent des cottes d'armes et que bien auparavant on avait symbolisé les noms comme on le fait encore aujourd'hui.

Le symbole est généralement confondu avec l'emblème, et il serait difficile de les définir exactement d'une manière tranchée. L'un et l'autre ont donné le jour à l'allégorie ou sorte de langage fondé sur un usage reçu. Ainsi, personne n'ignore que le temps est représenté par Saturne, vieillard tenant une faulx; que Jupiter est armé de la foudre avec un aigle à ses côtés; que Neptune, dieu de la mer, porte un trident, et Mercure, dieu du commerce, un caducée.

Les règles de l'allégorie sont fixes : cependant Rubens et Lebrun ne les ont pas toujours observées; mais depuis, leurs inventions ont été consacrées. Les vertus se caractérisent facilement, comme, par exemple, l'innocence par la colombe, la foi par l'ancre. Un animal placé à côté d'un personnage, le désigne suffisamment : tels, l'homme pour saint Mathieu, le lion pour saint Marc, l'aigle pour saint Jean, le bœuf pour saint Luc. Quand il s'agit d'hommes moins connus, de familles et d'alliances, c'est alors que le blason devient nécessaire. Si le sujet se complique, il faut absolument recourir à l'allégorie. Louis XIII avait un fils qui, depuis, fut Louis XIV; mais il pouvait lui arriver malheur, la France n'était qu'à demi rassurée : le roi a un second fils, et de toutes parts on répète : AD

SPEM SPES ADDITA GALLIS, et le Dauphin enlace une ancre.

L'état de l'âme peut, jusqu'à un certain point, se rendre par les traits de la physionomie, mais plusieurs faits et gestes distincts ou successifs présentent une difficulté que l'allégorie surmonte. Ainsi, on représentera, dans l'espace le plus restreint, la prise de plusieurs villes, par la victoire avec ses attributs, tenant en main les armoiries des villes conquises ou écrivant sur un bouclier les noms de ces forteresses.

L'histoire puisera ses traits dans l'attitude des personnages. L'Espagne, au temps de sa splendeur, sera une femme superbe; la Franche-Comté soumise, une captive tremblante aux pieds de son vainqueur; le Rhin, un vieillard qui se lève épouvanté à la vue du monarque dont l'armée traverse ses flots, et qui, dans son effroi, laisse tomber son gouvernail.

La légende que nous nommons *devise* vient ordinairement aider à l'explication des figures. La guerre a besoin d'hommes et d'argent; la force ou la corruption amènent la paix; ou, pour mieux dire, si l'épée est le moyen de faire la guerre, l'argent en est le nerf.

PVGNATVR.   VTROQVE.

Tels sont les mots qui donnent un sens net et arrêté à une épée nue, la pointe en haut et à côté d'un coffre-fort ouvert. Sans la devise, la figure serait susceptible de mille interprétations vagues.

Parfois, il reste encore quelque chose à deviner.
SIC FVLGET INTER LILIA. 1657.

Une rose accompagnée de quatre autres plus petites alternées de fleurs-de-lis. Mais quelle est cette rose brillante et princière? probablement mademoiselle de Montpensier.

Au revers, une oie avec cette vieille plaisanterie : MON OIE FAICT TOVT (monnoie fait tout).

La devise donne des avertissements sévères, de nobles préceptes.

NOBILITAS VNICA VIRTVS.
Armoiries.

SPECVLVM VITÆ.

L'esprit facétieux ne respecte rien; il parodie les paroles de saint Luc au chapitre XXIV, dans lequel est racontée l'apparition aux disciples d'Emmaüs de Jésus-Christ qui, au chap. XV de l'Evangile selon saint Jean, s'était comparé à une vigne, *vitis;* au chap. XIV, avait dit : *Ego sum via, veritas et vita.* Sur le jeton,

nous voyons le Sauveur, accompagné de deux disciples, se rendant à Emmaüs à travers une vigne, et les paroles qu'on lui prête sont : IN VIA VITIS VERITAS ET VITA.

Cette facétie d'un goût quelque peu bachique doit être bourguignonne.

La satire y trouve aussi son compte.

OMNE FERENS MALVM.

UNICVS EST SPECIE.

Puis c'est l'homme sauvage du moyen-âge qui revit.

Il arrive aussi que le sens est double. On sait que le chant du coq effraie le lion :

FORMIDO  RAPACIS.

Mais dans cette image du roi des forêts, près de lâcher la proie que tient sa patte droite et reculant en face du volatile perché sur un rocher, il faut voir une conquête mal assurée quand la France fait entendre sa voix.

Il est fâcheux de ne pouvoir saisir qu'à demi le sens d'une devise, soit avec corps et sans âme, soit avec âme sans corps, et surtout avec corps et âme. Alors on doit la regarder comme mauvaise, car les figures étant le corps, et les paroles l'âme de la devise, il faut qu'il y ait union intime.

Si nous voyons un lis courbé qui se redresse sous l'action d'une rosée bienfaisante, accompagné de ces mots : LAC SVPERVM GENVS ARGVIT, nous pourrons à la rigueur croire avoir trouvé le véritable sens de la

représentation, mais rien ne nous en donnera la certitude. Il en serait peut-être autrement si le lis était seul.

Une attention constante devrait être de rester clair dans tous les temps, lors même que l'évènement qui a produit une devise n'est plus de notoriété publique. Rien ne nous indique de quoi il s'agit dans le sujet suivant : un oiseau, aigle ou phénix, perché sur un autel décoré d'hermines, avec cette âme : QUID NON PRO MUNERE TANTO. 1708. A force de recherches et de

suppositions, il est à croire qu'on arriverait à l'explication véritable; mais alors ce sujet n'est plus populaire, il ne remplit plus le but du jeton qui ne fut pas fait pour l'homme savant, patient ou ingénieux.

L'importance attachée aux devises fut telle dans

les dix-septième et dix-huitième siècles, qu'il y eut des intendants des inscriptions, inventions de trophées, emblèmes, devises, descriptions et autres décorations faites dans les chambres et cabinets, galeries, jardins et maisons royales; arrangement des portiques et arcs-de-triomphe, etc., etc. Des académiciens distingués remplirent ces fonctions.

Sous différents règnes, le symbole du monarque acquit une grande vogue. On aimait à reproduire le porc-épic de Louis XII, la salamandre de François Ier, les colonnes de Charles IX; mais rien ne peut donner une idée de la profusion de l'emblème de Louis XIV. Un ministre de son père, oubliant qu'il était aussi ministre d'une religion qui avait écrasé les faux-dieux, ne craignit pas de s'intituler *fils de Jupiter*.

ARMAND. IO. CAR. DVX. D. RICHELIEV.

JVPITER AVTHOR.

D'après cela, le grand roi ne pouvait être moins que le soleil lui-même, et encore, lui fallait-il un vaste horizon : — NEC PLVRIBVS IMPAR.

L'astre brillant fut le sujet des allusions les plus diverses, directes ou détournées; on interpréta ses hauteurs successives et son influence sur tout ce qu'il éclairait et échauffait.

Ici, c'est la reine Marie-Thérèse, sous l'emblème d'une nacre de perle qui brille parce qu'elle s'ouvre pour recevoir l'action du soleil.

MAR. THER. D. G. FR. ET. NAV. REG.

NITET. QVIA. COELO. PATET. 1676.

Là, c'est Adélaïde de Savoie, femme de Louis de Bourbon, duc de Bourgogne, second fils de Louis XIV.

REDDIT ET AVGET. 1701.

La princesse est personnifiée par un miroir qui reçoit les rayons du soleil, les réfléchit et en augmente l'intensité, c'est-à-dire, que la duchesse de Bourgogne ajoute encore à l'éclat du roi de France.

La nation est une horloge qui suit le cours des astres.

COELESTES SEQVITVR MOTVS. 1677.

Le cadran solaire reste inerte quand le soleil est voilé.

HÆRET COELO. 1678.

Pour avoir une idée du degré de flatterie dans lequel on était tombé, il faut lire le P. Ménestrier. On sera surpris et même blessé de cet excès d'adulation indigne du monarque glorieux. Nombre de jeux de mots sont d'une puérilité ridicule et deviennent obscurs à force de jouer sur la lumière.

Le paganisme s'en mêle ; nous en voyons un exemple sur un jeton de H. Laufer, à l'effigie de Charles-Quint.

VVLTV. QVO. COELVM.

Cette devise est tirée de l'Enéide, liv. 1er, v. 259.

Le vers 593, livre Ier du même poème, est appliqué à Henri IV.

OS. HVMEROSQVE. DEO. SIMILIS. 1608.

Les échansons du roi formulent des vœux à l'antique.

LVD. XIIII VERE MAGNO. FR. REGI. VOTA VOVVNT.

XXV MERI REGII GANIMEDES. 1650.

Les Enfants de France n'étaient pas oubliés et l'aîné était naturellement personnifié par un dauphin.

Le premier-né de Marie-Thérèse reçut le jour à Fontainebleau le 1er novembre 1662; mais ce prince ne devait pas recevoir de son père les rênes que sa famille tenait depuis des siècles d'une main si ferme,

CVI. PATER. ÆTERNAS. POST. SECVLA. TRADAT. HABENAS.

QVIQVE. REGAS. ORBEM. CVM. SENIORE. SENEX. 1662.

ni aider, dans un âge plus avancé, un souverain plus âgé que lui à gouverner l'univers. La mort le ravit qu'il n'avait pas encore cinquante ans.

Nous ne poursuivrons pas plus loin l'histoire des devises. Celles de Louis XV n'offrent rien de bien remarquable; on les trouvera dans Fleurimont. Viennent ensuite Louis XVI avec le deuil, Bonaparte avec la victoire. Les jetons les plus importants qui les concernent sont reproduits dans l'Histoire numismatique de la Révolution française, par Hennin.

En résumé, il y eut des jetons frappés sur les quatre métaux, or, argent, cuivre et plomb. On les appliqua à tous les usages. On en donnait au roi pour ses étrennes.

ESTRENNE DE L'ANNÉE 1653.

Ils annonçaient la paix et la victoire.

DAT PACEM DAT QVE CORONAS.

C'était le cas d'adresser au roi des félicitations.

ADSERTORI SECVRITATIS PVBLICÆ.

Avant de donner notre avis sur le classement général des jetons, nous reconnaîtrons d'abord au moins trois grandes classes :

1° Les Méreaux.
2° Les Jetoirs.
3° Les Jetons proprement dits.

Il faudra ensuite s'entendre sur le vrai sens des noms donnés aux deux premières; c'est ce que nous essaierons de faire dans chacun des chapitres qui leur sont particuliers; quant à la troisième, elle comportera inévitablement une série de subdivisions.

MÉREAUX.

Le méreau, considéré comme *bon*, remonte à une très haute antiquité; nous le retrouvons, au moyen-âge, entre les mains des nombreuses troupes d'ouvriers qui ornèrent la plupart des villes européennes de ces temples majestueux par leurs dimensions et leur architecture découpée. On les fit en plomb, et dans les derniers temps surtout en cuivre.

On s'en servait, dès le douzième siècle, pour indiquer que le prix des marchandises ou de leur exposition avait été acquitté. Cet usage, comme signe de l'acquittement de faibles sommes, fut si fréquent que les distributeurs reçurent le nom de *Méralliers*.

Du Cange dit que les percepteurs du droit d'étalage remettaient dans les marchés et les foires des méreaux aux marchands qui avaient acquitté ce droit.

On a pensé que l'abréviation d'une pièce du quatorzième siècle, qui termine la légende JE SVI DE LAITON AQTE, signifiait *à compte;* nous proposerons de l'interpréter par le mot *acquitté*. Voir page 38.

En 1320, une contestation s'étant élevée entre les maîtres des 26 métiers de la cire de Paris, d'une part, et les pauvres femmes qui, depuis saint Louis, avaient l'habitude de vendre des cierges dans les rues, de l'autre, à propos de la redevance que devaient celles-ci; il fut établi que les premiers avaient fait des *méreaux de cire* pour remplacer les anciens billets.

« .... Fecerunt *merellos cereos*, quos volebant tradere dictis pauperibus mulieribus, et habere pro quolibet duos solidos, et antiquitus solebant habere cedulas, et pro qualibet unum sterlingum tantum solvere tenebantur, etc. »

A Saint-Omer, on donnait quelquefois des méreaux aux ouvriers et aux étrangers pour recevoir de la boisson dans des cabarets affectés à cela par le Chapitre. Sur la remise de ces méreaux, le trésorier acquittait le prix de la consommation. Ils avaient remplacé les méreaux spéciaux que le Chapitre faisait frapper au quinzième siècle sous le nom de *Meralli foraneorum*.

DE SAINT-OMER.

Dans les temples de la religion réformée, on donnait des méreaux à ceux qui devaient participer à la sainte cène.

En certains cas, le méreau remplaçait une subdivision non existante de menue monnaie.

Quoique le poète Villon prisât peu les méreaux, comme nous l'apprennent les deux vers suivants :

> Une bourse d'argent légière
> Qui était pleine de mesréaulx.

quelques-uns n'en obtenaient pas moins crédit au dehors, tels que les *pallofas* ou méreaux du Chapitre de Saint-Jean de Perpignan, qui avaient cours dans la ville. Il en était de même pour ceux de Termonde, de Maubeuge et du Puy.

Ces exemples sont à citer, car, quoique beaucoup de méreaux d'église portent le mot *moneta* dans leur légende, ils n'avaient de valeur qu'au Chapitre; et la preuve, c'est que leur falsification ou changement de destination était puni avec la plus grande sévérité, et même du bannissement.

L'Angleterre appliqua largement un signe conventionnel si commode dans les entreprises industrielles. La légende de la tranche indiquait les comptoirs où l'on pouvait en exiger le remboursement. Quand Vilkinson vint prendre la direction de notre grande usine du Creusot, alors à sa naissance, il apporta des pièces à son effigie ayant au revers un forgeron qui présente sous le marteau-mécanique un morceau de fer qu'il vient de tirer du fourneau.

IOHN WILKISON IRON MASTER.

Sur la tranche : — ANGLESEY. LONDON. OR. LIVERPOOL.

Puis il les remplaça par d'autres qui continuèrent à être distribuées aux ouvriers. Elles n'ont pas de revers; elles offrent à l'avers deux L entrelacées et surmontées d'une fleur-de-lis, ce qui indique le règne de Louis XVI. Au bas, se trouve W, initiale du nom du maître de forges. Leur légende est : MINE DE MONT-CENIS.

Il serait facile de citer des exemples analogues, mais celui-ci nous a paru intéressant comme importation. N'oublions pas qu'une petite pièce très épaisse, sans légende, présentant la tête d'un animal entre quatre fleurs-de-lis, — au revers, les lettres M et C

séparées par une quinte-feuille ayant au-dessus trois larmes et au-dessous une étoile entre deux tours, est attribuée à la ville de Tours, comme étant un méreau d'ouvriers employés à des travaux publics. D'autres variétés dues au maire Morin, conseiller du roi pour l'année 1631, portent ses armoiries (trois têtes de maures), et au bas deux tours.

Le véritable sens attaché aujourd'hui au mot *méreau*, celui, du moins, sous lequel nous le considèrerons exclusivement ici, est le sens de *Pièce de Chapitre* et de *monnaie conventionnelle des hommes d'église*.

A une époque éloignée, c'est-à-dire avant les bénéfices réguliers, il y avait dans les chapitres trois espèces de revenus, savoir : les gros fruits, les distributions quotidiennes qui étaient la rétribution du service ordinaire, autrement dit de l'office canonial, et les petites distributions qui se payaient à cause d'un office extraordinaire, par exemple, pour la fondation d'anniversaires, obits et autres semblables. Les actes de ces fondations portent quelquefois que le revenu qui y est destiné ne se paierait qu'aux présents, et que même la portion des absents leur accroîtrait.

D'après cela, à l'entrée des chanoines au chœur, on leur remettait une pièce représentative qu'ils devaient, à des époques périodiques, rapporter au trésorier qui en acquittait la valeur indiquée ordinairement par un ou plusieurs chiffres placés dans le champ. A Chalon, les distributions étaient peu considérables; elles ne montaient guère qu'à huit ou dix livres; aussi, chacun mettait-il ses *plombs* dans un petit coffre dont il avait la clef, et deux fois l'an on les rapportait pour remporter en argent la valeur qu'ils représentaient.

Les méreaux de plomb étaient employés dans beaucoup d'autres églises, notamment à Arras, et par suite, les chapelains, comme ceux d'Amiens, appelaient messes et obits *à plomb* les offices pour lesquels on faisait une distribution en ce métal. *Distributiones in plumbo.*

Une charte de 1480 dit : « *Cantor sive presidens plumbos interessentibus horis distribuet.* »

L'abbé Trouflaut rapporte qu'en faisant refaire les stalles de l'église de Nevers, il y trouva des méreaux de plomb sur chacun desquels étaient gravés ces mots: *Ave Regina*, qu'on donnait, à l'issue de *prime*, à chaque chanoine assistant à la station dans la nef.

La fusibilité du plomb, son peu de résistance, sont sans doute cause que les pièces en ce métal sont les plus rares.

La destination des méreaux est clairement indiquée par les légendes :

DE CAMPELLIS. — DISTRIBVTIO. PRO. BENEFICIATIS.

(St-Martin-des-Champs de Paris.)

PRESENTIBVS DABITVR. MO. ECC. SANTI. AVDOMARI.

(Méreau de St-Omer.)

Jusqu'à présent, on ne sait pas au juste quand a commencé l'usage des méreaux, dans le sens que nous donnons à ce mot. M. Cartier, s'appuyant sur le sens plus ou moins certain d'une charte, croit que l'on connaissait à Tours les *nummi matutinales* dès 1216; M. Rouyer a peine à remonter au-delà de 1401.

Ce qui paraît certain, c'est que cet usage fut fréquent au quinzième siècle et général au seizième. Ce que nous savons encore, c'est qu'en 1557, lors du passage à Mâcon des conseillers généraux de la cour des monnaies, Aymery et de Ribérolles, il fut défendu aux chanoines de cette ville, quoiqu'ils prétendissent avoir ce droit depuis *plus de trois à quatre cents ans*, de laisser cours dans la cité à des *pièces* ou *jetons de plomb* que les doyen, chanoines et Chapitre de ladite ville faisaient distribuer par leur benestier, pour le paiement des choristes ou autres prestres servant en ladite église, sous peine d'être expositeurs et faux-monnayeurs.

Vingt ans plus tard, à Autun, le même fait se reproduit, les piles et trousseaux sont saisis; mais, sur appel porté au parlement, la cour fit main-levée aux appelants des piles, trousseaux et méreaux saisis et mis ès coffres du roi, pour en user, par les appelants, aux distributions ordinaires, et leur fit défense en même temps de les exposer ni de s'en servir pour d'autres usages.

Dans diverses églises, il y avait des méreaux différents pour chaque genre d'office.

A Meaux, il fut décidé que l'abus pratiqué en l'église de ladite ville, de bailler un seul méreau à chaque chanoine pour toutes les sept heures canoniales qui se disent de jour, en assistant par lui à l'une d'icelles, serait réformé et que ledit méreau, qu'on appelait *horæ*, serait divisé en sept espèces qui seraient distribuées, à chaque heure canoniale, aux chanoines qui y assisteraient. — Que les distributions dues aux grands chapelains, montant à 13 sous 2 deniers pour chacun jour, savoir : 3 sous pour l'assistance à matines, 1 sou pour celle de prime, 9 deniers pour celle de tierce, 3 sous pour celle de la messe, 9 deniers à chacune des heures de sexte, none et complies, et

3 sous pour celle de vêpres, fixées, régulées et évaluées par chacune des heures, grandes et petites, à l'effet que l'on pût connaître de quelle distribution ils devaient être privés, lorsqu'ils manqueraient d'assister à l'une desdites heures; et que pour le connaître, en cas qu'ils ne pussent être payés à la fin de chacune des heures auxquelles ils auraient assisté, il fut ordonné que, pour prévenir et éviter toute erreur, affectation et surprise en la manière en laquelle se faisait la ponctuation, le Chapitre serait tenu de faire tenir un registre, par date de chacun jour, des noms des présents ou des absents, au choix desdits du Chapitre, lequel registre serait visé et paraphé, à la fin des grandes et petites heures, par celui qui aurait présidé au chœur et communiqué auxdits grands chapelains; si mieux n'aimaient lesdits du Chapitre faire délivrer par leur ponctuateur, à la fin desdites heures, à chacun des chapelains qui auraient assisté, un méreau sur lequel serait gravé le nom de l'heure, lesquels méreaux seraient réunis par les grands chapelains à la fin de chaque jour ou de chaque semaine, ou même de chaque mois, en leur payant les assistances marquées par lesdits méreaux; sauf auxdits du Chapitre, pour éviter le grand nombre de méreaux, de reprendre à la fin de chaque jour ou de chaque semaine les méreaux qui auraient été donnés par chacune des heures; et, en ce faisant, leur délivrer d'autres méreaux qui marqueraient lesdites assistances complètes d'un jour ou d'une semaine.

Différentes prières sont indiquées par les méreaux.

ORATE DEVM PRO VIVIS.

ORATE DEVM PRO DEFVNTIS.

Leur but particulier se trouve aussi exprimé.

MONETA. ANNIVERSARIORVM. — REQVIESCANT. IN. PACE.

M. Hermand cite, dans un compte des actes capitulaires de l'année 1434, le montant de la somme dépensée pour le rachat des méreaux distribués à ceux qui avaient assisté à l'anniversaire d'un *De profundis* fondé à la mort d'un chanoine de Saint-Omer.

« Payé au petit boursier, pour racater les méreaux du sieur Miquiel Ficeface, 7 l., 11 s., 8 d. »

Le *De profundis* que l'on disait annuellement pour cet ex-chanoine Ficeface, était un petit anniversaire.

Il y avait trois sortes d'obits ou anniversaires, les solennels, les grands et les petits.

OBIT SOLENEL.

Les fondations, si fréquentes autrefois, constituaient un office particulier et spécial.

POVR. LA. FONDATION. DE — M⁰. IEHAN. BARIOT.

II. D. Tournois — 1557. — S. O. initiales de sainte Oportune, patronne de l'église dans laquelle la fondation était faite.

La manière de payer les distributions au sortir de l'office fondé, et comme on disait : *en argent sec de la main à la main*, avait fait donner aux méreaux employés dans cette circonstance le nom de *Manuel*.

MANVEL. 1634. — VI – DE niers.

Dans d'autres églises, pour la plus grande commodité du Chapitre, on ne payait ces petites distributions qu'à la fin de l'année. Pour cela, on avait soin de faire des feuilles de chaque office fondé, sur lesquelles on marquait les présents et les absents, afin de ne rien donner à ces derniers.

Nous avons dit que les pièces de Chapitre étaient remboursées en monnaie courante au jour fixé par les statuts, et il est clairement établi, par divers passages de la Ref. de la sainte chapelle par Charles VI et François Ier, que chacun venait chez le trésorier pour ce remboursement. Il nous reste maintenant à entrer dans quelques détails sur le mode de distribution des méreaux et de leur valeur dans quelques églises.

A Montbrison, les distributions furent multipliées dans le seizième siècle et n'avaient lieu qu'à la fin des offices, savoir : pour matines, à la bénédiction; pour les grand'messes, après l'*Agnus Dei;* et pour les vêpres, après le *Salve.*

A Saint-Omer, en 1428, les chapelains ne recevaient de méreaux qu'autant qu'ils étaient arrivés avant la fin de la lecture du martyrologe, et qu'ils ne s'étaient pas retirés avant la fin de la grand'messe. En 1434, il était ordonné au boursier distributeur de ces pièces, de ne les remettre qu'à ceux qui auraient été présents aux offices, dès le *Gloria Patri*. En 1523, les vicaires les recevaient dans la nef de l'église lorsqu'on chantait l'*Ave regina cœlorum*. Dans tous les cas, le but que l'on voulait atteindre, c'était la constatation d'une présence complète, et pour l'ordinaire, il se trouvait toujours dans le chœur une personne chargée de noter ceux qui étaient présents et ceux qui étaient en retard ou qui s'absentaient. Il arrivait même que des feuilles faisaient foi et dispensaient de l'emploi des méreaux. La charge de pointeur exigeait une certaine rigueur et était peu enviée, car elle excitait de petites haines.

L'usage de pointer s'observait sévèrement au commencement de la Révolution française. Les chanoines de Paris étaient tenus de venir chanter matines à minuit et de se présenter en bonnet de nuit, afin de prouver, autant que possible, qu'ils n'avaient pas veillé pour attendre l'office, mais qu'ils s'étaient levés, chose bien plus méritoire. On notait leur arrivée, car, bien qu'ils eussent un traitement fixe, ils avaient encore droit à un bénéfice d'assistance proportionnel à leur exactitude. Actuellement, dans quelques cathédrales, on pointe encore les chanoines et on fait sur leur canonicat une retenue qui est distribuée au bas-chœur. Ceci rappelle que, dans d'autres temps, on abusa de ces retenues faites au Chapitre de Toul, au point de les employer à traiter l'évêque des Innocents et ses acolytes le lendemain de leur fête.

A la Sainte-Chapelle de Paris : « Percipiebant canonici diebus privatis, 12 den.; in dominicis et festis 9 lectionum, 16 den.; in festis quæ cum *semiduplo* celebrantur, 18 den.; in festis, 2 sol; in festis annualibus, 3 sol.

Suivant un ancien tarif manuscrit, que Charvet a

tiré des archives de Vienne et que rapporte Duby, la *demi-livre* était pour le bas-chœur, et la *palette* est évaluée à un *demi-liard*. La *demi-livre* des prêtres est un *chapelain*, et il en fallait huit pour faire *cinq liards*.

La livre *entière* était une *tête*.

SANCTVS MAVRICIVS MAR. 1559. — LIBRA PSBITERORV. VIENNE.

Les quatre faisaient *cinq liards*.

La *demi-livre* pour les chanoines, chevaliers, quartiniers et coadjuteurs était un *chanoine à pied*, dont les huit font *sept liards*.

SANCTVS MAVRICIVS. M. 1559. — LIBRA CANONICORVM VIENNE.

(Croix pommetée dite de Saint-Maurice et cantonnée de quatre annelets.)

La *livre entière*, pour les mêmes, était un *chanoine à cheval*,

SANCTVS MAVRICIVS MARTIR.

dont les quatre marques font *sept liards.*

Quoique ces pièces fussent appelées *chanoines*, on remarquera que le personnage représenté est saint Maurice lui-même, tantôt appuyé sur sa lance, ayant son bouclier à ses pieds, tantôt l'épée haute, montant un cheval au galop, caparaçonné, tel enfin qu'on représentait les princes ou les dignitaires sur les sceaux au moyen-âge.

Dans un autre manuscrit intitulé : *Règlement pour les boursiers*, mais dont Charvet a également négligé de dater l'époque, on trouve les évaluations suivantes : *un sou d'église* vaut *neuf deniers; six deniers d'église* font *trois petites palettes; deux deniers d'église* valent *une petite palette; cinq sous d'église* valent *trois sous neuf deniers tournois; trois sous d'église* font *neuf liards; un florin d'église* vaut *dix-huit sous*, etc.

Le même auteur cite encore un autre méreau que nous n'avons pu nous procurer.

SANCTVS SEVERVS VIENNE.

Image en pied de saint Sévère, vêtu d'une aube et d'une chasuble qui tombe jusqu'à terre sur le derrière, et terminée en pointe, tenant de la main gauche un démon enchaîné, par allusion à la destruction du panthéon viennois, sur l'emplacement duquel s'élève l'église dont il est patron, et donnant de l'autre la bénédiction.

EJVS LIBRA ECCLESIÆ. 1524.

Il est à croire que l'on doit la beauté des méreaux de Vienne à ce que les archevêques de cette ville jouirent, depuis des temps très reculés, du droit de battre monnaie. L'époque de la concession est difficile à préciser, mais on connaît les plaintes que Burcard porta contre les faussaires dans les premières années du onzième siècle. Si Charvet eût été antiquaire, il nous eût laissé de précieux détails dans son histoire de Vienne. Les chanoines avaient droit à la sixième partie de la monnaie fabriquée. Le décri de la monnaie viennoise au profit de celle du roi et des dauphins anéantit, sous Charles VIII, en 1485, le privilège des prélats. Depuis cette date, il ne sortit du vieil atelier monétaire que des méreaux et probablement des jetoirs.

Les condamnations encourues par les chanoines, vicaires et chapelains de Saint-Omer, étaient toutes fixées en argent courant, en *parisis*, et celles des écotiers étaient seules déterminées en méreaux.

Ces écotiers ou escotiers (*scot* signifie *portion*) étaient de pauvres clercs menant la vie commune. Depuis Pâques jusqu'à la Toussaint, ils recevaient chacun quatre méreaux pour assistance aux offices divins; un pour les matines qui avaient lieu avant le dîner, deux pour la messe et un après le repas. Depuis la Toussaint jusqu'à Pâques, il leur en était donné cinq, dont deux aux matines au lieu d'un. Indépendamment de cela, ils en recevaient du petit boursier, le premier vendredi de chaque mois, ainsi que pour assistance aux anniversaires et aux processions de différents jours. Ils en donnaient quotidiennement au receveur de la maison qu'ils habitaient, *deux* pour le dîner et *un* pour le souper. Il était défendu aux écotiers, sous des peines très sévères, de vendre, céder ou donner leurs méreaux. Le vice-receveur du Chapitre répondait de la fidélité de sa gestion par un serment annuel.

Lorsque, par extraordinaire, dans un Chapitre ou dans une Collégiale, on ne faisait pas usage de méreaux, il y avait, de toute nécessité, un *pointeur*. Dans le Maine, les distributions manuelles avaient été fixées par Charles d'Anjou, frère de saint Louis, mais les pièces capitulaires n'y parurent qu'au quinzième siècle. Voici comment les choses se passaient encore, en 1535, à la Collégiale du Mans, où il ne paraît pas que les habitudes aient changé.

« Premièrement, pour la distribution d'aucuns de messigneurs; savoir est de monseigneur le doyen et autres chanoines résidens qui ont été présens au service chacun jour, ainsi qu'il apert par le papier de celui qui a poincté les résidens durant le temps de ce présent compte, lesquels par l'ordonnance faite en

Chapitre doivent avoir distribution *d'un denier tournois* pour chaque heure de matines et messe et vêpres, par chacun jour des jours fériaulx, et *trois deniers* ès fêtes de neuf leczions, et *six deniers tournois* ès fêtes demi-doubles, et aux fêtes doubles par chacune heure *douze deniers*. »

Nous terminerons les citations relatives aux tarifs des méreaux par la copie suivante d'un manuscrit que nous avons trouvé, et à laquelle sa date assez récente donne de l'intérêt.

« Mémoire des distributions que les chapelains de l'église de Paris gaignent en assistant à l'office de ladite église, en faisant leur entrée au chœur aux messes d'obits et fondations, auparavant l'épître jusqu'à la fin, et aux vespres de fondation auparavant le *Gloria Patri* du premier psalme, et aux vigiles des morts des obits manuels, auparavant l'anthienne *Dirige* jusqu'à la fin.

Aux vigiles.	61 d.
A la messe.	61 d.
Aux Libera de 2 s. chacun.	111 d.
A ceux de 3 s. chacun.	61 d.
Aux fêtes fondées pour chacune assistance.	111 d.
Aux bits de 200 liv. aux vigiles à.	1 s.
A la messe.	1 s.
Pour le Libera à recommandacion.	1 s.
Aux processions.	1 s.
Pour les OO au premier et dernier.	1 s. 6 d.
Aux autres.	9 d.

Aux matines de Noël, pour les trois nocturnes, laudes, et deux messes.	64 s.
Pour les matines et laudes de l'Assomption.	4 s.
Pour l'*Ave Regina* pendant toute l'année.***	64 s.
Aux matines des dimanches et fêtes semi-doubles à neuf leçons, pour les 7. 8. répons, chacun	1 s.

» Paraphé, ne varietur, ann. 1653, par moy huissier en la cour commis et soussigné.

» Signé HENRIOT, avec paraphe.

» Collationné en son original étant en papier, ce fait rendu par les conseillers du roy, notaires au Chastelet de Paris, soussignez, ce quatorzième jour de mars mil sept cent douze. »

On sera sans doute surpris de voir une sorte de prime donnée à l'accomplissement d'un devoir. Le fait n'est cependant que trop vrai. On lit dans le manuscrit de Pierre Janvier, à Meaux : *Le peu d'assiduité que font les chanoines à l'église, contre leur serment et foy, le fait ôter le méreau.* Gérard d'Haméricourt, évêque de Saint-Omer, ordonna, en 1568, la confection d'une *certaine monnaie pour être distribuée* à ceux qui assisteront entièrement aux offices du chœur, en sorte que personne ne puisse être excusé sous aucun prétexte que ce soit, si ce n'est dans les cas exprimés par les statuts. Les fautes qui pouvaient empêcher de l'obtenir sont indiquées dans les statuts du synode de 1583, revus et publiés en 1640, sous

Christophe de France. Odon Rigault, archevêque de Rouen au milieu du treizième siècle, note avec soin, dans ses visites pastorales, les établissements religieux de ses diocèses suffragants qui ne se servaient pas de méreaux.

Plus tard, des statuts sanctionnés par l'autorité règlent à Paris, à Montbrison et dans bien d'autres localités l'usage des méreaux.

L'inexactitude était, à une époque reculée, un mal tellement grand dans les collégiales et les abbayes, qu'on fut obligé de prendre des mesures et même de faire un règlement général.

Nous ne pouvons nous dispenser de noter que, dans l'ancienne cathédrale de Saint-Pierre à Genève, les chanoines avaient des subalternes coadjuteurs qui chantaient et faisaient l'office ordinaire, « Ce pendant que messieurs les chanoines sesbattoient et pourmenoient en devisant parmy la nef de l'église, jusqu'à certaines cérémonies où y avoit *du gaing pour les présents et rien pour les absents*, car ils vouloient bien lors faire l'office, et estoient les dicts subalternes appelez *habilitez*. »

On voit qu'on pourrait leur appliquer ces vers de Boileau :

> Ces pieux fainéants faisaient chanter matines,
> Veillant à bien dîner, et laissant en leur lieu
> A des chantres gagés le soin de louer Dieu.

Ce serait se tromper étrangement que de comparer les chanoines des diverses époques à ceux de nos jours. Au moyen-âge, ils n'étaient pas, comme aujourd'hui, l'honneur de l'Eglise; cependant il ne faudrait pas les juger avec trop de sévérité, en ne tenant pas compte des mœurs et des usages du temps. Les fêtes des *fous* et des *innocents* étaient des saturnales ecclésiastiques auxquelles ils se mêlaient, mais que l'on célébrait sans arrière-pensée, sans mauvaise intention. Toutefois, on ne doit pas cacher que de graves abus eurent lieu, et c'est aux *distributions* qu'Eudes de Sully et Pierre Cambius eurent recours comme remède au scandale. Ces pieux évêques, qui vivaient, l'un dans les dernières années du douzième siècle, l'autre dans les premières du treizième, promirent, par lettres pastorales, une récompense à ceux qui ne prendraient pas part à ces fêtes d'origine païenne, et une rétribution pécuniaire aux chanoines, aux chantres et aux enfants de chœur qui se trouveraient en état d'assister aux matines le jour de la Saint-Etienne et celui de la Circoncision.

Plus tard, les canonicats furent considérés comme des bénéfices transmissibles entre les membres d'une famille, en admettant même, par arrangement, la cession à une personne étrangère, pourvu qu'elle fût dans les ordres. D'autres fois, le titre de chanoine était un titre honorifique concédé, sous certaines conditions, à des souverains et à des princes; on en fit une récompense pour de hauts personnages.

La couronne de France apportait avec elle l'hérédité d'un canonicat honoraire dans les églises de Saint-Hilaire de Poitiers, de Saint-Julien du Mans, de Saint-Martin de Tours, ainsi que dans les cathédrales d'Angers, d'Orléans, de Lyon et de Chalon. A l'entrée des souverains dans l'une de ces villes, on lui présentait l'aumusse et le surplis.

Nous ne connaissons que le roi Robert qui ait pris personnellement part aux cérémonies de l'Eglise.

Les Dauphins se faisaient honneur autrefois d'être reçus chanoines de la métropolitaine de Vienne et y siégeaient en cette qualité lorsqu'ils venaient la visiter. Le Chapitre avait soin de protester que c'était sans préjudice de la qualité de feudataires de l'Eglise comme comtes d'Albon, et par suite, les Dauphins rendaient hommage, tous les ans, la veille de la Saint-Maurice, soit en personne, soit par quelqu'un de leurs officiers, et offraient un cierge de cire jaune du poids de douze livres. Cet usage se pratiquait encore dans le siècle dernier. Le juge de Vienne, en présentant ce cierge au nom du roi, protestait que c'était par dévotion; le Chapitre faisait répondre par celui qui le recevait : « C'est par hommage. »

Nombre de rois de France ont été chanoines de Saint-Jean-de-Latran, à charge d'une redevance annuelle.

Les papes et les rois d'Espagne ont été chanoines de Séville. Ils étaient condamnés à une amende pour chaque absence, c'est-à-dire toutes les fois que l'on faisait l'appel général; il est à croire que c'était seulement dans les grandes solennités.

Au mois de mai 1395, la dignité de chanoine de l'église de Lyon fut conférée aux ducs de Bourgogne et de Berry, grands protecteurs du Chapitre.

En 1403, le duc d'Orléans assiste à la procession de saint Aignan en habit de chanoine.

En 1471, Charles, comte du Maine, fit son entrée au Mans le lundi d'avant la Saint-Martin; il fut reçu à la collégiale comme patron collateur, chef supérieur, en surplis et en chape, et accepta le pain et le vin avec les distributions du chœur.

En 1472, le pape institue Louis XI chanoine de Notre-Dame-de-Cléry, ainsi que tous les rois ses successeurs, en lui permettant de siéger en cette église, à la première stalle du chœur, revêtu du surplis, de la chape et de l'aumusse.

Le duc Raoul de Lorraine, après avoir fondé à Nancy, en 1339, la chapelle ducale de Saint-Georges, se réserva les nominations au Chapitre et spécifia que le souverain en serait toujours premier chanoine.

Une chose qui paraîtra plus singulière encore, c'est que Jésus-Christ était regardé comme premier chanoine de l'église d'Orléans et était mis à la tête de toutes les distributions pour une double portion que l'on portait à l'Hôtel-Dieu.

La sainte Vierge comptait au nombre des bénédictines de Marcigny, et chaque jour sa prébende était distribuée aux pauvres.

Que dirait-on aujourd'hui si l'on voyait une dignité ecclésiastique conférée à un capitaine pour un brillant fait de guerre? Cependant, après la valeureuse défense de Cravant (1423) et la défaite de Charles VII qui cherchait à arracher son trône aux mains des Anglais, le Chapitre d'Auxerre, pour consacrer à jamais ce mémorable fait d'armes, institua que l'aîné de la maison de Chastellux, dont un membre avait soutenu avec tant de courage un siège de cinq semaines, serait chanoine honoraire et pourrait assister aux offices, armé de toutes pièces, avec un surplis par-dessus et tenant son faucon sur le poing.

C'est à Viviers que nous devons aller chercher le plus frappant exemple de ce singulier mélange d'éléments ecclésiastiques et d'éléments séculiers. Le Chapitre de cette ville se composait de 20 ecclésiastiques et de 20 seigneurs laïques. Non-seulement ces derniers pouvaient entrer au chœur armés de pied en cap, mais encore ils avaient le droit d'y amener leurs femmes. Indépendamment des chanoines, il y avait de nombreux bénéficiers. On a vu, jusque dans le quinzième siècle, à plusieurs fêtes solennelles telles que celle de saint Vincent, des barons et des dames de qualité conserver le privilège d'occuper les stalles du chœur et d'y porter, les uns et les autres, des mitres et des chapes.

Ceci n'était pas nouveau, car, au treizième siècle, Alix de Vergy fut reçue *chanoine* de la Sainte-Chapelle de Dijon. Là, après avoir donné le baiser de paix à chaque chanoine, elle s'engagea solennellement à protéger les privilèges de cette collégiale et ceux de ses membres.

Si l'on remonte à l'origine du bizarre usage de l'église de Viviers, on trouvera qu'elle doit être commune à la plupart des bénéfices ecclésiastiques. N'oublions pas, en effet, que Charles Martel, en expulsant les Maures, acquit des droits à la reconnaissance de la chrétienté et, pour ainsi dire, un pouvoir spirituel. La crosse et la mitre devinrent la récompense des guerriers qui avaient écrasé les infidèles. Les chefs, une fois assis sur leurs sièges pontificaux, durent songer à pourvoir les hommes d'armes de charges et d'emplois. A leur tour, ils distribuèrent canonicats et prébendes, sous les faibles successeurs de Charlemagne. Ces abus, quelque temps comprimés, reparurent et finirent par prévaloir. Plus tard, les papes furent obligés d'intervenir, et Clément VI supprima les membres laïques du siège de Viviers.

Si, maintenant, nous voulons chercher l'origine des distributions dont le maintien eut ensuite pour but d'exciter l'exactitude aux offices, nous la trouverons dans l'antique usage de manger à l'église. Les chanoines, à l'imitation des moines, s'assemblaient pour tenir, en certains temps, des conférences spirituelles qu'on appelait *collations*, terme qui a passé dans la langue pour exprimer le rafraîchissement qu'ils prenaient.

Le règlement fait sous Louis le Débonnaire, en 817, par les abbés assemblés, autorise les moines à boire, s'ils en ont besoin, à cause de la fatigue de leur travail et de la longueur de l'office : *bibant*, est-il dit. On se crut bientôt autorisé à boire du vin, et de là vinrent les *collations* ou *buvettes* qui s'observèrent entre autres dans l'église d'Autun, après la lecture des dialogues de saint Grégoire, de quelques homélies ou d'une vie de saint.

Depuis le premier vendredi de l'Avent jusqu'à la veille de Noël inclusivement, la collation se faisait au chœur après complies; celle de Noël, avec le meilleur vin des caves.

Depuis le mercredi des Cendres jusqu'au jeudi-saint inclusivement, la collation se faisait après l'anniversaire. Le mercredi, le jeudi, le vendredi avant les Bordes et le jeudi-saint, on se servait de vin blanc. Les dimanches, on donnait à chacun un gâteau. Les collations recommençaient le lendemain de Pâques jusqu'au dimanche de Quasimodo, dans le Chapitre. Elles continuaient de même tous les dimanches, depuis Quasimodo jusqu'après le dimanche de la Pentecôte; elles se faisaient alors avant les vêpres. Pendant le cours du repas, quelques chapelains chantaient des psaumes. La collation finie, le vicaire du chœur récitait le *De profundis* avec les oraisons pour les fondateurs. Pendant tout le temps, le grand cierge restait allumé pour donner à cette pratique l'air d'un pieux exercice. La veille de l'Epiphanie, le vicaire du chœur et les chapelains récitaient les six psautiers faisant les cent cinquante psaumes, et à la fin de chacun on sonnait la cloche. Après le tout, on faisait une seconde collation qui se terminait par les litanies des saints.

Il y avait encore des collations extraordinaires à certaines fêtes, notamment à celles de sainte Magdeleine et de sainte Marthe.

Le trésorier de l'église était obligé de fournir des poires; après Pâques il fournissait des gâteaux.

Les collations ne manquèrent pas de dégénérer en

grands abus, surtout depuis que les laïques eurent trouvé la facilité de s'y introduire. Les excès, les chansons et autres indécences qui s'y commirent, obligèrent de les supprimer en 1552. Les psaumes qui s'y chantaient furent convertis en d'autres prières, et les buvettes, en pain et en vin que l'on distribuait aux chapelains.

Mais revenons à nos pièces d'église. Si le plus souvent elles étaient un stimulant, un appât, il arrivait aussi qu'on en faisait un noble et généreux emploi. C'est ainsi que les chanoines de la collégiale de Saint-Amé de Douai qui avaient droit, ayant assisté aux offices, à une portion de pain et de vin dont ils pouvaient disposer en faveur de qui il leur plaisait, distribuaient ordinairement aux pauvres, dès le sortir de l'église, le méreau qu'ils avaient reçu et qui servait de bon pour toucher la portion.

SANCTE. AMATE.
ORA. P. NOBIS.

DISTRIButio.
ORDINAria CANOnicorvm. 1569.

Buste mitré de St Amé. — Armoirie de la collégiale.

Quelques confréries avaient leurs méreaux, comme tendent à l'établir deux passages des statuts (an. 1468) de la grande confrérie Notre-Dame de Paris, composée de laïques et d'ecclésiastiques. Le but de l'association était de se soutenir mutuellement les uns les autres, c'est-à-dire que les laïques aidaient les ecclésiastiques dans leurs affaires temporelles, et ces derniers aidaient les premiers dans les affaires spirituelles.

On lit au chap. II, § 15 : « Après est ung frère prebstre esleu que on appelle greffier, lequel est présenté au prévost comme bon preudhomme et souffisant, qui baille argent et délivre au prenent quittance pour paier aux frères prebstres leurs *distributions aux services* qui chacun jour se font par lesdits frères prebstres, selon ce que déservi l'ont. Et des deniers que pour ce reçoit ledit greffier du prévost, ou son commis, iceluy greffier est tenu de rendre compte chacun an, ainsi et par la manière et quand ledit prévost rend compte de la revenue de ladite confrairie.»

§ 17. « Et quant on fait service des trespassés, ceux qui ne sont au respont *Qui Lazarum*, chanté pendant vigilles, et qui ne sont à l'espitre de la messe dite jusqu'à la fin, *perdent leur distribution*. Et ne doit point payer le greffier à personne, jusque *Agnus Dei* soit chanté, et se il n'a excusation raisonnable et cogneue. »

Il serait fort intéressant de recueillir tous les textes relatifs à ces sortes d'associations et de faire une bonne histoire des confréries qui ne furent pas sans importance, comme le prouve le passage suivant :

« En l'an 1168, fut établie dans l'église de la Madelaine, la plus considérable et la plus ancienne confrérie de Paris appelée la Grande Confrérie Notre-Dame, *aux seigneurs prêtres et bourgeois de Paris*. D'abord elle fut composée de trente-six prêtres et d'autant de laïques, seigneurs et bourgeois notables de la ville. Les femmes n'y furent admises qu'en 1224, au nombre de cinquante. La reine et plusieurs dames de piété du premier rang désirèrent y être reçues. Depuis ce temps-là, le roi et la reine en furent toujours confrères. Dans les trois ordres de cette compagnie, on ne recevait que les personnes les plus qualifiées. Aucun confrère n'était admis qu'après avoir été élu par quatre confrères, deux prêtres et deux laïques.

» La confrérie avait deux principaux officiers soumis à l'élection : l'un qualifié d'abbé, qui était ordinairement l'archevêque de Paris, et l'autre avait le titre de doyen. Cette place s'offrait toujours à quelque magistrat du premier rang. La principale fête de la confrérie se célébrait le jour de l'Assomption de la Vierge; et le lundi dans l'octave de cette fête, tous les confrères assemblés à la Madeleine allaient en procession dans quelque autre église à leur choix. »

Nous citerons le peu de pièces parvenues à notre connaissance et relatives à ce sujet.

D. L. CONFRAIRIE NRE. DAME.   A. St. ESTIENNE. DE. GRECZ. 1559.

Nous sommes dans la nécessité d'en omettre plusieurs dont l'attribution ne nous paraît pas assez certaine, et, d'ailleurs, nous n'avons malheureusement aucun texte à citer à l'appui.

Il en existe plusieurs variétés, soit avec légende

entière, soit seulement avec les lettres S. E. D. G., initiales de Saint-Etienne-des-Grès. 1629.

IE. SVIS A. LOEVVRE. SAINCTE OPPORTVNE. 1621.

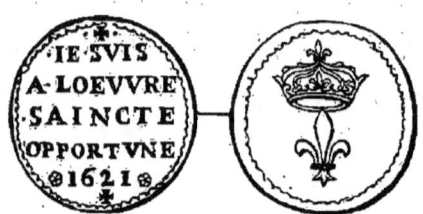

Revers. — Une fleur-de-lis couronnée.

Enfin un cuivre jaune de grand module, portant :

POVR. LA. CONCEPTION. NRE. DAME. PREMIERE.
V. D. entre deux filets. 1565.

FONDEE. A. PARIS. EN. L'ÉGLISE. ST. SEVERIN.

Deux saints sous un porche flanqué de tours accompagnées de petites fleurs; le tout surmonté de deux étoiles.

Saint Séverin, dont saint Cloud fut le disciple, serait, selon les uns, le patron de l'église dont il est ici question; selon les autres, le véritable patron est l'abbé d'Agaune, mort à Château-Landon en Gâtinais.

La confrérie Notre-Dame, à Saint-Séverin, remonte à l'an 1311. C'est la première qui fut établie en France en l'honneur de la très sainte Vierge, sous le titre de la Conception Immaculée. Son institution primitive eut lieu à Londres en 1278.

L'église de Saint-Séverin se montra toujours reconnaissante de l'honneur insigne qu'elle avait reçu. Les marguilliers gardent précieusement toutes les traditions qui s'y rapportent. Ils ont fait placer une inscription qui conserve la mémoire de la confrérie de l'Immaculée Conception.

La confrérie du bas-chœur de la cathédrale du Mans, dite de Saint-Michel, a laissé un méreau de plomb. Son dessin barbare, quoique ne remontant qu'à la fin du seizième siècle, offre d'un côté la Vierge, patronne de Saint-Julien-du-Mans, et de l'autre, l'Archange terrassant le dragon.

Les lépreux réunis dans une maladrerie imitèrent les chanoines et les confrères. Tout ce qui intéressait l'établissement devait être traité par eux capitulairement et collégialement. La cloche rassemblait la communauté pour délibérer dans la chapelle, en présence du curé et de l'économe. Le jour de la fête du patron de la chapelle, les lépreux faisaient choix parmi eux d'un prieur qui jurait, entre autres choses, de noter, sans y manquer, toutes les fois que le curé aurait négligé son devoir dans l'office divin et que les malades auraient enfreint les ordonnances. Ceux-ci étaient soumis à des devoirs religieux ; ils devaient, par exemple, réciter vingt-sept *pater* et vingt-sept *Ave*, sous peine d'une retenue d'un gros lors de la distribution des portions.

Les diverses dénominations des méreaux sont nombreuses :

Moneta Capituli, à Bayeux et à Cambrai. — *Moneta sancti Cirici*, à Issoudun.

Libra ecclesiæ sancti Petri. — *Libra canonicorum*. — *Libra presbyterorum*, à Vienne.

Chanoynes, à Saint-Jacques de Paris.

Simbolum, à Saint-Méry de Paris.

Mandata, à Saint-Lambert de Liège.

Insignia, à Dijon, à Savigny et à Valence, parce que ces méreaux portent les armoiries ou *insignes* des églises auxquelles ils appartiennent.

Les Chapitres sont souvent indiqués : *Capitulum Cameracence*. — *Capitulum Lingonense*. — *Capi-*

tulum ecclesiæ Avinion. — Capitulum Burci. — Capitulum Trevolcii. — Chapitre du Pont-de-Vaux.

La ville et l'église : *Ecclesia Belicensis. — Ecclesia patriarcalis sancti Stephani Bituris. — Romanencis ecclesia. — In sacra ecclesia Valencie. — Capella sancti Salvatoris palacii Bituris. — Capella regalis palacii Parisiensis.* —

Le nom de la ville et celui du saint : — *Amati Duacensis.* — *S. Stephanus Meldensis.* — Le Saint-Esprit en Grève à Paris. — *S. Meloni de Pontisara.* — *S. M.* à Ponthoise. — *S. Julianus de Turnone.* — *Philiberti Threnochiensis.* — *Sanctus Mauricius Vienne.*

Le nom de la ville seul : *Saint-Claude.*

Le nom du saint seul : *S. Ferreols. S. Ferratius evis Burgundie* (Besançon). — *Saint-Genes* (Clermont). — *Sancte Valeriane.* — *S. Philiberte.* — *S. Maria* (Tournus).

Souvent il n'y a que des initiales, comme à Beaune, à Bourges, à Paris (St-Eustache. — St-Etienne-des-Grès).

D'autres pièces sont complétement muettes, comme Saint-Lazare d'Autun, Saint-Julien du Mans, etc., etc.

La série des méreaux de Notre-Dame-des-Mares de Villefranche présente un très notable exemple des diversités de légendes.

Enfin, le mot mériav, que nous avions vu au quatorzième siècle, se retrouve à la Sainte-Chapelle de Dijon : *Merellus capelle ducum Burgundie Divione;* puis à la même époque avec un revers plus récent : *Les mereaulx de l'esglise de Nostre-Dame de Poissi.*

Il reparaît sur une pièce de 1639, aux armes de La Tour (Maurice de La Tour, duc de Bouillon, était alors gouverneur de Sédan).

Mais cette pièce est-elle réellement capitulaire? Nous en doutons........ Quel est son objet?

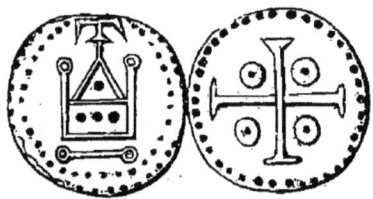

L'étude des jetons n'est pas assez avancée et assez certaine pour qu'on puisse dire au juste ce que c'est que cette petite pièce au châtelet et sans légende, ni

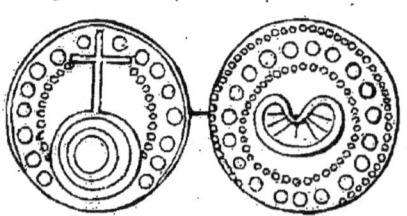

cette autre au van d'élection, au globe crucifère. Sa fabrique nous semble très ancienne et l'emploi des symboles qu'elle porte n'est pas moins ancien. D'après Glaber, liv. Ier de ses Histoires, l'an 1015 environ, le pape Benoît VIII fit faire un globe d'or avec des cintres ornés de pierreries, et une croix élevée au-dessus pour représenter le monde qui ne pouvait être bien

7

gouverné qu'en le soumettant à Jésus-Christ et à la religion chrétienne.

L'empereur Henri II étant allé à Rome, le pape se présenta à sa rencontre et lui offrit ce globe, voulant qu'il fût dorénavant la principale marque de l'empire. Ce n'était qu'une consécration du globe que nous voyons tenir par Charlemagne et la plupart des empereurs. Henri, en le recevant des mains du pape, lui dit que c'était une leçon muette qu'il lui faisait, de la manière dont il devait régir le monde; mais qu'on ne pouvait mettre ce présent en de meilleures mains que celles des personnes qui avaient méprisé le monde et ses pompes. Aussitôt après, il l'envoya à l'abbaye de Cluny.

Donnerons-nous à Saint-Etienne de Dijon, ou plutôt de Bourges, à cause de l'encadrement multilobé, le méreau suivant?

VIDEO CELOS APERTOS. — Saint Etienne à genoux, contemplant les cieux ouverts.

A. DOMINO. FACTVM. EST. ISTVD. 1558. — Palme posée en pal et entourée de cailloux.

Saint Etienne, un des soixante-douze disciples du Sauveur, élu diacre pour la distribution des aumônes, fit nombre de miracles qui remplirent de fureur les Juifs. Ceux-ci subornèrent de faux témoins pour l'accuser de blasphème contre Moïse et contre Dieu même. Traduit devant le Sanhédrin, le grand-prêtre Caïphe lui dit de se défendre, ce qu'il fit en homme rempli du Saint-Esprit. Des grincements de dents furent la seule réponse des Juifs, et leur haine ne connut plus de bornes lorsque le saint diacre s'écria : *Je vois les cieux ouverts et le Fils de l'homme debout à la droite de Dieu.* Ils se jetèrent sur lui et l'entraînèrent hors de la ville pour le lapider. Il n'y avait, lors du supplice du bienheureux diacre Etienne, pas encore un an que Jésus-Christ avait été crucifié.

La légende du droit ne permet aucun doute sur le nom du personnage agenouillé, et les emblèmes du revers indiquent clairement le genre de supplice immortalisé par la palme du martyre.

Le même saint, dans une seconde pièce, est suffisamment indiqué par les initiales S—E et la couronne qu'il tient, la couronne étant l'emblème parlant d'Etienne. De plus, la palme se voit en avant; mais ici, nul caractère ne peut justifier une attribution à telle ou telle église.

Rien n'est plus commun qu'une légende pieuse sur les monnaies. Quand même on la trouverait aux deux faces d'une pièce, sans autre indication particulière, cela ne suffirait pas pour constituer un méreau, bien que le revers portât comme sur la plupart un chiffre accosté de deux initiales; ainsi les mots

AGNVS : DEI :
QVI TOLI

CATA : MVNDI :
MIS.

(Agnus Dei qui tollis peccata mundi, miserere.)

forment la devise d'une monnaie espagnole au type de l'agneau à la bannière contourné. Elle appartiendrait à Jean II de Castille et serait frappée à Burgos; ou bien le chiffre V ne serait autre chose que la lettre Y dans laquelle il faudrait voir *Isabelle* de Castille ou *Yacobas* de Majorque.

La représentation d'un saint ou d'un martyr, sans légende ou sans initiales indiquant son nom, est un cas très embarrassant. S'il y a une légende, elle peut, plus encore que le personnage, autoriser une classification.

Il ne faut pas trop se fier aux initiales, car rien ne ressemble à un vieux méreau comme la pièce portant S.M.—F.VII, et cependant c'est une monnaie de la colonie espagnole de Sainte-Marthe frappée sous Ferdinand VII.

Faute de légende, on ne doit pas trop se hâter d'attribuer un méreau à une église; ainsi, une hure de sanglier fait de suite songer à Saint-Cyr de Nevers ou d'Issoudun, mais la grosse fleur-de-lis du revers porte à présumer que la pièce appartient aux chasses royales.

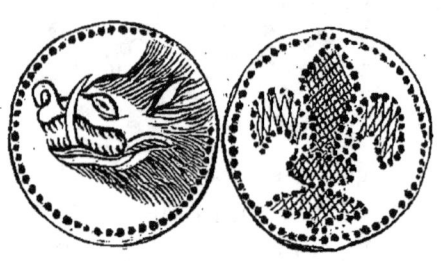

JETONS DE MARIAGE.

L'usage des deniers matrimoniaux (arrha nuptialis) se trouve chez les Francs. Frédégaire rapporte au chapitre x, que les ambassadeurs envoyés à Gondebaud, roi des Bourguignons, dans le but d'obtenir la main de sa fille Clotilde pour leur roi Clovis, contractèrent une sorte de mariage par procuration en remettant *un sou et un denier*, selon l'usage des Francs.

Le titre de la loi salique fixait *trois sous et un denier* pour ceux qui épousaient des veuves.

Les anciens rituels nous font connaître l'emploi des deniers de mariage. Tantôt c'était un certain nombre de pièces de monnaie courante, tantôt des pièces de fantaisie frappées exprès. D'autres fois, comme on le voit encore aujourd'hui, on les remplaçait par une médaille commémorative.

Bientôt on eut l'idée, en cette occasion, de distribuer des jetons à ses amis et d'en répandre dans la foule. Avant d'en citer quelques exemples, on nous permettra de dire quel rôle les *arrhes* jouaient dans la cérémonie religieuse du mariage, et quel sens ils avaient.

Le prêtre, après avoir fait aux fiancés les questions d'usage, et donné à l'époux l'anneau nuptial qu'il passait au doigt de sa femme, lui remettait treize deniers que celui-ci déposait dans la main ou dans la bourse de son épouse, en disant : *De mes biens je vous doue*.

Au diocèse d'Autun, il arrive souvent que l'on présente des *arrhes* que le prêtre bénit en même temps que l'anneau et en ajoutant cette oraison :

Benedic, Domine, † *has arrhas* quas hodie tradit hic famulus tuus, in manum ancillæ tuæ; quemadmodum benedixisti Abraham cum Sara, Isaac cum Rebecca, Jacob cum Rachel. Dona super eos gratiam salutis tuæ, abundantiam rerum et constantiam operum ; florescant sicut rosæ in Jericho plantatæ ; Dominum nostrum Jesum Christum timeant et adorent ipsum qui trinum nomen possidet, cujus regnum et imperium sine fine permanet in secula seculorum. Amen.

On connaît des petites pièces d'argent minces, sans revers, frappées par les abbés de St-Martial (Limoges).

— S. M. ORA PRO NOBIS. —

Elles étaient distribuées au premier jour de l'an à tous les habitants du monastère et de l'abbaye. Tantôt on y voit les armoiries de la ville de Limoges, à la bande d'azur semée de trois fleurs-de-lis d'or, et au chef barbu de son saint patron, avec les deux initiales de forme gothique, sans légendes.

Les dernières ont été adoptées plus tard pour les treizains de mariage; on en insérait treize dans la petite capsule d'argent ou de vermeil que le mari donnait à l'épousée après qu'elle avait été bénite par le prêtre consécrateur de l'union.

Sur trois petites pièces que nous avons décrites ailleurs, on voit :

    DENIER TOVRNOIS. — POVR EPOVSER.
INCI. CE NEST QVN. DE NOVS DEVX. —Ainsi ce n'est qu'un de nous deux.
    DENIER POVR EPOVSER. — DON D'AMI.

Voici une autre devise :

IOIE. DESIR.
A. LAMOUREV. S.

Joie, désir, à l'amoureux soit.

Dans le champ, l'écusson de France accosté des lettres M—M qui ne sont autre chose que le rébus : *aime—aime.*

C'est sur des jetoirs que le dernier de nos ducs a empreint le souvenir de ses mariages successifs :

SE GECTES SEVRMENT. — LE COMTE TROVVERES.

C—C, initiales de Charles le Téméraire et de Catherine de France, fille de Charles VII, liées par une cordelière ou lac d'amour. Les fiançailles eurent lieu en 1439.

Nous n'avons rencontré rien de relatif à l'union de Charles avec Isabeau de Bourbon; mais le mariage du duc de Bourgogne avec Marguerite d'Yorck, sœur d'Edouard IV, roi d'Angleterre, en 1467, est attesté par les initiales C—M liées, comme plus haut, avec la devise :

IE LAI EMPRIS, à laquelle il ajouta plus tard BIEN EN AVIENNE.

GECTORS DE LA CHAMBRE DES FINANCE.

Armoiries de Bourgogne et de Flandre dans un encadrement multilobé.

Il ne serait pas hors de vraisemblance de rapporter

aux fiançailles des ducs de Bourgogne les deux pièces suivantes :

VIVE. BOVRGONGNE. VIVE. VIVE. — VIVE. AMANT. VIVE. AMOVR. VIVE.

MOVNTOVN. SVI. NOVMES. D. — PAR AMOVRS. SVI DONES. MAR.

L'attribution locale de l'une ne peut être contestée; quant à l'autre, elle offre le mouton, vieux type monétaire particulièrement cher aux Flamands dont il symbolisait une branche importante de commerce.

Les deux légendes de la première indiquent le cri d'un vaste enthousiasme. On l'entendit en maintes occasions, mais surtout quand le duc Philippe, voulant accomplir le vœu du Faisan et la croisade contre les Turcs, alla conférer avec l'Empereur et les princes de la Diète de Ratisbonne.

Il traversa la comté de Bourgogne et passa en Suisse. Ses alliés, les seigneurs de Berne, lui firent une réception superbe. Les petits enfants portaient des bannières à ses armoiries et criaient : *Vive Bourgogne!* A Baden, à Arau, à Zurich, à Constance, ce fut le même accueil. On venait au-devant de lui; les villes défrayaient toutes ses dépenses; enfin il était partout reçu comme s'il eût été le souverain, tant sa renommée était grande dans la chrétienté. En Allemagne, l'empressement était plus grand encore. L'empereur lui-même n'aurait pas eu un tel accueil.

Dans une autre occasion moins solennelle, nous trouvons le même cri; c'est en 1458, lorsque les Gantois firent leur soumission. Dans une fête qu'ils donnèrent au duc, ils surpassèrent en munificence tout ce qu'on avait vu en ce genre. On fit passer devant lui un éléphant, et la tour que cet animal portait était remplie de musiciens qui chantaient des triolets avec ce refrain :

VIVE BOURGOGNE est notre cri.

En ce qui concerne l'abréviation MAR dans la légende de la seconde, nous aimons à penser qu'elle est celle de MARGUERITE.

Alors la pièce devrait être attribuée à Philippe le Hardi qui épousa Marguerite de Flandre.

Il est à croire que des recherches faites avec soin amenèrent la découverte de pièces commémoratives des alliances matrimoniales contractées par tous les ducs de Bourgogne de la dernière race.

On trouve de nombreux exemples de profusion lorsqu'il s'agit de mariages royaux. Lorsque Henri IV épousa Marie de Médicis, fille de François de Toscane, on sema en quelque sorte un jeton de faible module où les augustes époux sont représentés se donnant la main avec cette devise :

ERVNT. DVO. IN CARNE. VNA.

Les grandes familles suivaient parfois cet exemple, mais avec moins de largesse. Nous en avons un exemple dans le jeton de B. Durey de Noinville de Presle. D'un côté sont ses noms et qualités, et au revers les armes accolées 1° de Noinville; 2° de Simiane (d'or, semé de fleurs-de-lis et de tours en nombre égal).

MARIE FRANÇOISE PAULINE DE SIMIANE SON EPOUSE. 1735.

Les nouveaux annoblis par des charges saisissaient avec empressement l'occasion des noces pour produire leur blason à côté de celui de leurs femmes.

Nous ignorons si les deux jetons ci-après furent frappés à l'occasion des mariages de deux membres de la famille Guénégaud, ou pendant le cours de

108 JETONS

l'union des époux. Chacun porte d'un côté les armes du mari et au revers celles de la femme.

G. S^r. DE GVENEGAVD. C. D. ROY EN. S. C. DEST. ET. TR^r. D. LESPARG^r.

ET. DAME. MARIE. DE. LA. CROIX. SA. FEMME.

Gabriel de Guénégaud avait épousé, en 1604, Marie de La Croix, fille unique et héritière de Claude, vicomte de Semoine, dont il eut trois fils et quatre filles.

CL. DE. GVENEGAVD. C^er. D. TRES^r. DE. LESPARGNE.

Claude de Guénégaud épousa, en 1647, Claude-Alphonsine Martel, dont nous voyons ici les armoiries sans légende.

L'usage de répandre des jetons se retrouvait dans diverses autres circonstances de la vie, ainsi qu'on le voit dans l'exemple suivant :

Un jour, Clément de Bavière, électeur de Cologne, allié de Louis XIV, trahi par les chances de la guerre, se réfugia dans la ville de Lille. Là, il vit se briser les affections qui l'attachaient au monde. Souvent il visitait l'église de l'Abiette. Une jeune fille de seize ans, qui prenait le voile, fixa en lui une résolution qu'avait peut-être préparée la ruine de ses espérances sur la terre ; il résolut de se consacrer au service des autels. Ordonné diacre en 1706, puis prêtre le jour de Noël à la messe de minuit de la même année, il dit sa première messe le 1er janvier 1707. Les pièces d'argent et de bronze qu'il jeta au peuple portaient bien les deux mains jointes symbolisant, non l'union conjugale, mais une pieuse confraternité, car elles étaient surmontées du calice et de l'hostie. Les deux inscrip-

pIa ConCorDIa FratrVM.

IosEphVs CLeMens DEo LItans InsVLis CALEND IANVAR. PP. SOC. IESV.

tions offrent toutes les deux le chronogramme de l'an 1707 où ce fait se passait.

Une largesse semblable eut lieu quand, le 1er mai suivant, Fénelon sacra le prince archevêque de Cologne ; alors l'inscription du revers était :

CONSECRATIO CLEMENTIS ARCHIEPISCOPI COLONIENSIS.

JETONS D'AMOUR.

Nous avons dit que les fabriques étrangères avaient cherché à éluder l'arrêt de 1672; néanmoins il les gênait beaucoup, et tout en adoptant des devises latines, italiennes ou françaises, leurs produits ne pouvaient se débarrasser des tournures germaniques qui trahissaient leur origine. Nous n'en citerons pour preuve qu'une série à laquelle nous donnons le nom de jetons d'amour.

JETONS RELIGIEUX.

CVIVS LIVORE SANABVNTVR. — IN CHRISTO OMNES VIVIFICABVNTVR.

Le Christ en croix; à ses pieds deux personnages debout.

OMNES MORIVNTVR IN ADAM. 1625. — M. LAVF.

Adam et Eve cueillent le fruit défendu sur l'arbre qu'enlace le serpent. Le graveur ne s'est pas contenté de ce signe de tentation; il y a ajouté, du côté de la femme, le démon sous les traits d'un satyre cornu.

Les Fabriques employaient les jetons à divers usages.

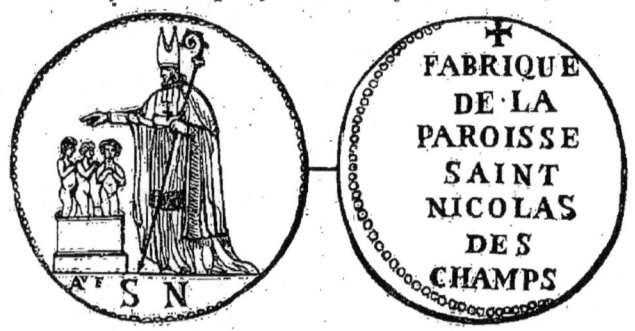

FABRIQUE DE LA PAROISSE DE SAINT-NICOLAS-DES-CHAMPS.

Saint Nicolas, évêque de Myre, voyageait dans son diocèse de l'Asie; il entre un jour dans une hôtellerie, et il lui est miraculeusement révélé que l'hôtesse avait tué trois enfants dont elle avait mis les corps à saler dans un baquet. Le saint prélat ordonne aussitôt que le vase lui soit apporté, et, imposant sur ces trois jeunes victimes le signe de la croix, il les rend à la vie. Voilà pourquoi, dans les tableaux et images, on voit constamment figurer saint Nicolas opérant ce miracle, et c'est en mémoire du prodige que les enfants, les marchands de vins et les cabaretiers ont pris l'évêque de Myre pour patron.

MARGUILLIERS DE LA PAROISSE ROYALE DE SAINT-BARTELMY.

Champ fleurdelisé, du haut duquel pend en manière de draperie la peau de saint Barthélemy, dont la partie inférieure relevée laisse voir une épée sur un fragment de roue, et au-dessus une couronne radiée.

REVERSVS. VICTOR. IN. PACE. IVD. — 1598.

PAX SACRA TVETVR. — ECCL. RATION.

Un personnage en pied, couronné, vêtu du manteau royal fleurdelisé, tient de la main droite le sceptre et de la gauche un rameau. Au revers, un ange, portant un rameau dans chaque main, écarte son manteau pour envelopper une petite chapelle.

Après les troubles de la Ligue, une longue paix pouvait seule affermir la religion, ét l'intention de Henri IV était de la maintenir; aussi est-ce le laurier et l'olivier qui figurent aux mains de l'ange.

Cette pièce, comme les deux précédentes, est plutôt un jetoir d'église qu'un méreau, ainsi que l'indique l'exergue : ECCL. RATION. Son emploi sera suffisamment justifié si nous rappelons que les fabriciens des paroisses devaient, tous les ans, rendre compte de leur administration (rationes), suivant les dispositions des lettres de Charles IX datées de 1571. L'évêque d'Autun fut obligé de recourir au conseil d'Etat pour y contraindre les fabriciens de Moulins. Il obtint deux arrêts, l'un en 1693 et l'autre en 1698, qui leur enjoignaient de rendre leurs comptes à l'archidiacre dans le cours de ses visites.

Dans les églises, comme dans les mairies et les corporations, les dignitaires étaient parfois obligés à des distributions, et à ce sujet nous noterons un arrêt du Parlement, en date du 2 avril 1727, servant de règlement pour la Fabrique de Saint-Jean-de-Grève à Paris. Il porte : *Ne seront à l'avenir donnés aucuns repas ni jettons par les marguilliers comptables, lors de leur élection et de la reddition de leurs comptes.*

CONSILIO ET EXEMPLO. — CLERI ST. EUSTACHII PATRONA.

Sainte Anne instruisant la Vierge.

DAT SCOPULOS DAT CERNERE PORTUS.

Un phare au haut duquel s'élève la tête d'un homme qui tient, au bout d'une perche, un pot à feu dont la lumière permet à un vaisseau d'éviter les rochers de la côte.

La chapellenie de Sainte-Anne à Saint-Eustache fut fondée, en 1342, par les exécuteurs testamentaires de Marie Lapointe, pâtissière, avec une rente de 12 livres sur la boîte royale de la marée.

AMBO. NOS. VITA. MARTHIRIO. ET. LAVREA. DOCENT.
LES MARGVILLIERS DE SAINT-GERVAIS. 1715.

Dans le champ, les saints Gervais et Protais, amis inséparables, décapités ensemble à Milan.

Derrière l'église de Saint-Gervais, Garain, maçon, et Harcher son fils, prêtre, possédaient une maison que, dans leur pieuse charité, ils destinèrent à héberger les pèlerins qui venaient faire des neuvaines. C'était vers la fin du douzième siècle, et bientôt l'humble demeure tomba en ruines; mais son utilité était démontrée et une fondation plus vaste eut lieu dans la vieille rue du Temple. Les marguilliers et les notables paroissiens de Saint-Gervais avaient voulu prendre part à une œuvre qui grandissait chaque jour. Ils conçurent donc le projet d'une confrérie sous le patronage spécial des deux saints amis, et dans laquelle seraient admises toutes les personnes qui voudraient en faire partie, sans distinction de profession, de rang ni de qualité. Les statuts de cette confrérie furent rédigés en l'an 1400 et reçurent l'approbation de Charles VI. Les adhésions arrivèrent de toutes parts; le roi, la reine (Isabelle de Bavière), le Dauphin, depuis Charles VII, tous les princes du sang se firent agréger à cette association qui se maintint fort longtemps dans un grand état de prospérité. Du reste, pour être devenue une des plus nombreuses, elle n'en resta pas moins une des plus édifiantes de la capitale.

PROSPERATVM EST OPVS IN MANIBVS EIVS.
CHARITAS PARISI.

Au haut de nuages lumineux, une femme radieuse, que nous appellerons la Charité ou la Vierge consolatrice des affligés, puise dans des corbeilles, que lui présentent deux anges, des trésors infinis pour les répandre des deux mains sur la ville de Paris.

VRBIS. ET. FORI. PAVPERVM. TVTELA.

Les armoiries de la ville de Paris couronnées et entourées du cordon de l'ordre de Saint-Michel.

Au revers, les armoiries de :

P. DE. LA. COVRT. C^r. ESCH. ET. R^r. G^l. D. PAVVRES. D. PARIS.

Ces trois dernières pièces appartiennent sans doute à l'œuvre de la police et aumône des pauvres de la ville de Paris. Trente-deux personnages notables y prenaient part. Seize avaient le titre de commissaires honoraires : c'étaient des conseillers au Parlement, des chanoines, des curés et des avocats au Châtelet. Les seize autres, nobles, officiers royaux, marchands et bourgeois de tous états, élus par les marguilliers des paroisses, formaient le conseil et avaient charge et superintendance de la distribution de l'aumône des pauvres. Ils faisaient les quêtes à domicile et à l'église, visitaient les pauvres, constataient leurs besoins, veillaient à ce qu'ils portassent, comme marque distinctive, une croix de toile rouge et jaune sur l'épaule droite.

Il serait trop long d'entrer dans les détails concernant le fait et police des pauvres; nous nous bornerons à analyser une instruction postérieure à 1582, pour prouver que les organisations modernes n'ont rien de nouveau.

Les conseillers devaient s'assembler, deux fois par semaine, pour entendre aux procès et affaires desdits pauvres, cotiser à l'aumône ceux qui sont refusans d'y contribuer; faire payer les legs testamentaires et dons; faire porter les deniers au receveur général desdits pauvres, sinon quelques petites sommes provenant des boîtes, lesquelles on distribue en plein bureau aux pauvres et aux étrangers pour passer chemin ou retourner en leur pays; ouïr les requêtes de tous les pauvres qui viennent de toutes parts pour être pansés, médicamentés et mis à l'aumône, ou leurs enfants à l'hôpital de la Trinité ou ailleurs à métier.

Outre lesdits commissaires, il y a plusieurs officiers et ministres de ladite police, à savoir : un receveur général qui est un riche et notable bourgeois, élu chacun an et commis pour recevoir et bailler tous les deniers nécessaires, et sans gage ne profit que la grâce de Dieu.

Pareillement, il y a un procureur ou greffier qui enregistre et signe toutes les ordonnances, mandements et expéditions desdits commissaires, les rôles des habitants des paroisses sur lesquels les collecteurs de l'aumône de chaque paroisse et quartier reçoivent l'aumône, car, sans savoir combien chacun doit payer par semaine, il est impossible de faire dépense certaine ne nourrir et policer lesdits pauvres.

Il y a aussi un baillif ou juge des pauvres auquel appartient la capture, emprisonnement, connoissance et correction de tous ceux qui sont trouvés mendiant dans Paris; car il est défendu à toute personne d'y mendier sous peine du fouet, pour inconvéniens divers, joint que plusieurs bélistres et cagnardiers, par impostures et déguisemens de maladies, prennent l'aumône au lieu des vrais pauvres, et aussi que les pauvres étrangers y viennent de toutes parts pour y bélistrer.

Le baillif a aussi sous sa charge douze sergens à petits gages qui sont commis pour prendre et constituer prisonniers tous ceux qu'ils trouvent mendiant parmi les rues et églises; en outre, ce est pareillement enjoint à tous marguilliers, gouverneurs et ministres d'icelles églises, de faire le semblable de ceux qui mendient parmi leurs églises; chacun est requis de les aider à faire lesdites captures et emprisonnemens pour le bien des vrais pauvres.

Il y a aussi un huissier dudit bureau, lequel a charge d'aller solliciter messieurs les prélats, chapitres, couvens, collèges et communautés, de payer leurs aumônes et cotisations.

Plus un médecin et un chirurgien élus chacun an, pour visiter les pauvres malades et leur ordonner ce qui leur est nécessaire.

Davantage tous les maîtres barbiers de la ville et des faubourgs sont tenus de servir sans gages ladite police, pour visiter les pauvres qui se présentent au bureau. Néanmoins, il y a un barbier ou chirurgien qui a quelques petits gages pour plus soigneusement et ordinairement visiter, panser et médicamenter ceux qui lui sont envoyés par le bureau et qui sont de longue et difficile cure.

Outre lesdits officiers, il y a, en chacun des seize quartiers de Paris, un receveur particulier ou collecteur qui va chaque semaine recevoir l'aumône d'un chacun paroissien par les maisons, selon le rôle signé du greffier.

Il y a aussi, en chacune grosse paroisse et quartier, un distributeur de ladite aumône, lequel distribue chaque semaine ce qui lui est mandé par les commissaires, par les rôles et billets signés du greffier. Le commissaire du quartier est tenu d'assister à la distribution qui se fait publiquement.

Quant aux pauvres qui désirent être mis à l'aumône, pansés de leurs maladies, logés en quelques hôpitaux, ou bien leurs enfants, ils présentent leurs requêtes aux commissaires en leur bureau, sont promptement interrogés sur icelles, et si mestier est, visités par lesdits barbiers et chirurgiens; néanmoins est leur requête baillée ou envoyée au commissaire du quartier, pour visiter lesdits pauvres et leurs biens en leurs chambres, soy informer sommairement, avec trois ou quatre voisins, de leur pauvreté, nombre et charge d'enfans, maladie ou nécessité, et s'il y a longtemps qu'ils sont demeurans à Paris; car s'ils n'y avoient demeuré deux ou trois ans auparavant et qu'ils y fussent venus expressément pour y mendier, comme font plusieurs, ils seront renvoyés en leur pays, afin d'obvier aux abus et soulager ladite aumône, laquelle ne pourroit suffire pour tous les pauvres qui y viennent de toutes parts du royaume. Ce fait, le commissaire transmet son rapport au bureau.

Quant aux pauvres honteux, messieurs les curés et marguilliers de leurs paroisses, qui les connoissent, leur distribuent l'aumône secrètement des deniers qui sont quêtés par eux en leurs paroisses et selon qu'ils connoissent leur pauvreté.

Les autres pauvres de Paris qui sont valides et assez sains pour gagner leur vie, et qui néanmoins ne trouvent pas qui les veuille employer, sont enrôlés et employés à divers travaux d'utilité publique, plus pour empêcher que tels gens oisifs ne mendient et s'adonnent à dérober, ains s'accoutument à travailler, que pour la besogne qu'ils font.

Et néanmoins parce que en si grand nombre de pauvres qu'il y a ordinairement, plusieurs sont incorrigibles et si accoutumés à bélistrer que l'on ne les peut distraire ne garder, quelque aumône qu'on leur distribue, ne diligence que le baillif ou juge desdits pauvres et les sergents de la police puissent faire de les chasser, emprisonner, faire fouetter et châtier : même plusieurs ayant enfans entre leurs bras et à leurs queues, qui bien souvent ne sont à eux, mais les empruntent et louent, les faisant mourir de faim et froid parmi les rues et églises où ils aiment mieux bélistrer que gagner leur vie ou travailler, ne se contentent de l'aumône ordinaire, laquelle ils veulent prendre par forme de prébende et vivre sans rien faire, a été établi et édifié un hôpital pour y loger, enfermer et nourrir sobrement lesdits hommes et femmes, vieils et décrépits, et autres pauvres incorrigibles ou invalides et impotens, les hommes séparés des femmes.

La même instruction prescrit les mesures à prendre pour secourir les enfants abandonnés, ceux dont les parents sont misérables, etc.

Les malades et les infirmes peuvent compter sur une assistance assurée; les teigneux qui étaient alors en grand nombre sont l'objet de soins particuliers.

Un refuge commence à s'ouvrir pour les glorieux débris de nos armées; les aveugles sont recueillis, les pèlerins reçoivent l'hospitalité; enfin, les secours religieux ne manquent en aucun cas.

Plus d'un demi-siècle auparavant, Charles-Quint, souverain des Flandres, voulant réprimer la mendicité et mettre un terme aux ravages des troupes de pauvres qui allaient de ville en ville, créa une institution publique en faveur des indigents de la ville de Lille.

La bienfaisance privée avait pris l'initiative; et lorsqu'elle vit l'autorité entrer dans ses vues, elle devint son auxiliaire, et mieux encore, sa rivale généreuse, en augmentant *la bourse commune* des deniers que la confiance publique versait entre les mains de ses commissaires.

La charité religieuse craignit un instant de voir le riche moins aumônieux, lorsqu'il croirait pouvoir se reposer sur une administration légale qui éloignerait de sa vue la mendicité errante et criarde. Il ne fallut pas moins, pour faire taire ses scrupules, que les décisions des facultés de théologie et de l'Université de Paris, que le dévouement des citoyens les plus recommandables dont douze d'entre eux prirent le nom de *ministres généraux des pauvres*. La charité individuelle et la bienfaisance légale vécurent en sœurs; elles s'entendirent et combinèrent leurs œuvres. Les comptes étaient rendus deux fois l'an à l'Hôtel-de-ville, en présence des ministres, des curés et du peuple appelé au son de la cloche.

Les bureaux de charité étaient au nombre de sept, égal à celui des paroisses; en y ajoutant le bureau de bienfaisance (administration centrale), les assemblées générales comptaient les délégués de huit administrations. C'est ce qu'indique l'exergue—OCTO. PAROCHIA-

RVM. COMITIA. Quant à la devise : — HOC DVCE TVTA, elle s'applique à Louis XIV qui, en 1647, avait confirmé l'existence de la bourse commune.

Le lion de Flandre se lève menaçant pour défendre le trésor dont la clef est posée en pal derrière lui. Entre les deux et au-dessus, on voit une contremarque en forme de palme.

Ce développement des institutions de bienfaisance

présageait la venue du véritable apôtre de la charité, saint Vincent-de-Paul, qui compte en ce moment de si nombreux disciples. Paris surtout et les grandes villes de France se distinguent aujourd'hui comme toujours par un ardent amour pour les pauvres. Partout où s'accumulent les misères physiques et morales, les cœurs s'ouvrent, l'esprit évangélique s'y échauffe au contact du vice et de l'indigence, la vertu y puise des trésors pour les répandre sur l'infortune. C'est ce que le graveur a su exprimer si bien en quelques traits sur le jeton cité plus haut.

La religion réformée fournit de nombreuses pièces religieuses représentant des scènes de l'Ecriture sainte et d'autres sujets. En voici une d'un genre particulier frappée probablement sous Jean-Georges, premier électeur de Saxe, à l'occasion du premier Jubilé de la réforme luthérienne.

Elle porte :

VERBVM DOMI. MANET IN ÆTER.

La légende du revers :

MARTINVS LVTHERVS THEOLOGIÆ D.

offre le chronogramme de sa fabrication :

M D LL VVV II.
1617.

JETOIRS.

Les jetoirs furent dans l'origine des pierres, des coquillages, des noyaux. Hérodote nous apprend qu'à l'instar des Grecs, les Egyptiens se servaient de cailloux pour compter. Lorsque le luxe s'introduisit dans Rome, les *calculi* furent remplacés par des jetons d'ivoire; mais on conserva, dans le même sens métaphorique, les expressions : *ponere calculos* et *calculum detrahere*.

Pertinax, selon Capitolin, était *puer calculo imbutus*. Les maîtres d'arithmétique s'appelaient *primi numerorum arenarii*. Les jurisconsultes les nommaient *calculones* lorsqu'ils étaient esclaves ou nouvellement affranchis. Dans une condition plus élevée, on leur donnait le nom de *calculatores* ou de *numerarii*. Ordinairement, il y avait un de ces maîtres dans chaque maison considérable, et le titre de sa charge était *à calculis, à rationibus*. Au rapport de Cicéron, les suffrages se comptaient par le moyen de pierres blanches ou noires dans les assemblées délibérantes. Dans celles du peuple et du sénat, on employait des jetons de bois mince, poli et frotté de cire. L'unanimité s'exprimait par les mots *omnium calculatis*.

Nous ne fouillerons pas davantage dans l'antiquité et nous avouerons que, malgré nos recherches, les traces indiquées au dixième siècle nous échappent. Les noms donnés aux jetoirs, sous la forme qui nous occupe, sont ceux de *gectoirs, gettoirs, jettouers, giets, gets, giétons*, etc. Carpentier, dans son supplément au Glossaire, donne comme synonymes les mots *jactator, calculus, jettouers*.

Le mot *gita* a le même sens; de là vinrent les noms de *gita, gette, gepte, giest*, donnés à certaines impositions de deniers, et les verbes *giter* et *getter*, pour dire asseoir, répartir une taille, une redevance, parce que les *gettouers* étaient le principal moyen employé dans cette répartition. Enfin, depuis deux siècles, nos pièces s'appellent *jettons* ou *jetons*. Tous tirent leur étymologie de l'action de compter en jetant, *à jactu*, comme le pense Ménage. Dans les administrations, la chambre des comptes, par exemple, chaque conseiller ou auditeur, muni d'une bourse de jetons, suivait attentivement la lecture qui était faite et exprimait les chiffres en jetant devant lui, dans un ordre déterminé, les pièces que contenait la bourse. Ensuite il faisait l'addition, c'est-à-dire, qu'il *déjetait*. C'est ce qu'exprime une devise : *povr bien jeter et dejister, faut bien entendre et po parler*; c'est-à-dire, pour bien compter, il faut de l'attention et du silence.

Nous ne pensons pas qu'on connaisse des jetons de compte antérieurs à saint Louis. Plus ils sont anciens, plus ils sont curieux par leurs types et par leurs légendes ordinairement françaises et très souvent obscures, surtout jusqu'au règne du roi Jean. On ne s'en étonnera pas en songeant que, aux treizième et quatorzième siècles, la langue n'était pas encore formée. Les vieux jetoirs, que Saumaise appelle *jacti* ou *jactones*, donnaient des avertissements : *Entendez bien et loyaument aux comptes; — Gardez-vous de mescompte; — Gettes seurement; — Qui bien jettera le compte trouvera.*

AU JETER SAURAI SI LE COMPTE EST VRAI.

Ainsi il est bien constant que le compte se faisait par le jet, et que le jetoir était un instrument de calcul infaillible, *calcvla ne decipiaris*; mais pour cela, il fallait connaître sa valeur, son emploi, en un mot la manière de s'en servir.

CAMERA : COMPVTORVM : REGIORVM.

NOSCENDA : EST : MENSVRA : SVI.

Tel est le véritable sens de la devise qui a été le sujet de jeux de mots lorsqu'on l'a mise en regard du croissant de la lune comme sous Henri II. Ici elle se trouve sur un jeton de Louis XII, et les astres qu'on y voit ne sont que des ombres de soleil, type de ses monnaies.

Le comptable était responsable de ses erreurs.

AVS. TRESORIES. LE. PERD.

Perda, perditum, ou plus souvent *perdita*, est un mot du langage féodal qui se rencontre souvent dans les ordonnances.

Plus tard on revient à l'expression romaine *subducendis rationibus*. — 1600.

NVMERO. STANT. OMNIA. CERTO.

Les quatre éléments, la terre, l'eau, l'air et le feu, sont représentés; la légende fait allusion aux règles certaines qui régissent leur existence et les rapports qu'ils ont entre eux. Pour compléter l'allusion, il arrive que l'on met le chiffre IIII sur le globe terrestre.

A la désignation générale — *pour les comptes*, s'ajoutaient les indications particulières : *pour les finances* : — *Jetoirs pour le bureau* de telle ou telle ville, de telle ou telle administration. — *Camera computorum regiorum;* — *Curia monetarum Franciæ;* — *Ærarium regium;* — *Ædificia regia;* — *Edificiorum regis;* — *Chambre aux deniers du roi.*

ÆTERNITAS (Corne d'abondance dans un serpent en cercle).

TRÉSOR ROYAL. 1756.

ATTERIT OBVIA (foudre).

ORDINAIRE DES GUERRES. 1746.

Extraordinaire des guerres; — *Ponts-et-chaussées*, etc., *Artillerie*, etc.

L'usage des jetoirs était si généralement établi, que nos rois en faisaient fabriquer des bourses qui étaient distribuées aux officiers de leur maison chargés des états des comptes, et aux personnes qui avaient le maniement des deniers publics. Le plus ancien de ceux-ci, qui nous sont parvenus, appartient au service de l'écurie du roi, comme l'indiquent le cheval de l'avers et le rateau du revers, l'un et l'autre accostés de fleurs-de-lis. La légende est :

COVTES : POVR : LE : ROY :

Les caractères accusent le treizième siècle.

On remarquera la forme circulaire de l'O, rare sur ces sortes de pièces.

A la fin du quinzième siècle, on trouve :

CALCVLI AD NVMERANDVM REG. JVSSV LVD. XII.

Le bureau du Dauphin était particulier :

GECTOERS : DE : LA : CHAMBRE — DES : COMPTES : DALPHINAU.

Les reines de France avaient des jetoirs distincts de ceux du roi, et elles en profitaient pour y faire graver leurs armoiries exclues des monnaies.

CE SONT LES GETOIRS — DES : QTES : LA : ROINNE.

L'écu parti de France et de Hongrie indique qu'il appartient à Clémence de Hongrie, femme de Louis X.

Un autre jetoir porte d'un côté la clef en pal et de l'autre un écusson parti, à dextre *semé de France* et à sénestre d'Auvergne, qui est *d'or au gonfanon de gueules frangé de sinople*. Nous le donnerons à Jeanne, fille de Guillaume XII, comte de Boulogne et d'Auvergne, seconde femme du roi Jean.

La clef ferait supposer qu'il a été fabriqué pour les comptes du domaine d'Anjou, alors que Jean était duc de Normandie, comte d'Anjou et du Maine, c'est-à-dire à l'époque de son mariage, 1349.

M. Hucher donne à la même princesse la pièce suivante que nous avions attribuée à Jeanne de Naples, femme d'André de Hongrie.

IETES : BIEN : SEURE : MENT.

Il n'est pas rare de trouver indiqué l'objet particulier auquel un jetoir était destiné.

CE. SONT. LES. GETOVERS. — DE. LESQVIERIE.

Celui-ci est encore plus ancien que tous ceux que nous avons cités comme devant être attribués à des reines, à cause de l'écu parti, puisqu'il est de Jeanne de Navarre, femme de Philippe le Bel (1283-1304).

L'usage de frapper des jetons destinés aux calculs ou à l'administration des domaines dévolus aux princesses, s'est conservé très longtemps. Ce n'étaient plus leurs armoiries qu'on y faisait figurer en dernier lieu, mais bien leurs effigies.

Quoique le produit des domaines fût versé au trésor, ceux-ci ne cessaient pas d'être désignés comme appartenant personnellement aux différents membres de la famille royale. Nous trouvons entre autres, vers la quinzième année du règne de Louis XIV, les indications suivantes qui nous donnent le rapport des diverses fractions désignées :

Le domaine de Languedoc, 67,500 livres;

L'ancien domaine de Navarre, 83,000 livres;

Le nouveau domaine de Navarre, 205,265 livres;

Le domaine de la reine Marguerite, 64,009 livres;

Le domaine de Château-Renault, 142,000 livres;

Le domaine de la reine-mère, 253,168 livres;

Les bois et forêts de l'Ile de France, 911,310 livres quinze sols.

MARIA JOSEPHA DELPHINA.

MANET IMMOTA PROCELLIS.
MAISON DE MADAME LA DAUPHINE 1733.

Dans le champ, un rocher battu par les flots et la tempête, qui reste ferme et immobile.

Les jetoirs nous rappellent les noms des officiers sous la direction desquels on s'en servait, tels : *Raoul du Refuge*, maître des comptes de Charles VII ; — *Thomas Boyer*, général des finances sous Charles VIII ; — *Jean de Saint-Amadour*, maître d'hôtel de Louis XII.

PIERRE : LE : GENDRE : TRÉSORIER : DE : FRANCE. — DV ROI LOIS DOVSEIESME DE CE NOM.

Porc-épic entouré de fleurs-de-lis (emblème du roi).

Au revers, les armes de la famille Le Gendre, qui sont *d'or à la fasce d'argent, accompagnée de trois têtes de jeunes filles échevelées d'or*. Ces armoiries sont indirectement parlantes et correspondent à cette devise : *Qui a des filles aura des gendres.*

IRHAN. TESTV : CONSEILLIER. ET. ARGETIER — DV : ROY : FRANÇOIS PREMIER : DE : CE : N :

Ecu de France accosté de deux F, initiale de François. — Au revers, les armoiries de la famille Testu, accompagnées de deux monogrammes aux lettres I.H.T. — *Antoine de Corbie*, contrôleur sous Henri II. — *Loys de Lavalette d. des pairs de France. colonel général de l'infanterie* (1597).—*N. Potier. seigneur de Blanmenil. second président au parlement. chancelier de la rogne* (1602). — *M. L. Hesselin*, conseiller du roi et maître de la chambre aux deniers (1630). — Mre *Pierre Maissat*, conseiller d'état, secrétaire du conseil (1665). — *Paparel*, trésorier de l'ordinaire des guerres sous Louis XIV; etc., etc.

Les villes, les compagnies, les seigneurs et les sociétés firent aussi fabriquer des jetoirs à leurs noms et pour leurs besoins ou leur plaisir. Ils se multiplièrent tellement et on les employa si bien, qu'il n'y a guère plus d'un siècle et demi, on faisait encore valoir, dans la dot d'une fille à marier, la science qu'elle avait dans ce genre de calcul.

Les uns, comme nous l'avons dit, étaient de fabrique royale; les autres, le fruit d'entreprises seigneuriales ou particulières.

Les Etats voisins de la France goûtèrent bientôt la fabrication des jetoirs de métal. Il en parut en Allemagne, dans les Pays-Bas, dans la Lorraine, etc., avec des légendes françaises.

IET. DE. LA. CHAMBR. DES. COMPT. DE LORR. ET BA.

Ecusson de Lorraine et Bar (couronne ducale). 1614.

DIRIGIT ATQVE TVETVR.

Vaisseau voguant à la lueur d'un phare; au-dessous, un écusson avec couronne de comte.

IECT. DE. LA. CHAMBRE. DE. VILLE. DE. BAR.

Ecusson ducal de Bar. 1650.

PLVS PENSER QVE DIRE.

Trois pensées posées 2 et 1.

Dans le dix-septième siècle, on s'est appliqué à les perfectionner, et finalement on les a employés à marquer les comptes de jeu. On en a fait ce que nous appelons des *jetons*.

En résumé, pierres ou pièces de métal, les jetoirs acquéraient une valeur numérique suivant l'ordre dans lequel ils étaient disposés, ce qui a fait dire à Charon : « que les rois font de leurs sujets comme des jetons, et les font valoir ce qu'ils veulent, selon l'endroit où ils les placent. »

Depuis les temps les plus reculés, jusqu'au règne de Louis XV et peut-être plus tard, les membres des chambres de finances, les employés des bureaux dans les administrations et les marchands eurent un meuble particulier que nous allons essayer de décrire. C'était un comptoir, nommé *abaque*, qui fit remplacer le mot de *calculi* par celui de *abaculi*.

L'abaque, en forme de table, se composait d'une surface plane divisée par des liteaux peu saillants qui formaient des rainures ou cases. Chaque case se terminait par un trou rectangulaire donnant ouverture dans un tiroir également divisé par de petites cloisons correspondant aux liteaux. Ce comptoir était destiné à l'emploi des jetoirs comme éléments de calcul. Il admettait tous les systèmes de numération; mais nous choisirons pour exemple le système décimal; d'abord, parce qu'il est le seul adopté aujourd'hui, et ensuite, parce qu'il est le plus commode, étant basé sur la structure anatomique des mains, seule ressource du calculateur dans les premiers âges.

Cela posé, lorsqu'un marchand venait de faire une vente, il prenait des jetoirs et en déposait dans chaque case, en commençant par la gauche, autant qu'il y avait, dans le prix de sa vente, d'unités, puis de dizaines, de centaines, etc. Lorsqu'il manquait une ou plusieurs unités décimales, le zéro dont nous nous servons dans ce cas était remplacé par le vide.

Après cela, pour se rendre compte du résultat du trafic pendant une journée, ou tout autre laps de temps, on ouvrait le tiroir et on prenait dans le premier compartiment à gauche tous les jetoirs. On en ôtait dix autant de fois que possible, en y laissant le reste, et on plaçait dans le compartiment suivant des jetoirs en nombre égal à celui de fois dix retirés du premier. On continuait ainsi pour chaque compartiment, en marchant de la gauche vers la droite. En un mot, on faisait une véritable addition mécanique, et en définitive, on avait le nombre d'unités, de dizaines, etc., exprimant le produit de la journée. Il était aussi facile, et on trouvera peut-être ce mode meilleur, d'opérer dès le début par la droite; dans ce cas, le résultat trouvé est le nombre total représenté par les pièces, exactement dans l'ordre où nous plaçons nos chiffres.

On conviendra que ce système était fort avantageux dans un temps où l'instruction était peu répandue, puisqu'il exigeait pour toute science de savoir compter jusqu'à dix. Le marchand qui procédait par vingtaines pour le premier compartiment, par dizaines pour le second, avait en fin de compte, dans le premier les sous, dans le second les livres ou francs, puis les pistoles, etc.

Quoique les écoles primaires aient fait de nombreux élèves en arithmétique, beaucoup de petits marchands auraient encore besoin de l'abaque; et d'ailleurs si des jetoirs modernes étaient bien composés, ils serviraient parfaitement à répandre les notions d'histoire. Sur les anciens, l'homme assis à son comptoir est souvent représenté, et la légende qui l'accompagne le plus ordinairement, — RECHEN MEISTER, — ne laisse pas d'équivoque quant à l'action de ce personnage, qui est un *maître à compter*, faisant manœuvrer les jetoirs sur l'abaque où l'on remarque encore la bourse destinée à les renfermer.

Le jeton dont il se sert, se nommait :

RECHEN PFENING. (Liard à compter de Nuremberg.)

CHAPITRE II.

CLASSEMENT.

La classification des jetons présente de grandes difficultés; ils sont tellement variés, les causes qui les ont fait frapper sont tellement nombreuses, qu'une infinité de méthodes se présentent à l'esprit, sans qu'on puisse décider quelle est la meilleure.

Nous avions d'abord songé à écrire, autant que possible, l'histoire métallique de chaque règne, et cette méthode eût fait disparaître l'embarras de trouver une place plutôt qu'une autre pour des pièces qu'on peut faire entrer dans plusieurs combinaisons; mais il y aurait eu pénurie dans certains temps et surabondance dans d'autres; puis comment faire quelque chose de complet? On pourra plus facilement y réussir si on embrasse un horizon moins vaste. Toute réflexion faite, nous voudrions qu'on écrivît par provinces, non des numismatiques ou des histoires monétaires, mais des histoires métalliques comprenant les diverses époques. Les amateurs de tel ou tel genre de collections trouveront sans doute à cela un inconvénient; mais pour nous, nous ne voyons pas en quoi des jetons dépareraient un cabinet, car, comme le dit M. Duchalais : « En France, quand le monnayage fut enlevé aux possesseurs de fiefs, quand l'ordonnance de 1315 les força de fermer leurs ateliers monétaires ou de les vendre au roi lorsqu'il daignait les acheter, ce droit cessant de devenir productif commença dèslors par être déconsidéré, par devenir pour ainsi dire régalien. On se dédommagea d'une telle perte en faisant des jetons sur lesquels on consignait ses titres et ses dignités; les artistes les plus distingués du temps étaient requis, leur talent était mis à contribution; aussi, sous le rapport de l'art, les jetons des quinzième et seizième siècles rivalisaient avec les monnaies de la même époque, si même ils ne les surpassaient pas. »

D'après notre idée, quelqu'un de convenablement placé, c'est-à-dire pouvant, par exemple, explorer à loisir les cabinets de Paris, se chargerait de la série des jetons concernant le pays tout entier; puis, chaque collectionneur d'une province se mettrait à l'œuvre pour décrire ce qu'il possède, ce qu'il connaît. Les pièces considérées comme provinciales fourniraient le sujet du premier chapitre, celles de la capitale de la province, le second, et successivement les villes, par ordre alphabétique ou par ordre d'importance, complèteraient ce que nous appellerons la table des matières. On agirait par rapport à elles d'une manière analogue, c'est-à-dire que les jetons municipaux passeraient les premiers et les autres viendraient selon leur degré d'intérêt. Pour mieux faire comprendre notre pensée, nous consacrerons le IIIe chapitre de ce Manuel à la série des jetons du centre-est de la France, et dans celui-ci, nous allons citer les types divers que le hasard nous a fournis.

Avant d'entrer en matière nous dirons un mot d'une des causes qui produisirent un nombre considérable de jetons. Cette cause est le droit de noblesse personnelle et souvent héréditaire accordé aux titulaires de certaines fonctions, notamment aux maires. Comme la plupart des villes importantes de France eurent, depuis le seizième siècle, l'habitude d'émettre des jetons employés en honoraires de présence aux délibérations municipales ou en distributions, dans diverses circonstances, aux échevins, conseillers et autres personnes attachées à l'administration; ces personnes, fières d'une distinction honorable, se montrèrent jalouses d'en consacrer le souvenir. Elles mirent donc, au revers des armes de la ville, leurs armoiries propres, octroyées le plus souvent à l'occasion de leur entrée en fonctions, et créèrent ainsi une espèce de titre durable pour leurs descendants. Ceci est tellement vrai, que lorsque le droit à la noblesse n'existait pas, les jetons municipaux ne portaient que l'écu royal et celui de la ville; ou bien, quand il était supprimé, on cessait de frapper des jetons, ainsi que cela arriva à Tours en 1664. Malheureusement le nom de la cité ne se voit pas toujours sur ces sortes de pièces, et nous ne savons à laquelle attribuer celle où se lit autour d'une entrée de ville :

SALVVM * FAC * DOMINE * CIVITATEM * HANC.

Et au revers, un écusson avec cette devise :

HENRI DE QVARMONT LA. 1521.

Les maires étaient ordinairement nommés pour un an, souvent pour trois ans et quelquefois à perpétuité, comme le constate le jeton de la famille Raimbauld :

FR. RAYMBAVLD. EQVES. MAIOR. PERP. AN. IX. 1701.

Le revers présente un bel et vaste édifice avec cette légende : COLLEG. ANDINO ÆDIFIC.

Qui payait les jetons municipaux? Il est probable

qu'il n'y avait rien de fixe; mais on sait qu'une délibération du conseil municipal de la ville de Moulins, en date du 16 décembre 1766, ordonna que les étrennes que recevaient ordinairement les maires et échevins seraient converties en un nombre déterminé de jetons d'argent frappés aux armes de la ville.

Dans quelques administrations royales, le jeton affectait un grand luxe et devenait un petit armorial. Nous en citerons un exemple :

— MAISTRES. DES. REQVESTES. ORDINAIRES.

DE L'HOSTEL. DV. ROY. DV. QVARTIER. DE. OCTOBRE. 1657.

1	POVLLE.	10	PONCET.
2	LE. NAIN.	11	LEFBVRE.
3	LE. CLERC.	12	DE. FIEVX.
4	GARIBAL.	13	ROVILLE.
5	AMELOT.	14	GIRARD
6	FORCOAL.	15	POTET.
7	DE. FORTIAS.	16	HOTMAN.
8	D'ALBERTAS.	17	LE. REBOVRS.
9	BERTIER.	18	MOLE.

LES M. DES. REQ. ORD. DE. L'HOTEL. DU. ROY. DU. QUARTIER.
DE. JUILLET.

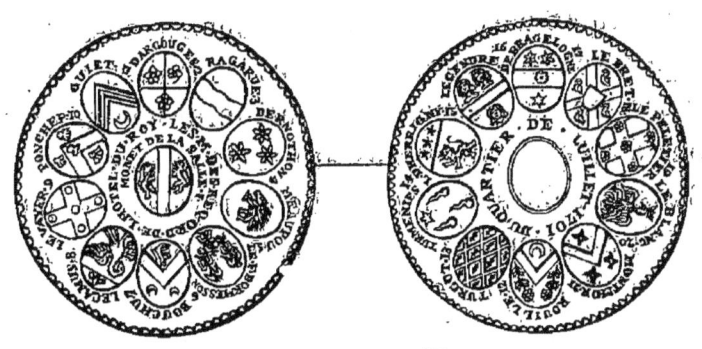

1 MONET DE LA SALLE.
2 DARGOUGES.
3 RAGARUE.
4 DERNOTHON.
5 MEAUPOU.
6 LE F. DORMESSON.
7 BOUCHU.
8 LE CAMUS.
9 LE VAYER.
10 PONCHER.
11 GUIET.
12 ROUILLE.
13 TURGOT.
14 TURMENIES.
15 L. D'HERRIGNY.
16 LE GENDRE.
17 DE BRAGELOGNE.
18 LE BRET.
19 LE PELETIER.
20 LE BLANC.
21 MONTMOR.
22 O

Les fonctions de maîtres des requêtes étaient anciennement de recevoir les requêtes et les plaintes présentées au roi. Après examen, rapport en était fait à S. M.

L'origine de cette charge se trouve dans les commissions que saint Louis donna à Jean, comte de Soissons; à Simon de Clermont, seigneur de Nesle; et à Jean, sire de Joinville, sénéchal de Champagne, *pour ouïr les plaids de sa porte*. Philippe le Hardi avait trois *clercs des requêtes* (1285). Philippe le Bel en eut le même nombre, ainsi qu'il se voit par une de ses ordonnances du mois de janvier 1285; mais en 1289, il l'avait doublé, comme il ressort de l'ordonnance rendue au Vivier-en-Brie. La moitié appartenait à l'Eglise. Ils recevaient le nom de *suivans*, parce qu'ils étaient à la suite de la cour. Miles des Noyers paraît, le premier, qualifié de *maître des requêtes de l'hôtel du roi*, en 1335. Ces officiers se multiplièrent sous les autres règnes, et ils étaient parvenus au nombre de 72, lorsque Louis XIV en ajouta 8, en 1674, puis 8, en février 1689, ce qui en porta le nombre total à 88, c'est-à-dire, dans le premier cas, 18 par quartier, et dans le dernier 22. La preuve matérielle en est sur nos jetons dont l'un, antérieur aux ordonnances, présente 18 noms, et l'autre, postérieur, 22.

Les maîtres des requêtes servaient au conseil d'Etat privé du roi, à la direction des finances et à la grande chancellerie. Ils étaient envoyés en commissions extraordinaires, dans les armées et les provinces, avec la qualité d'intendants de justice, police et finances. Ils avaient une juridiction dans l'enclos du palais, appelée les Requêtes de l'hôtel du roi.

Parmi les officiers dont les armes sont blasonnées ici, nous remarquons Le Gendre dont nous avons déjà vu le nom appartenir à un trésorier de Louis XII. La famille Le Gendre a rempli pendant plusieurs siècles de hautes fonctions. Celui de ses membres dont il est question en ce moment est le seigneur de Lormoy, mort en 1713, à l'âge de quatre-vingt-seize ans. Le feu roi, qui l'avait vu à la cour pendant soixante-dix années, l'appelait le plus ancien de ses serviteurs.

JETONS HISTORIQUES.

Les jetons eurent un moment de vogue immense. Ils représentaient les sujets les plus bizarres; la mythologie ouvrait un champ vaste et fécond, les médailles antiques même furent imitées. A travers ce chaos, les jetons historiques virent le jour. Sous cette dénomination, nous ne comprendrons pas seulement ceux qui portent l'effigie du prince ou retracent les grands faits de la monarchie, mais encore tous ceux qui se rattachent aux villes, aux hommes connus, aux administrations, aux monuments, etc., etc. Les cités, telles que Tours, Nantes, Angers, Bourges, Dijon, Beaune, Auxonne, etc., consacrèrent, par ce moyen, l'avènement de leurs maires; Paris, Lyon, etc., inscrivirent sur le métal la longue liste des prévôts et des échevins. Les parlements imitèrent cet exemple. Les Etats d'Artois, de Bourgogne, etc., transmirent à la postérité les dates de leurs assemblées et indiquèrent, par des devises, la situation morale et matérielle des provinces à ces époques, en laissant entrevoir parfois les questions principales qui furent traitées dans les assemblées. Les élus, les personnes éminentes, les corporations, etc., eurent aussi leurs jetons; le clergé fit frapper les siens.

Quelques faits historiques étaient déjà empreints sur des jetons, lorsque l'Académie des inscriptions et médailles comprit que le meilleur moyen de populariser des traits saillants et de répandre la connaissance des grands évènements d'un règne, était d'en confier la représentation à des pièces d'une valeur presque nulle, afin que toutes les classes de la société pussent en faire usage, depuis les salons dorés jusqu'à l'antichambre; aussi ne dédaigna-t-elle pas d'en composer elle-même les devises. Seulement, les jetons destinés aux grands étaient en or et en argent; ceux du peuple, en cuivre jaune ou rouge.

On mit au revers le portrait du prince, ou les armes de la province et de la ville, avec les légendes les plus variées. Les rois de France recevaient des jetons d'or pour leurs étrennes; on en donnait aux différentes notabilités qualifiées par leur naissance ou par leurs charges.

En les examinant, nous avons acquis la conviction que lorsqu'on sera parvenu à former, s'il est possible, la collection complète des jetons, il sera facile d'écrire, par leur moyen, l'histoire de France pendant plusieurs siècles, non-seulement pour les faits généraux, mais encore dans ses moindres détails. Les figures et les armoiries des personnages qui ont joué un rôle quelconque, les devises, emblèmes et symboles révèleront sans doute des faits peu connus ou oubliés et serviront d'illustrations plus intéressantes et plus instructives que celles puisées, pour l'ordinaire, dans l'imagination ou le caprice des historiens et des dessinateurs. On comprendra que, par toutes sortes de motifs, une telle tâche nous est impossible. Nous nous bornerons donc à citer quelques exemples puisés ailleurs que dans des pièces offrant des sujets reproduits sur de nombreuses médailles déjà publiées.

PRINCES ET MINISTRES.

Dès le début de cet article, nous tombons dans un grand embarras : à quel règne faut-il attribuer le jeton semé de croissants fleurdelisés ?

A en juger par le type, nous le donnerions à Henri II; mais la devise, VIVE. FRANCE. ET. SON. ALIENCE., nous rappelle l'alliance secrète faite par François Ier avec les Turcs. Quant au revers, il offre le chiffre ou blason mercantile d'un négociant qui dit : EN. SE FAISENT LE TEMPS VIENDRA. Il y a là une énigme que nous n'avons pu pénétrer. Le hasard dira peut-être le dernier mot.

Voici trois jetons ayant un même avers, dont l'ovale nous rappelle la fabrique dijonnaise de cette époque.

SOLVM. DEVM. ADORABIS. ET. ILLI.

Un premier revers porte quatre dauphins et quatre fleurs-de-lis disposés en croix, plus une croisette en cœur avec cette devise : SOLI. DEO. HONOR. ET. GLORIA. 1553.

Un second revers offre la lettre H couronnée que supportent deux dauphins appuyés eux-mêmes sur une base où est inscrite la date de 1554. Deux *vouivres* de Milan accompagnent l'initiale de Henri. Il faut sans doute voir dans cette addition d'armoiries étrangères le souvenir du mariage du roi avec Catherine de Médicis, qui avait eu lieu en 1533.

La légende, INITIVM. SAPIENTIE. TIMOR. DNI., a, ainsi que les deux précédentes, un caractère religieux que nous retrouvons dans le troisième revers.

—NON. NOBIS. DNE. SED. NOMINI. TVO. DA. GLORIAM.,
— entourant un trophée d'armes propre aux troupes de terre et de mer, sans oublier l'arc et le carquois.

Le règne de François II, quoique de courte durée, n'en fut pas moins désastreux à cause du nombre de grands hommes qui étaient en rivalité et se disputaient le pouvoir. Les Guise, forts de l'appui du monarque, ne craignirent pas de soutenir la lutte contre les princes du sang qui, eux, se fondaient sur la jeunesse du roi.

François, duc de Guise, et le cardinal de Lorraine, oncles de Marie Stuart, sont placés à la tête du gouvernement.

F couronné et palmé qu'encadrent deux cornes d'abondance.

SVMITE. QVÆSTORES. QVÆ. OFFERT. GALLIA. GRATIS.

Au revers se voit le roi à cheval foulant des trophées. — PRÆLIO. TERRIBILIS.

MM. de Guise, pour relever leur ministère, font rendre des édits très sages : l'un pour défendre de porter des armes à feu; un autre pour révoquer toutes les aliénations du domaine; un troisième par lequel le roi ordonne que, lorsqu'il y aurait une place vacante dans les tribunaux de justice, les juges eussent à présenter trois candidats parmi lesquels Sa Majesté choisirait.

FRANCIA DVCTA EST. PRVDENTIA.

F couronné avec accompagnement de deux palmes que lient des serpents.

FELICITAS PVBLICA.

Personnage imitant une statue antique, aux attributs du commerce et accosté de deux F couronnés.

ABVNDANTIA. PVBLICA. GALLIAR.

Revers. — PIETAS REGIS INVICTA.

F couronné et soutenu par deux cornes d'abondance. De l'une sort le buste de François II, et de l'autre celui de sa femme Marie Stuart. Réminiscence d'un grand bronze d'Antonin aux têtes de M. Aurèle et de L. Vérus.

Ces jetons peuvent servir à combler en quelque sorte une lacune désespérante pour les collecteurs de monnaies, car on sait qu'il n'en fut point frappé en

France au nom de ce prince infortuné. Celles que l'on fabriqua sous son règne provenaient des trousseaux gravés au nom du feu roi Henri, sur lesquels le tailleur Jean Beaucousin ajouta la date de 1559.

François d'Alençon, fils de Henri II et de Catherine de Médicis, avait été baptisé sous le nom d'Hercule, et ce fut à la confirmation qu'il prit le nom de François. Le comté d'Alençon avait été érigé en duché, l'an 1414, par Charles VI, en faveur de Jean Ier de Valois. Il fut réuni à la couronne par l'extinction de ses ducs, et Charles IX le donna à son frère le 8 février 1566.

FRAN. D. ALEN. FI. FR. R. 1570.

Sa devise, FOVET ET DISCVTIT, s'applique au soleil qui sort du sein des flots pour échauffer et dissiper les nuages.

Ce jeton n'appartient pas, comme on l'a pensé, à la ville de Bourges, puisque François ne reçut le Berry en apanage que cinq ou six ans plus tard.

Bizot et Duby ont reproduit plusieurs jetons du duc d'Alençon, mais ils sont postérieurs de dix années à celui-ci, c'est-à-dire qu'ils furent frappés après son élection de prince des Pays-Bas, ce qui a fait croire faussement que la devise se rapportait aux services rendus à sa patrie d'adoption.

ANT : CARDINALIS : GRANVELLANI.

Armoiries du cardinal entourées des insignes ecclésiastiques.

Au revers, un vaisseau démâté par la tempête est surmonté du mot DVRATE (résistez).

Cette pièce n'est sans doute qu'une restitution de celle qui fut frappée, en 1567, dans les circonstances suivantes :

Les Pays-Bas venaient de se soulever de nouveau, et Philippe voulait, à l'exemple de son père Charles-Quint, marcher en personne contre les Gantois, mais il se borna à tenir un conseil secret. Ruy Gomez de Silva opina pour la prudence, la douceur et la conciliation. Le duc d'Albe, au contraire, exposa que l'indulgence du roi envers les Flamands n'avait eu d'autre résultat que d'encourager leur audace; qu'on leur avait accordé l'éloignement des garnisons étrangères et la sortie du cardinal de Granvelle; que, forts de ces concessions, ils en avaient profité pour attaquer le gouvernement par des libelles et la religion par des impiétés; qu'enfin le temps de l'indulgence était passé. Antoine Perrenot, cardinal de Granvelle, parla dans le même sens; leur avis prévalut sur celui de Ruy de Gomez, et la résistance fut décidée.

LIBER REVINCIRI LEO PERNEGAT.

Le pape et le roi d'Espagne. Celui-ci présente au lion de Belgique une branche d'olivier, tandis que dans l'autre main il tient un collier qu'il cache derrière lui.

ROSIS LEONEM LORIS MVS LIBERAT.

Une colonne au haut de laquelle est la statue de l'inquisition; au pied est attaché un lion dont un rat ronge le collier sur lequel on lit INQVI.

Les villes de Bois-le-Duc et de Valenciennes venaient d'abandonner les Etats et de se déclarer pour l'Espagne. Il y avait eu, en 1579, une assemblée à Cologne pour régler la paix des Pays-Bas, par la médiation de l'empereur Rodolphe II. Elle eut sept mois de retentissement; mais comme il était à craindre que les propositions de l'Espagne n'eussent pour résultat que de river des fers si généreusement brisés, on préféra une guerre ouverte à une paix trompeuse. Après la rupture du traité de Cologne, les Etats firent frapper, en 1580, la représentation de leurs sentiments. La branche d'olivier, symbole trompeur du roi d'Espagne, déguise le collier que celui-ci se prépare à passer au cou du lion, et le revers indique la délivrance des provinces unies des rigueurs de l'inquisition.

HENRI IIII. D. G. FRANCOR. ET. NAV. REX. (H. K.)

Le roi à cheval.

Revers. — REGIS SACRA FOEDERA MAGNI.

Deux colonnes supportant une vaste couronne et enlacées par deux branches, l'une d'olivier et l'autre de palmier.

Il s'agit, dans ce revers, de l'alliance renouvelée avec les Suisses en 1602, dont la médaille commémorative fut frappée sur de l'or provenant d'une mine découverte aux environs de Lyon.

Pour comprendre cet autre revers, il faut savoir que Charles-Emmanuel de Savoie, sous le règne de Henri III et pendant les troubles de la Ligue, s'était emparé du marquisat de Saluce, et qu'à cette occasion il avait fait frapper une médaille à son effigie, représentant au revers un centaure qui tenait un arc bandé et foulait à ses pieds une couronne avec cette légende : OPPORTVNE. En 1604, Henri IV, s'étant emparé de la Bresse et d'une partie des places de la Savoie, fit à son tour frapper le sujet ci-dessus. Le centaure est abattu par la massue de la France qui relève une couronne et dit OPPORTVNIVS.

Le traité d'alliance fut suivi d'un autre avec l'Angleterre, dans lequel les Hollandais furent compris. La tranquillité qui en résulta est exprimée par une mer calme sur laquelle les alcyons font leur nid. La légende, — ALCYONIVM. AB. ARMIS, 1603, — explique les deux bras armés qui sortent des nuages pour maintenir la paix.

Il faut probablement voir dans le jeton suivant le souvenir de la conversion de Henri IV, consacré par ces paroles : — TVTA. MIHI. NVMINIS. ARA. 1606.

Le roi debout, vêtu du manteau royal, place la main droite sur un Christ et lève la gauche vers le ciel.

HÆC. TIBI. CERTA. DOMVS. 1606.

Le baptême du Dauphin eut lieu en 1606, à Fontainebleau. La piété conduit le jeune prince à un temple fort élevé sur des rochers, emblèmes du chemin ardu de la vertu; mais la devise dit avec raison qu'à l'aide d'une courageuse persévérance, on arrive à un asile assuré.

Les affaires des Pays-Bas amenèrent, en 1609, une ligue entre les Etats, la France et l'Angleterre. A cette occasion on frappa une médaille portant trois cœurs avec cette devise : — IVNCTA. CORDA. FIDELIVM.

Ce fait nous autorise à attribuer le revers suivant :

LES COEVRS FIDÈLES. 1642.

au traité de confédération conclu, le 1er juin de l'année précédente, entre la France et Jean IV de Portugal, dans lequel les Hollandais furent admis et signèrent une trêve de dix ans.

Nul règne n'offre plus de jetons historiques que celui de Louis XIV; c'est une conséquence des nombreuses médailles qu'il a produites. Nous avons déjà vu, page 43, l'expression du traité de l'île des Faisans, sur la Bidassoa, conclu le 7 novembre 1659, réglant le mariage du roi avec l'infante. Ce mariage fut célébré à Saint-Jean-de-Luz, le 9 juin 1660, et un an après Marie-Thérèse, symbolisée par l'arc-en-ciel, disait :

IN. FOEDERA. VENI. 1661.

Il est impossible de parler du grand règne sans faire mention d'un des plus grands ministres dont la France s'honore.

DE. L'INTEND^{cc} DE. M^r. COLBERT. DE. S^t. P^{err} CONS^r. D'ESTAT. 1658.

Armoiries de Colbert, *d'or à une couleuvre* (coluber) *ondoyante en pal d'azur.*

Ajoutons encore, pour bien faire comprendre l'intérêt historique des jetons, qu'ils reproduisirent une foule d'intrigues et de petits mystères qu'il s'agirait de pénétrer. N'oublions pas non plus que bien du sang fut répandu pour des médailles satiriques, et que ces discussions de vanité blessée donnèrent le jour à une infinité de monuments métalliques.

ORDRES DE CHEVALERIE.

Louis XIV institua l'ordre royal et militaire de Saint-Louis, pour récompenser les officiers de ses troupes et leur donner une marque de distinction particulière.

FIRMATUR CONSILIO VIRTUS.

ORDRE MILIT. DE ST. LOUIS. 1693.

Saint Louis couvert de la cuirasse et du manteau royal, tenant d'une main le sceptre et de l'autre une couronne d'épines avec les clous de la Passion.

Comme, pour être chevalier de Saint-Louis, il fallait faire profession de la religion catholique, apostolique et romaine, Louis XV créa l'ordre du *mérite militaire* (1759) en faveur des officiers de ses troupes nés en pays où la religion protestante est établie.

Il existait d'autres ordres ayant un caractère civil et qui jouissaient d'une grande considération.

Napoléon voulut un ordre particulier et unique; au lieu de la croix à quatre branches et huit pointes, il prit l'étoile à cinq branches et dix pointes.

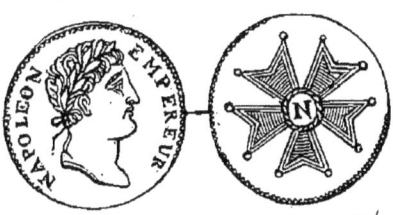

Son intention était de confondre dans une même confraternité de chevalerie tous les genres de mérite. La devise de la nouvelle décoration fut HONNEUR ET PATRIE.

COUR. II. FRIM. AN. XIII.

Certainement, l'homme de guerre par excellence se montra habile politique en mettant sur la même ligne le courage militaire et le courage civil, en accordant la même récompense aux actions d'éclat et aux paisibles mais non moins utiles services; cependant, il se créait, pour lui et pour ses successeurs au pouvoir, une position délicate et embarrassante. Dans un Etat qui entretient une armée formidable et un nombre immense d'employés, il fallait ou se montrer ingrat en ne récompensant pas tous les dignes et fidèles serviteurs, ou accorder sur une trop vaste échelle un titre honorifique qui, dès-lors, perdait de sa valeur et de son prestige.

Si l'on veut remonter au quinzième siècle, on verra que l'ordre de la Toison-d'Or, si restreint et par là même si envié, amena presque aussitôt la chevalerie de Saint-Georges. Nous sommes donc conduit à regretter que, tout en maintenant à la Légion-d'Honneur son véritable caractère, on n'ait pas conservé quelques-uns des anciens ordres qui eussent permis au pouvoir d'être généreux sans paraître prodigue.

ENSEIGNE DES CENT SUISSES.

On n'a pas oublié les services rendus par les troupes auxiliaires suisses. Si elles ont acquis à jamais le respect des honnêtes gens, elles devinrent successivement dans divers Etats de l'Europe un objet de haine pour les anarchistes. Aujourd'hui qu'elles ont à peu près disparu du monde, il est à propos de leur consacrer un souvenir de considération et de reconnaissance.

BESSON. ESC. A^{nt}. CAP^{ne}. ENS^{ne}. DOYEN. D. O^{rs}. D. R. EN.

LA. C^{gnie}. D. CENT. G^{des}. SVIS^{ces}. O^{es} D. C^s. D. S. M^e. VETERAN. 1665.

Besson portait *d'argent, à la bande d'azur chargée de fleurs-de-lis d'or et accostée de deux lions de gueules.*

Un autre revers présente une lampe avec cette devise : — EN SERVANT LES AVTRES JE ME CONSVME. 1673.

Autour du drapeau, dont la description va venir, on voit la légende de la compagnie en latin, puis la traduction en français. Nous remarquerons seulement que les armes de France manquent sur la croix, faute de place.

Le mercredi après Pâques, 13 avril 1453, Charles VII conclut un traité d'alliance et amitié perpétuelle avec les anciens cantons suisses. Louis XI renouvela cette alliance, fit de nouveaux traités, et par lettres datées de Plessis-lès-Tours, septembre 1481, il accorda des privilèges considérables et de grandes exemptions à tous ceux de la nation helvétique qui s'établiraient en France. Il en fixa cent près de sa personne, et Charles VIII nomma gardes extraordinaires de son corps ces cent Suisses qui avaient servi près de son père, et, par lettres du 27 février 1496, il leur donna un capitaine français pour la transmission de ses ordres.

Le drapeau de la compagnie était déposé chez le capitaine. Il resta le même depuis Henri II jusqu'à Louis XIV, qui le fit faire tel qu'il est représenté ici.

— *D'azur, à la croix blanche chargée en cœur des armes du roi* et portant cette devise : — EA EST FIDUCIA GENTIS, — TELLE EST LA FIDÉLITÉ DE LA NATION; — *écartelé au 1er et au 4e d'un L couronné d'or avec le sceptre et la main de justice* *passés en sautoir, noués d'un ruban rouge; au 3ᵉ et 4ᵉ, d'une mer d'argent flottant contre un rocher d'or qui est battu de quatre vents.*

Ce drapeau sortait aux grandes cérémonies, particulièrement au sacre et au mariage des rois.

ETATS PROVINCIAUX.

On appelait *Etats* les assemblées des députés représentant une nation, une province ou une ville. Ce nom leur venait de la représentation qui y était accordée aux différents *états* ou *ordres*.

COMITIA ARTESIÆ.

Les Etats d'Artois avaient mission de régler la part de subsides que la province devait accorder au roi, attendu qu'elle n'était pas sujette aux impositions qu'on levait dans le royaume. Cet usage fort ancien remontait au moins au règne de Charles V (1ᵉʳ décembre 1368), époque à laquelle les habitants de la province firent une composition de quatorze mille livres pour leur part annuelle de contribution aux frais de la guerre. On l'appelait l'*ancienne aide* ou *composition d'Artois*, réglée par les élus de l'Artois, du Boulenois, de Saint-Pol, ressorts et relèvements, selon la charte du roi Charles VI, en date du 31 octobre 1409.

La tenue des Etats d'Artois n'avait été interrompue que depuis la prise d'Arras, en 1640, jusqu'à la paix des Pyrénées; elle fut supprimée comme toutes les autres à la Révolution.

IETONS. DES. ESTAS. DE. BRETAGNE. — 1701.

C'est à Rennes que, dans les assemblées qui précédèrent la Révolution, on vit les étudiants prêter leur appui à la démocratie et préluder à ces luttes fatales au pouvoir quand le pouvoir se montre faible.

COMITIA OCCITANIÆ.

VICTRIX. FORTVNÆ. SAPIENTIA.

Il y avait des Etats de la Languedoc pour tout le

midi de la France, et des Etats du Languedoc pour la province de ce nom.

Le ministre Neker avait fait rétablir les Etats de Provence; Mirabeau, perdu de dettes et de vices, s'y présenta en qualité de gentilhomme. Noble, il combattit la noblesse; il dit : « Dans tous les pays, dans tous les âges, les aristocrates ont implacablement poursuivi les amis du peuple. » Marseille donna une véritable ovation au grand citoyen, et Mirabeau fut nommé député du Tiers-Etat, par une double élection. Ceci, qui pouvait à bon droit paraître extraordinaire en ce temps, n'a plus lieu de nous surprendre aujourd'hui; nous avons vu, en 1848, les mêmes désordres, les mêmes scandales; les votes populaires acclamèrent des hommes qui, sans avoir le talent du tribun provençal, ne méritaient, comme lui, que le mépris.

Les Etats des villes étaient des assemblées particulières des officiers principaux, habitants et notables bourgeois des villes dont le roi permettait parfois la réunion en forme d'Etats, pour délibérer sur les affaires communes. LES ETATS DE LILLE.

CONNUBIO JUNGAM STABILI. — PRUD. REGIA.

ESTATS. DES. VILLE. ET. CHATELLENIE. DE. LILLE.

Nous n'avons pas voulu donner de développement à cet article, parce que l'on trouvera plus loin, à propos des Etats de Bourgogne, tout ce qui peut intéresser dans ce sujet.

ADMINISTRATIONS ET JURIDICTIONS.

D'après ce que nous avons déjà dit sur les divers emplois des jetons, et si l'on ajoute que l'exemple gagna de proche en proche, qu'une jalousie d'imitation mélangée de caprice s'en mêla, comme il arrive souvent, on doit comprendre que les administrations durent produire un grand nombre de ces sortes de pièces dont les légendes devinrent excessivement variées à partir du dix-septième siècle. Leur étude entraînerait pour ainsi dire l'examen de tout le système gouvernemental de l'ancienne monarchie. Quelques spécimens ne feront en quelque sorte que marquer leur place.

ET JURIDICTIONS. 167

SVPREMVM. FRANCIÆ. SIGILIVM.

DAT LEGES. ATQVE. TVETVR. P. — 1612.

Champ semé de fleurs-de-lis sans nombre.

D'un nuage sort une main qui soutient le coffret fleurdelisé contenant le grand sceau.

La charge de chancelier de France est aussi ancienne que la monarchie. Ceux qui en étaient revêtus sous la première race portaient le titre de *Référendaires;* sous la seconde, celui d'*Apocrisaires* ou d'*Archichanceliers.* Celui que nous connaissons lui est resté sous la troisième race.

Le chancelier est dépositaire des sceaux du royaume qui servaient à sceller les lois, ordonnances et chartes; il en use sous le bon plaisir du souverain, pour la distribution de la justice et pour celle des dons, grâces et offices accordés par Sa Majesté.

Autrefois, le chancelier était le seul dans le royaume qui ne portât pas le deuil, pour montrer que, détaché en quelque sorte de lui-même, il ne devait songer qu'au service de l'Etat et à rendre la justice dont il est le chef.

Aujourd'hui, le ministre de la justice prend le titre de garde des sceaux.

CONNÉTABLIE MARÉCHAUSSÉE DE FRANCE.

C'est ainsi qu'on nommait la juridiction du Connétable à la table de marbre.

Deux bâtons de commandement en sautoir, liés de deux L entrelacés.

NON SINE NUMINE.

Dextrochère mouvant d'un nuage et tenant haut une épée à laquelle est attachée une couronne de laurier.

Le premier Connétable que l'on connaisse est Albéric, qui signa la Charte de fondation du prieuré de Saint-Martin-des-Champs, faite par le roi Henri Ier, en 1069.

La charge de Connétable fut supprimée après la mort du maréchal de Lesdiguières, par un édit donné à Paris au mois de janvier 1627. Toutefois, la juridiction de la connétablie et maréchaussée de France à la table de marbre demeura entre les mains des maréchaux de France, et il y avait toujours aux armées un prévôt de la connétablie.

ORDINAIRE DES GUERRES. — Les trésoriers de l'ordinaire des guerres payaient tous les vieux régiments, c'est-à-dire, les gardes-du-corps, les cent-suisses, les gendarmes, les chevau-légers, les mousquetaires, les régiments des gardes-françaises et suisses, qui antérieurement avaient tous leurs trésoriers particuliers. Ils faisaient aussi la solde des gentilshommes au bec à corbin, des maréchaux de France, etc.

Les contrôleurs généraux de l'ordinaire des guerres faisaient prêter serment à tous les contrôleurs ordinaires et provinciaux des guerres.

FAVSTO FOEDERE IVNCTI.

Nous donnons ces deux revers appartenant à des pièces distinctes, parce qu'elles ont la même devise symbolisée de manières différentes, mais nous ne savons à quoi elles se rapportent.

EXTRAORDINAIRE DES GUERRES. — Les trésoriers de l'extraordinaire des guerres payaient toutes les troupes nouvelles à la solde du roi, en quelque lieu et en quelque position qu'elles fussent. Ils payaient aussi les vivres, les étapes, fourrages, milices, nouvelles levées de troupes, les gouverneurs, lieutenants, majors et états-majors de toutes les provinces et places. Leurs bureaux dépendaient du trésor royal.

ARTILLERIE. — Avant l'invention de la poudre, il y avait, pour l'attaque et la défense des places, des machines de guerre sur lesquelles le maître des arbalétiers avait inspection.[1] Sa charge était considérable : il avait, selon Joinville (Histoire de saint-Louis), la surintendance sur tous les officiers qui étaient chargés des machines de guerre.

On en trouve le souvenir dans le jeton de 1699 avec le cheval de Troie.

FATALIS MACHINA MURIS.

Henri IV ayant pourvu, par lettres du 13 novembre 1599, de la charge de grand-maître de l'artillerie Maximilien de Béthune, depuis duc de Sully et maréchal de France, l'érigea en office de la couronne, au mois de janvier 1604.

Le grand-maître de l'artillerie faisait exécuter les travaux de l'armée, tant en marche que dans les sièges; il présidait à la confection des poudres et à l'approvisionnement des arsenaux.

La juridiction de l'artillerie s'étendait dans tout le royaume; elle a tenu son siège au Louvre et a été transférée à l'arsenal en 1572. L'appel de ses jugements ressortissait du Parlement.

---

[1] Ces machines de guerre étaient en grande partie celles des Romains, la poliorcétique n'ayant pas encore changé.

1739

DUM MITTAR IN HOSTEM.

Un dogue veillant, enchaîné à un arbre et attendant en repos.

1740

PACIS AMANS NEC BELLA TIMENS. — Un coq.

1741

ET LOQUOR ET SILEO PRO TEMPORE. — Une trompette sur un autel.

On remarquera le parfait rapport entre le corps de ces devises, la figure ou représentation avec l'âme, c'est-à-dire les paroles.

C'est bien la même pensée exprimée sous diverses formes ; le silence et l'éclat selon le temps, l'amour de la paix sans la crainte du combat, le repos en attendant l'action.

HAC. BELLVM. PACEMQVE. GERO. 1605. — QVO. JVSSA. IOVIS.

Ici le canon tonne, et, par l'ordre de Jupiter, l'aigle s'envole en emportant son foudre; là, une lance, terrible arme offensive, porte suspendue à sa pointe la branche d'olivier, symbole de paix.

REVENUS CASUELS. — On appelait revenus casuels, ou plus ordinairement *parties casuelles*, les recettes provenant de la vente des offices. Le premier trésorier des parties casuelles fut créé par Louis XII, en établissant la vénalité des offices comptables, mais il y en eut plus tard trois. Sous Henri IV, plusieurs offices devinrent héréditaires, à la charge de payer tous les ans un certain droit que l'on appelait *la paulette*. Si un officier mourait avant d'avoir payé la paulette et sans avoir résigné son office, les trésoriers des parties casuelles en disposaient au profit du roi.

Les revenus des parties casuelles étaient évalués, en 1665, à deux millions; mais il est évident qu'ils devaient être essentiellement variables, ainsi que l'indique le laboureur semant son blé qui multipliera suivant l'influence du temps et des saisons.

On pourrait encore voir dans la devise EX. IACTVRA. LVCRVM, un jeu de mots portant sur l'action du semeur qui jette le grain propre à produire, et le jetoir qui sert à compter les bénéfices.

SEGES SVPER ADDITA VOTIS. — CHAMBRE AUX DENIERS. 1712.

Deux vignerons portent, suspendue à une perche, l'énorme grappe de raisin de la Terre promise, signe d'abondance et de richesse.

Il est fait mention de la chambre aux deniers dans deux états de la maison du roi Philippe le Long, dont l'un est du 2 décembre 1316, l'autre du 18 novembre 1317. Il est parlé du maître de la chambre aux deniers dans des lettres du même roi (avril 1320), ainsi que dans d'autres actes appartenant aux règnes suivants. On a encore les comptes-rendus en 1383 par Raymond Raguier, maître de la chambre aux deniers. Cette chambre a été divisée en trois que l'on nomme *l'ancienne, l'alternative* et la *triennale.*

Ceux qui possédaient ces charges assistaient au grand bureau de la maison du roi, lorsqu'ils adjugeaient les marchés pour les différentes fournitures; mais celui qui était en exercice pour l'année entrait seul aux bureaux qui se tenaient trois fois par semaine, pour la police des officiers; les dépenses de la maison et les traitements extraordinaires.

Les charges de maîtres de la chambre aux deniers étaient héréditaires.

Outre les 3,000 livres de gages, 5,300 de livrées et plusieurs autres bénéfices, ces maîtres de la chambre aux deniers avaient 64 livres pour les jetons.

Leurs fonctions étaient de solliciter les fonds pour la dépense de bouche de la maison du roi et de payer les officiers pour cette dépense. Ils payaient aussi les livrées.

Il y avait deux contrôleurs généraux de la chambre aux deniers; il leur était également tenu compte par semestre de 64 livres pour les jetons. Lorsqu'il existait un Dauphin, dès qu'il atteignait sa septième année, on établissait sa chambre aux deniers dans laquelle alternaient les deux contrôleurs généraux.

Le contrôleur général contrôlait et arrêtait au bureau du roi, où il tenait la plume, toutes les dépenses faites dans la maison; il rédigeait le rapport de tous les plans, mémoires et autres papiers adressés au bureau; il délivrait les extraits des dépenses aux officiers et marchands fournisseurs, pour en être payés par le maître de la chambre aux deniers, auquel il remettait l'original du cahier qu'il devait tenir conformément aux articles de v à xv du règlement de Louis XIV pour sa maison.

Le contrôleur avait encore nombre d'attributions dont le détail est inutile ici; nous ne parlerons pas non plus des employés subalternes. L'important pour nous était de constater l'emploi énorme qu'ils faisaient des jetons, si on doit en juger par le chiffre des sommes qui leur étaient allouées pour cet objet.

DUCEM REGEMQUE SEQUUNTUR. — SECRETAIRES DU ROY. 1731.

Dans le champ, une double personnification du chef de l'Etat; au haut, le soleil, puis, s'élevant vers lui, la reine des abeilles suivie de son essaim.

Pour connaître l'origine des secrétaires du roi, il faut remonter jusqu'à l'antiquité. Leur premier titre était celui de *notaires*, leurs fonctions répondant à celles des officiers qui, sous les empereurs romains, recevaient le nom de *notarii*, parce que les ordonnances commençaient ordinairement par ces mots *notum facimus*. Ils logeaient dans le palais du prince et en connaissaient les secrets, d'où leur vient la qualification de *secrétaires*. Le nombre en a considérablement varié aux différentes époques, et toujours ils eurent des prérogatives considérables. Ils acquéraient la noblesse en mourant dans la possession de leur charge ou après vingt années d'exercice.

La principale fonction des secrétaires du roi était d'assister au sceau, expédier et signer les lettres présentées au chancelier, après lui avoir fait le rapport des lettres de rémission, de pardon et des autres grâces à accorder ou à refuser.

Les secrétaires du roi avaient, dès l'origine, le roi pour chef et souverain protecteur de leur compagnie; c'est ce qu'indique l'emblème de la ruche.

PERSONNAGES.

Nous avons dit encore que la vanité ou un légitime orgueil avait porté les dignitaires, les magistrats, etc., à confier au métal leurs titres, leurs armoiries, leurs devises, les emblèmes de leurs fonctions, etc., et que leurs services étaient souvent récompensés par des pièces d'honneur frappées exprès pour eux; aussi y aurait-il d'importantes recherches héraldiques et généalogiques à faire dans cette longue série de pièces personnelles. Nous nous bornerons, comme nous venons de le faire ci-dessus, à quelques exemples.

CLAVDE. FAVCHET. C. D. R. P. PRES. EN. L. C. DES. MONNOIES.

Fauchet a placé d'un côté ses armoiries, et de l'autre l'emblème de la devise, — SPARSA. ET. NEGLECTA. COEGI, — qu'il avait toujours l'habitude de mettre en tête de ses ouvrages, comme nous le fait remarquer son petit-neveu Bouterouë, auteur de Recherches sur les monnaies, travail encore fort recherché.

SEB. CRAMOISY. DIR. DE. L'IMPR. ROYALE. P^{er}. ESCHEVIN.

Une ancre posée en pal, au chef chargé de trois étoiles.

HÆC. PONDERA. IVSTI.

Une main tenant la règle, le fil à plomb et l'équerre, dans un ciel étoilé. Ces instruments justifient la devise.

L'imprimerie du gouvernement, qui change de nom à chaque révolution, fut fondée par Richelieu et établie dans plusieurs salles attenantes au rez-de-chaussée de la grande galerie du Louvre. Des hommes de mérite furent placés à sa tête. Sébastien Cramoisy, membre d'une ancienne et célèbre famille d'imprimeurs-libraires de la ville de Paris, en fut nommé directeur.

M. Aug. Bernard, que ses fonctions ont mis à même d'étudier tout ce qui a rapport à l'imprimerie, et qui a fait sur ce sujet ainsi que sur plusieurs autres de longues et savantes recherches, nous a initié à tous les progrès de cet art depuis son invention. Après nous avoir dit ce que firent Louis XI et François Ier en faveur de l'imprimerie du gouvernement, qui est une des gloires nationales, il nous montre cet établissement comme indispensable pour la publication des grands travaux religieux, scientifiques ou historiques entraînant des frais tels qu'aucun éditeur ne pourrait s'en charger; enfin, comme seul capable de composer, sur un seul labeur, jusqu'à deux cents feuilles sans entraver le reste du service, ce qui a lieu surtout pour les budgets de l'Etat.

Quand les armoiries n'étaient pas de fraîche date ou qu'on voulait les donner comme telles, on se dispensait de les accompagner de noms et de devises.

Celles-ci sont de Nicolas des Maretz, contrôleur général des finances en 1708.

Le conseil royal des finances, établi au mois de septembre 1684, était composé du roi, des princes et de plusieurs grands dignitaires ou fonctionnaires. Le contrôleur général y avait le contrôle des quittances du trésor royal, des parties casuelles et autres dépendances du contrôle général des finances, les cahiers des pays d'Etats, les monnaies et la direction supérieure de tout ce qui concernait les finances du royaume.

CORPORATIONS.

Il fut un temps où les corporations jouèrent un grand rôle. Si elles présentaient des inconvénients, il fallait les réformer et non les abolir, car c'est une institution qui nous manque aujourd'hui. Nos pères avaient bien compris son utilité : ils symbolisèrent l'union parfaite qui doit régner dans une société par une ruche dont toutes les abeilles obéissent à une reine seule souveraine :

SOCIETATIS. BENE. VNITÆ. — STAT. MVTVIS. VIRIBVS.

Ils caractérisèrent la puissance de l'association par un groupe d'hommes dont les efforts réunis et combinés soutiennent le monde au-dessus de leurs têtes.

La prévôté dominait en quelque sorte toutes les corporations, car alors on s'associait dans un but de commerce et de travail, dans un but honnête et non pour conspirer oisivement.

Sous Louis XII, il y avait six corps de métiers ; chacun était gouverné par six maîtres d'une réputation sans reproche. Ces maîtres veillaient à l'observation des statuts, au maintien de la discipline et à la conservation des privilèges. Dans les cérémonies publiques et dans l'exercice de leurs principales fonctions, ils avaient le droit de porter la robe de drap noir à collet et manches pendantes, parmentée et brodée de velours de la même couleur. A l'entrée des rois, lorsqu'ils portaient le dais sur les rois et les reines, le velours était de couleurs différentes pour chaque corps. C'était, à proprement parler, la robe consulaire qui leur servait à rendre la justice. Un autre privilège, auquel ils tenaient essentiellement, était de complimenter nos rois à l'occasion d'évènements considérables. Dans leur sein se recrutaient les marguilliers, les commissaires des pauvres, les administrateurs des hôpitaux.

Les corps de métiers formaient entre eux une étroite alliance exprimée par une devise ayant pour corps un Hercule qui s'efforce inutilement de rompre un faisceau de six baguettes liées ensemble, et pour âme ces mots : VINCIT CONCORDIA FRATRVM.

Le premier corps a toujours été celui des drapiers. La draperie a pour armoiries, suivant la concession de Christophe Sanguin, prévôt des marchands et des échevins, en date du 27 juin 1629, *un navire d'argent à bannière de France, au champ d'azur; un œil en chef*, avec cette devise qui n'est pas spécifiée dans la concession, — VT CÆTERAS DIRIGAT, — pour donner à entendre que ce corps a le pas sur les autres. Quelquefois on a blasonné ainsi ses armes : *d'argent, au vaisseau d'or à voiles et pavillon d'azur, voguant sur une mer de sinople.*

Voici bien ce vaisseau surmonté de l'œil vigilant.

PREMIER CORPS DES MARCHANDS DE PARIS.

Au revers, un homme tond un mouton dont la laine doit servir à confectionner des draps :—NON. SIBI. SED. NOBIS. — 1700.

Henri III (1585) érigea les marchands de vin en septième corps. Ce chiffre est représenté dans leurs armoiries par autant de vaisseaux avec un raisin en chef. La devise, — ÆQUATIS IBVNT ROSTRIS, — s'applique aux vaisseaux et a également un sens figuré; c'est la prétention qu'a ce nouveau corps de ne pas se montrer inférieur à ses anciens dont l'un, celui des marchands merciers, grossiers et joailliers, portait *de sinople, à trois nefs d'argent à la bannière de France, 2, 1; un soleil à huit rais en chef,* avec cette devise : TE TOTO ORBE SEQVEMVR.

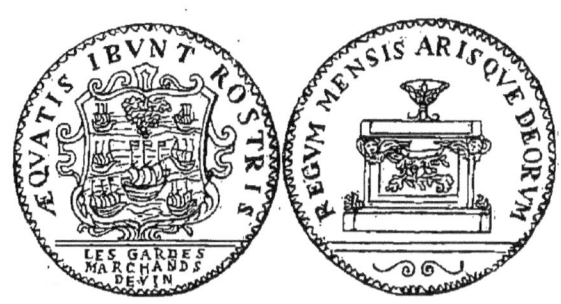

Au revers, se voit sur un autel une coupe pleine de cette liqueur qui figure également à la table des rois et aux cérémonies des cultes religieux.

REGVM MENSIS ARISQVE DEORVM.

L'exergue nous fait voir que ce jeton était à l'usage des GARDES MARCHANDS DE VIN.

Les confréries avaient en outre un but religieux.

CONFRAIRIE. DES. MARCHANDS. DE. VIN.

Saint Nicolas représenté, comme d'ordinaire, ressuscitant trois enfants assassinés et mis dans un baquet.

DÉCEMBRE. MIL. SIX. CENT. CINQVANTE. ET. VN.

Vaisseau guidé par l'étoile polaire, indiquant probablement l'exportation des vins vers le Nord.

MIL. CIX. CENT. QVATRE. VINGT. DEVX.

Autre vaisseau que l'on croirait quitter les côtes du Bordelais, en voyant les deux pampres avec leurs fruits qui se croisent au-dessus.

Il y avait en outre des communautés, des facultés :

COM.ᵉ DES. Mᵗˢ VITRIERS. PEINTRES. SVR. VERRE : DE. PARIS.

Leur blason est beau, et la date de 1715 démontre clairement que la peinture sur verre n'a dû disparaître qu'à la révolution.

M. PAVLO. COVRTOIS. DECANO. 1654.

* VRBI ET ORBI * SALVS * — FACVL. MEDIC. PARIS. 1652.

La faculté de médecine de Paris compte un certain nombre de jalons. Les armoiries du Doyen y figurent généralement, et souvent sa tête est à l'avers.

ORDRE ALPHABÉTIQUE DE VILLES.

AIX.

P. FILIOLI. ARCHEVÊQUE. D'AIX.

Une bande accompagnée de deux glands tigés et feuillés,—armoiries du prélat surmontées de la croix pommetée.

CORDE ET ANIMO.—Différents; glands des armoiries.
Croix fleuronnée, cantonnée des glands de l'écu.

Pierre Filioli mourut à Paris, âgé de cent deux ans, et fut inhumé, en février 1540, dans l'église des Franciscains où on plaça son buste avec cette épitaphe :

Cî gist révérendissime père en Dieu, Messire Pierre Filioli, natif de Gannat en Bourbonnois, archevêque d'Aix en Provence et lieutenant-général pour le Roy au gouvernement de Paris, Isle-de-France; lequel, après avoir vécu honorablement C II ans, mourut regretté de tout le peuple, dans la ville de Paris, le XII janvier MDXL.

Quelques années avant sa mort, il avait demandé pour coadjuteur Antoine Imberti qui lui succéda comme archevêque et comme chancelier de l'université d'Aix. Celui-ci prit même par reconnaissance le nom de Filioli, ce qui fit croire qu'il était fils du frère de son protecteur.

AIRE.

Le Chapitre de la ville d'Aire avait un système mérallique complet.

AMIENS.

A Amiens, on faisait usage de méreaux de plomb.

ANGERS.

DE. ANGIERS. ANTIQVE. CLEF. DE FRANCE.

Les armoiries de la ville d'Angers sont *de gueules, à la clef d'argent posée en pal, accostée de deux fleurs-de-lis,* ou plus récemment, *au chef d'azur chargé de deux fleurs-de-lis d'or.*

La clef, emblème de sécurité, se voit en outre sur

beaucoup d'anciens jetons des chambres et des officiers des finances.

La série des jetons de l'Anjou est très importante, et nous regrettons de ne pouvoir la donner tout entière.

SIT. NOMEN. DNI. BENEDICTVM.

TOVS. DIS. EN. BIEN.

Parti de France qui est semé de fleurs-de-lis d'or, et de Provence qui est lui-même parti de deux traits : au 1er, d'argent à la croix potencée d'or, accompagnée de quatre croisettes de même, qui est de Jérusalem; au 2e, de France au lambel de gueules qui est d'Anjou-Sicile; au 3e, de France à la bordure de gueules qui est Anjou moderne.

Pour assigner une date à cette pièce, il faut remonter au commencement du quinzième siècle; nous l'attribuerons à Marie d'Anjou, fille de Louis II d'Anjou, comte du Maine, roi de Naples, et d'Iolande d'Aragon. Marie épousa Charles VII en 1416. La clef de l'avers est celle d'Angers.

On connaît une autre pièce sans légende où la clef est accostée de deux fleurs-de-lis, selon l'ancien blason des comtes d'Anjou. Le revers portant une croix fleuronnée est également muet.

CRVCEM ✝ TVAM ✝ ADORAMVS ✝ DOMINE ✝

POVR ✝ DES ✝ COMPTES ✝ DANGIERS ✝

M. Hucher pense que ce jetoir est de l'époque du roi René; il peut avoir été frappé par Jean Bernard, seigneur d'Estiau, qui fut maire d'Angers après avoir occupé des places de finances à la cour du roi René.

Le savant numismatiste du Mans se fonde sur la forme incertaine des lettres qui accompagnent la croix. L'une surtout peut bien être considérée plutôt comme un B que comme un R. Alors on y verrait l'initiale du roi et celle de son officier.

Celui-ci, dans ses lettres de noblesse en date de février 1498, prend les titres de secrétaire du roi (de Sicile) et *contrôleur de l'argenterie* et de *l'écurie du roy*.

En 1479, dans un acte d'échange, il se qualifie *trésorier d'Anjou*.

Dans un autre acte de 1485, il se pare du titre de *conseiller du roy, maître de la chambre des comptes* (toujours du roi de Sicile René).

Sous François Ier, le receveur du domaine, JEHAN. BELHOMME. RECEPVE^r. D'ANJOV, fit frapper un beau jeton portant ses armes propres, et au revers, l'emblème du roi avec cette devise MAGNA. OPERA. DOMINI, dont il n'est pas facile d'appliquer au juste le sens.

Nous mentionnerons les jetons de Dominique Bouffet, receveur d'Anjou au commencement du seizième siècle; de P.-D. Clermont, receveur de la ville en 1581; les jetons mixtes de Nantes et d'Angers, aux armes des deux villes, avec le mot *calculi*.

Il nous reste à citer l'intéressante série des pièces des maires d'Angers et du conseil des échevins; ces derniers, à l'effigie des rois Louis XIV et Louis XV, portent les armoiries d'Angers avec les devises :

ASSIDUIS CONSILIIS.

MUNICIPALE PRÆMIUM. — MAIRIE D'ANGERS.
PRO SVFFRAGIIS RESTITVTIS.

On voit qu'il ne s'agit plus là que de bons d'assistance, de récompense municipale et de jetons de vote.

Louis XI accorda la noblesse aux maires et échevins d'Angers, par lettres patentes du mois de février 1474, vérifiées au grand conseil le 7 mars de la même année, et leur permit de partager leurs successions, ainsi que par eux, d'un commun accord, serait divisé et ordonné.

ARRAS.

ECCLESIE ATREBATEN. — Monogramme de Capitulum.

Au revers, le chiffre III avec une bordure formée de trois rats.

Il existe d'autres chiffres, et il est de règle que dans les méreaux de cette ville le nombre de rats soit égal au nombre d'unités placées dans le champ. On remarquera de plus que le *rat* est le rébus d'*Arras*.

> Quand les rats prendront les chats,
> Les Français prendront Arras.

Voici une autre indication : Capellanis distribuuntur pro stipendio missarum quas celebrare tenentur; hi ternuncii francici, et calicem ad altera eorum parte præferunt cum hac inscriptione : *Pour les messes*.

AVIGNON.

CAPIT : ECCLESIE : AVINION.

Ecu chargé d'une tour à trois étages.

CAPITVLV : ECCLESIE : AVENION.

La Vierge et l'enfant Jésus soutenus par un croissant.

SALVE : SANCTA : CRVX : — Croix à branches égales.

BAYEUX.

MONETA : CAPITVLI : — Aigle à deux têtes éployées.
BAIOCENSIS. — I.

Le Chapitre de Bayeux avait le droit de battre monnaie.

BLOIS.

POVR. LA. MAISON. COMMVNE. DE. BLOYS.

Les armes de Blois sont *d'or, à un écusson d'azur chargé d'une fleur-de-lis du champ, accosté à dextre d'un porc-épic et à sénestre d'un loup de sable, supportés par une terrasse ou champagne de même.*

Le plus ancien emblème de la ville de Blois était un loup qui figura sur son blason dès que les villes prirent des armoiries; et quand Louis d'Orléans, comte de Blois, voulut le remplacer par la fleur-de-lis royale, le loup fut conservé pour l'un des supports. Le comte de Blois donna pour l'autre support le porc-épic qui était son emblème particulier.

BORDEAUX.

MUNIFICENTIA. URBIS. BURDIG. — Armoiries.

La pièce la plus importante de l'écu est la maison de ville sur le bord de l'eau, par allusion au nom de la ville même.

CRESCAM. ET. LUCEBO. — BURD. ACAD. NUMISMA.

L'académie de Bordeaux est symbolisée par un croissant qui grandira et jettera une lumière de plus en plus vive.

BOULOGNE.

On connaît des méreaux de Boulogne (Rev. Num. 1838, p. 34).

BOURGES.

La ville de Bourges, qui possédait un très ancien atelier monétaire, a fourni de grands produits, mais nous ne pouvons donner que quelques-uns des méreaux de ses Chapitres. Ils offrent plus souvent qu'aucune autre série l'encadrement multilobé et tréflé.

Longue croix double, accostée des initiales de saint Ursin, premier chef de l'Eglise patriarchale, primatiale et métropolitaine d'Aquitaine.

ECCLESIA. PATRIARCHALIS. — SANCTI ✼ STEPHANI ✼ BITVRIS.

Saint Etienne debout, portant sur sa main gauche la Cathédrale qu'il soutient avec la droite.

Dans le champ du revers, le chiffre xx accosté de deux fleurs-de-lis.

Buste de saint Etienne accompagné de deux fleurs-de-lis, et au-dessous, V. B. (urbs Bituris).

Même buste nimbé, entouré de six fleurs-de-lis, et au-dessous, BIT.

M. le baron de Girardot a donné dans les Mémoires de la Société archéologique de l'Orléanais, t. II, p. 119, le tarif des distributions manuelles, *ad manum*, et par corruption, *amanons*, faites au Chapitre de Saint-Étienne de Bourges. Ces distributions en argent ne pouvant pas toujours s'effectuer avec facilité, on y suppléa par des méreaux. En 1428, le Chapitre en fit faire de 45 deniers; en 1429, de 5 deniers. En 1494, Pierre de Chappes, orfèvre, reçut 35 sous pour la façon de 300 *marreaulx*. En 1495, il fut ordonné qu'à l'anniversaire du duc Jean, il serait donné des méreaulx de 30 deniers, parce qu'on ne pouvait distribuer d'argent à cause des guerres.

Pour les *obits*, dix stations étaient faites sur les tombes des défunts, après *prime*, pendant les dix premiers jours de chaque mois, sauf les jours de fêtes de chantre et de sous-chantre, et les dimanches de l'octave de Pâques et de la Pentecôte. En ce cas, on ajournait au jour suivant : chaque chanoine recevait 5 d. tournois en méreaux.

Tous ces méreaux devaient être rendus chaque samedi en échange de la valeur pour laquelle ils avaient été donnés.

PALACII BITYRIS. — CAPELLA : STI : SALVATORIS.

Trois fleurs-de-lis. — Le chiffre vi.

La Sainte-Chapelle de Bourges, comme celle de Dijon, a disparu; mais heureusement que la Sainte-Chapelle de Paris existe et que ce délicieux type de l'architecture du treizième siècle reçoit en ce moment une restauration complète.

Les jetons de la mairie de Bourges offrent une singulière particularité. La maison de Jacques Cœur, après avoir passé entre plusieurs mains, fut vendue par décret sur Charles de l'Aubespine, marquis de Châteauneuf, et adjugée à Jean-Baptiste Colbert, ministre d'Etat, le 13 mai 1679, qui la délaissa aux maire et échevins de Bourges, le 30 janvier 1682; ce qui fut accepté en l'assemblée des habitants, le 28 février suivant, à la charge d'un écu d'or de cens annuel envers le marquis de Châteauneuf, et de fournir au seigneur de Châteauneuf, à chaque mutation de maire de Bourges, de quatre en quatre ans, une médaille d'argent d'une valeur de dix livres, à l'un des côtés de laquelle devaient être gravées les armes du marquis de Châteauneuf, et de l'autre celles de la ville de Bourges; avec inscription, d'un côté, du nom du seigneur de Châteauneuf, et de l'autre, de celui du maire de la ville; et en outre, moyennant trente-trois mille livres de deniers.

Les jetons municipaux n'étaient que la reproduction du type de la médaille.

Nous ajouterons encore à l'article Bourges les notes suivantes :

1497. Jacquelin de Malaisson touche v sols pour avoir faict le patron des gectors à compter, qui ont été faicts pour la chambre de la ville, lequel patron a été porté à Paris.

1512. A André Belenfant, orfèvre demeurant à Bourges, six sols tournois pour avoir faict une pille et ung trousseau, en laquelle pille a troys moutons couronnés; et audict trousseau ung Bituris coronné et taillé, avec une fleur-de-lis au dessoubs dudict Bituris.

1606. A Rogier Rongey, maître orfèvre, 16 livres pour avoir faict deux carreaux pour les jettons aux armes du roy et de la ville que l'on marquoit au moulin.

CAMBRAI.

L'archevêque de Cambrai jouissait du droit de battre monnaie, et son Chapitre fit frapper des méreaux d'une beauté particulière aux vieux ateliers monétaires.

* MONETA * CAPITVLI *

AVE MARIA GRATIA PLENA. — CAMERACV.

Cette pièce est frappée au type des monnaies que Duby attribue aux évêques qui se succédèrent sur le siège de Cambrai vers la fin du treizième siècle.

MONETA CAPITVLI. — CAMERACENSIS.

Celle-ci, d'après le même auteur, ne serait que de quelques années plus moderne; il lui assigne même la date de 1296. Nous ne pouvons en juger, car nous ne l'avons pas vue en nature, non plus que la précédente.

CAPITVLVM. CAMERACENSE : 1562.

Chiffre VI surmonté d'une couronne et accosté d'un lion rampant.

MARIA. VIRGO. C. U. : 156.0. — SALVE * REGINA * MISERICORS.

Il y a plusieurs variétés, soit quant au chiffre, soit quant à la pose de la Vierge. On voit par le dessin de celles que nous venons de donner que malheureusement il nous a fallu les copier dans Duby.

Les prévôt et échevins de la ville de Cambrai eurent aussi de petites pièces portant : DENIERS MONNAIE — DE CAMBRAI. Elles présentent d'un côté l'aigle à double tête, et de l'autre le chiffre IV.

CHARTRES.

PRÆTOR. ET. ÆDILES CARNOTENSES.

L'explication du type chartrain a exercé la science

et la sagacité de MM. Cartier père et fils. L'un a soutenu qu'il n'était que la dégénérescence de la figure de la Vierge; et l'autre, que ces petits signes hiéroglyphiques sont la représentation des reliques de N. D. de Chartres.

GLORIOSA. DICTA. SVNT. DE. TE. CIVITAS.

Vue de la ville en 1689.

CLERMONT.

SAINT ✠ GENES. — SAINT ✠ GENES. 1656.

Le saint en habits pontificaux, s'appuyant sur une croix primatiale qu'il tient de la main gauche et bénissant de la droite.

Une variété d'un plus grand module est de forme hexagone.

Nous trouvons trois personnages du nom de saint Genès. Les deux premiers furent martyrisés sous Dioclétien; le troisième, dont il s'agit ici, naquit au septième siècle de parents illustres. Il entra dans les ordres, et, l'évêché de Clermont en Auvergne étant devenu vacant après la mort de Progèle, on le choisit pour en prendre possession. C'est à ce prélat qu'est due la construction du monastère de Manglieu, à l'endroit nommé primitivement *Tudurnense*, en l'honneur de saint Sébastien dont les reliques avaient été rapportées de Rome par un prêtre que les légendes appellent Magnus.

DOUAI.

Armoiries du Chapitre de Saint-Amé de Douai : — *Coupé d'or et d'azur à trois fleurs-de-lis de l'un en l'autre.* — *Buste de saint Amé* (v. p. 90).

Voici l'explication que donne un vieux chanoine de Douai du méreau suivant :

VICARIATVS. — AMATI DVACENSIS.

Les chanoines de la Collégiale de Saint-Amé peuvent être divisés en deux classes : les uns étaient bénéficiers presque à titre gratuit; les autres, qu'on nommait *bénéficiers vicariaux*, devaient assister régulièrement aux offices, et leur présence était constatée par des jetons.

La pièce placée au-dessous est bractéate.

SANCT⁹ † AMATVS.

Dans le champ est un grand D, initiale de la ville, avec fleurs-de-lis et étoile en accompagnement, comme plus haut. Le P que l'on voit au-dessous peut être considéré comme indiquant l'office de *prime*. Si l'on veut renverser la pièce, on aura E. P., monogramme du mot *episcopus*.

En outre d'un certain nombre de variétés des pièces précédentes, on attribue encore à Douai, mais au Chapitre de Saint-Pierre, d'autres méreaux portant deux clefs en sautoir, et au revers, tantôt une croix cantonnée des lettres C. P. S. P., ou un C orné, ou bien deux C liés par un cordon disposé en croix, etc.; puis des pièces en plomb offrant quatre clefs dont les anneaux viennent se réunir au centre, et au revers des chiffres variés qu'encadre la légende SANCTE PETRE, ORA PRO NOBIS.

EVREUX.

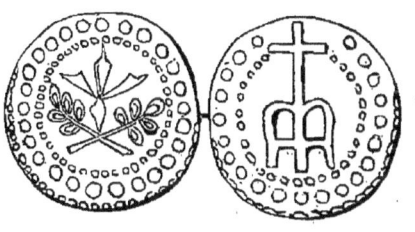

D'un côté, on croit reconnaître deux branches d'acacia et des épines; — de l'autre, est une croix supportée par la lettre M, initiale du nom de la Vierge, patronne de la Cathédrale d'Evreux. M. Raymond Bordeaux est tenté de l'attribuer plutôt à une confrérie qu'au Chapitre de cette église.

Ici l'attribution est plus certaine, puisque les armes du Chapitre d'Evreux sont *d'azur, à une Notre-Dame d'argent, tenant l'enfant Jésus dans ses bras, accostée de deux fleurs-de-lis d'or, appuyant ses pieds sur un croissant d'argent.* De plus, nous remarquerons à la partie inférieure l'initiale E et le signe indiquant le mot denier.

Viennent après diverses pièces de la valeur représentative de plusieurs deniers, avec l'indication bien claire CHAP. EVR.

Elles ne sont frappées que d'un seul côté.

ISSOUDUN.

Michel de Cotignon s'est trompé en attribuant à Charles le Chauve un fait qui appartient à Charlemagne. Après avoir opéré cette substitution de nom, nous pouvons reprendre son récit : « Le roy dormant et pensant estre à la chasse tout seul dans les bois, il lui sembla voir un grand sanglier furieux et fort eschauffé, venant droit à luy pour l'offenser, dont ayant grand peur et s'estant mis à prier Dieu, s'apparut à luy un enfant nud qui lui dit que s'il lui vouloit donner un voile pour se couvrir, il le délivreroit du mal et de la mort que cette féroce beste alloit luy pointer. Ce que luy ayant promis, iceluy enfant prit le dit sanglier, monta dessus, luy mena et luy fit tuer de son espée.»

Cet enfant était saint Cyr, patron de la Cathédrale de Nevers. Sur un méreau de l'église de Saint-Cyr d'Issoudun, MONETA SANCTI — CIRICI EXOLDVNI, nous le voyons seul, tenant le sanglier par les oreilles; puis sur un autre, dans la même position, devant Charlemagne qui se dispose à tuer l'animal farouche qui lui a fait si peur.

LANGRES.

SANCTVS MAMMES — CAPITULUM LINGONEN.

Saint Mammès debout, une couronne royale sur la tête. De la main droite il tient un sceptre, de la gauche il soutient ses entrailles qui sortent de son ventre largement ouvert. A ses pieds est un lion accroupi, de la gueule duquel s'échappe une banderolle portant une inscription que l'état de conservation de la pièce ne nous a pas permis de déchiffrer.

La Cathédrale de Langres, primitivement placée sous le vocable de saint Jean l'Evangéliste, passa sous celui de saint Mammès lorsque ses reliques y furent déposées.

Saint Mammès, né à Césarée de Cappadoce au temps de l'empereur Aurélien, fut privé, bien jeune encore, de ses parents qui périrent martyrs de la foi. Obligé plus tard de se réfugier sur une montagne pour échapper aux persécutions, il y vivait en anachorète, quittant quelquefois sa retraite pour aller enseigner à Césarée les divins préceptes de l'Evangile. Surpris dans une de ses excursions par le préteur Alexandre, il souffrit les plus grands tourments sans que la douleur fît faiblir son courage. En vain, on essaya sur lui le supplice de la fournaise, en vain on l'exposa aux bêtes féroces : saint Mammès sortit intact des flammes. Exposé dans l'amphithéâtre, une lionne furieuse, lâchée contre lui, se précipita à son ordre sur les assistants et ne se retira que lorsque l'homme de Dieu lui eut commandé de regagner son désert. Le proconsul, furieux de ne pouvoir ébranler la foi de sa victime et de voir les supplices auxquels il la condamnait tourner à la gloire du confesseur, le fit éventrer à coups de fourche. Alors saint Mammès prit ses entrailles dans ses mains et, traversant le peuple assemblé, s'en fut expirer à deux stades du lieu du supplice, dans une caverne où une voix céleste l'appela au séjour des bienheureux.

Le méreau est à peu de chose près conforme au blason donné en 1699 au Chapitre de Langres, qui se trouve décrit dans l'Armorial manuscrit in-fol. dressé par d'Hozier et conservé à la Bibliothèque impériale. — *D'azur, à un saint Mammès martyr, tenant une palme de la main dextre et soutenant de sa sénestre les entrailles qui sortent de son ventre; le saint debout sur une terrasse, adextré d'un lion posé regardant et contourné; le tout d'or.* — (Généralité de Champagne; Langres, n° 7.)

La pièce que nous venons d'expliquer est d'un module peu usité et bien différent de celles publiées par Duby.

CAPITULUM LINGONEN.

Gant d'argent au champ de gueules, rappelant que Roland, neveu de Charlemagne, donna à l'Eglise de Langres un de ses gants, en signe d'investiture de Roland-Pont.

Dans une autre variété, le gant est remplacé par la croix à branches égales.

LE MANS.

Les comtes du Maine ayant eu, dès la fin du quatorzième siècle, une prédilection pour la résidence d'Angers, il est tout simple que cette ville ait vu naître plus de monuments métalliques que celle du Mans; aussi n'avons-nous rien trouvé d'antérieur au seizième siècle.

SIMON : TESTV : RECEVEVR : DV MAYNE.

Monogramme de Testu accompagnant son écu : *d'or, à trois lions léopardés de sable, l'un sur l'autre, celui du milieu contre-passant.*

Au revers. — CLERC : DES : OFFICES : DE : LOSTEL : DV : ROY.

Ecu de France couronné, accosté à droite de la salamandre et à gauche de l'initiale de François Ier.

Le domaine du comté du Maine était fort considérable.

M. Hucher a cité plusieurs jetoirs du Mans auxquels il assigne pour date les règnes de Philippe de Valois et du roi Jean. Nous nous contenterons d'en donner un beaucoup plus moderne qui a l'avantage d'offrir les armoiries d'un trésorier général du Maine et en même temps celles de sa femme.

PI^e. BOVLIN. EC^r. T^r. G^{al}. DV. M. DOR. DES. ORDRES. DV. ROY. 1628.

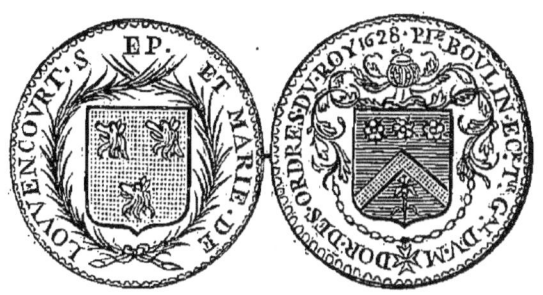

ET. MARIE. DE. LOVVENCOVRT. S. EP.

A la Cathédrale du Mans, on se servait de méreaux vers la fin du seizième siècle. On trouve, à la date du 28 août 1577, dans les Extraits des délibérations capitulaires déposées à la bibliothèque de la ville : — 17 livres 6 sous sont alloués au receveur pour les méreaux qu'il a fait faire, et on lui ordonne de s'en servir.

Le 6 mars 1579, il est fait mention de méreaux pour les distributions dont se sert l'argentier.

Évêque, probablement saint Julien, debout, mitré, nimbé, bénissant et tenant la crosse.

Revers. — Trois clefs posées en pal 2 et 1, le pène tourné à droite, alternées de fleurs-de-lis.

Nous voyons peut-être ici l'argentier qui serait représenté tenant son livre de compte dans la main gauche et une plume dans la droite. — Au revers, le monogramme de Jésus et au-dessous celui de Marie.

Nous avons donné, page 94, un méreau de plomb comme le précédent, destiné au bas-chœur.

Le jour de la Conception de la Vierge, se doit distribuer, avec les méreaux de l'*Ave Regina*, à chaque chapelain, un sou.

LIMOGES.

Méreau d'argent. Buste mitré, épaules vêtues d'une chape : GERLO. EP. LEM.

Eglise à trois corps de bâtiment, celui du milieu

surmonté d'une croix avec deux portes et une rosace :
— SANCTVS. STEPHANVS.

Zerlon, Gerlon ou Gillon, successeur d'Aldon, en 866, décéda le 12 juillet 869.

La Cathédrale de Limoges, placée sous l'invocation de saint Etienne, ne fut réédifiée qu'en 1012, par l'évêque Hilduin. Il est possible que ce méreau représente le dessin de l'ancienne basilique élevée par saint Martial, sur l'emplacement du temple de Jupiter.

L'archange saint Michel tenant une croix à la main et terrassant le dragon.

Au revers, un évêque bénissant, accosté des lettres S-L, initiales de saint Loup, et d'une contre-marque au globe crucifère.

L'église de Saint-Michel-des-Lions fut bâtie sur l'emplacement d'un cimetière romain, non loin de l'acropole de Lemovicum. On y transporta, l'an 1158, les reliques du saint évêque de Limoges, *Lupus* ou Lopès, mort le 22 mai 632. Cette église fut rétablie en 1364, à cause de l'affluence toujours croissante des fidèles qu'y attirait la relique, le chef de saint Loup.

Gérard du Cher (Hector), évêque de Limoges, fit la translation, en 1158, des reliques qu'il renferma dans un châsse d'argent. Une dernière translation qui eut lieu en 1364 est peut-être la date du méreau.

Tête chauve nimbée, accostée des initiales ST, — Sanctus Stephanus, et placée au-dessus du mot LEMOV.

Revers. — Armoiries du Chapitre de Saint-Etienne (cinq fleurs-de-lis posées 3 et 2). La rose qui les accompagne serait-elle une allusion à la famille du Rosier qui a fourni deux papes et plusieurs cardinaux?

S : STEPE : ORA : PRO NOBIS : H.

Buste de saint Etienne accosté de deux fleurs-de-lis, et au revers les armoiries du Chapitre.

La lettre H est sans doute l'initiale du nom de l'évêque Hélie de Talleyrand, mort en 1364, ou plutôt Hugues de Magnac, mort en 1412, qui donna tous ses biens aux Chapitres de Saint-Etienne et de Saint-Martial.

Face de même. Le revers un peu fruste présente les armoiries de la famille Barton de Mont-Bas, qui sont *d'azur, au cerf à la reposée, au chef échiqueté d'or et de gueules.*

Ce méreau appartient à Jean Barton de Mont-Bas, chanoine de Saint-Etienne depuis 1448 et élu évêque de Limoges en 1457.

Armes du Chapitre et de Mont-Bas; sa date de 1559 est celle de l'année où mourut l'évêque César de *Bourgonibus*. Ce fut sans doute pendant la vacance du siège que le Chapitre fit graver ce méreau qui réunit son écusson à celui d'une famille illustre et bienfaisante dont il voulait consacrer le souvenir.

La même considération reproduisit probablement le même fait en 1582 (Rev. Num.).

L'un et l'autre portent pour légende : SCVTVM ECCLESIÆ LEMOVICEN.

LYON.

Il faut remonter aux premiers jours du treizième siècle pour découvrir l'origine du Consulat de Lyon, organisation bien faible et bien chancelante jusqu'en 1336. Les consuls ou conseillers eurent alors une véritable autorité et une action particulière. Charles VIII (1495) accorda le privilège de la noblesse à tous les conseillers échevins et à leur postérité, avec les franchises dont jouissaient les autres nobles. Ce privilège fut confirmé par les rois ses successeurs et était reconnu dans tout le royaume sans aucune contestation.

Le nombre des magistrats consulaires de Lyon était de douze; il fut réduit, par édit de Henri IV, du mois de décembre 1595, à un prévôt des marchands et quatre échevins, à l'instar de la ville de Paris. Leurs privilèges furent confirmés par ses successeurs, avec permission de continuer le négoce et trafic en gros, sans déroger à la noblesse. Cette concession était justifiée aux yeux des masses par la qualification de *noblesse de cloche,* donnée à celle obtenue par les magistrats qui avaient l'habitude de se rassembler au son de la cloche.

Les jetons de Lyon sont nombreux et offrent en général un type particulier dont nous nous bornerons à fournir un seul spécimen, faute de pouvoir donner la collection entière dont on ne saurait trop recommander l'étude aux érudits de la seconde ville de France.

HVGVES. DE. POMEY. PREVOST. DES. MARC. DE. LYON. 1661.

D'argent, à l'arbre (pommier) arraché de sinople, accosté de deux étoiles de gueules.

ECHEVINS.

IAC. MICHEL. *De gueules, au chevron d'argent soutenu d'un pal de même, au chef d'azur chargé de trois étoiles d'or.*

B. AR. FERRVS. *D'azur, à une tour d'argent sur une montagne d'or sommée d'une croisette d'or; une branche de laurier et une palme de même mouvantes des créneaux de la tour, en chevron renversé.*

DOM. D. P. S. PIERRE. *D'azur, à deux colonnes d'argent posées en pal.*

ROM. THOMÉ. *D'azur, à une tête de cerf coupée d'or.*

MAINTENON.

S. NICOLAE. ORA. PNO. — FONDAT^{rs}. DE. CEANS.

Frappé au commencement du seizième siècle, ce méreau était à l'usage de l'église collégiale de Saint-Nicolas de Maintenon, fondée, en 1524, par Jean Cotereau II.e du nom, chevalier, baron de Maintenon, seigneur de Lussardière, etc., trésorier de France, et dame Marie Turin, son épouse, ainsi que le démontrent les écussons du revers.

En effet, la famille Cotereau portait *d'argent, à trois lézards de sinople posés 2 et 1*. Jean II, comme cadet de famille, ajoutait au blason paternel *un croissant de gueules montant en chef*.

Le second écusson est *aux armes parties, à une bordure engrelée, au chef chargé de trois étoiles*.

On connaît plusieurs jetons frappés en honneur du seigneur de Maintenon, pieux et de bon renom.

MEAUX.

AVE : MARIA : GRATIA : PLEN :

Buste couronné et nimbé de la Vierge tenant l'enfant Jésus.

S. STEPHANVS. MELDENSIS. Dans le champ, AVE.

Saint Etienne est le patron de l'église de Meaux, dans laquelle la Vierge a toujours été en grande vénération.

S : STEPHANVS : MELDEN : — (plomb).

Globe crucifère encadré de palmes. Ce type, qui rappelle le genre allemand, est peu usité sur les pièces françaises.

Il y a encore d'autres variétés très différentes. Un grand M dans le champ en est le type principal.

Les armoiries du Chapitre de Meaux étaient, au 1 et 4, *d'azur, à une fleur-de-lis d'or;* au 2 et 3, *de gueules, à un chandelier d'or.*

MONTFAUCON.

L'abbaye de Montfaucon, fondée par saint Baldyre, sous le règne de Dagobert Ier, fut sécularisée et puis passa sous la domination des évêques de Verdun.

On a cru que cette abbaye avait battu monnaie, mais nous ne connaissons d'elle qu'un méreau.

AV. MONTEFALCONE. — AVE. GRACIA. PLENA.

ORLÉANS.

CIVITAS. AVRELIANENSIS. NB. 1608. — Armoiries de la ville.

Les armoiries de la ville d'Orléans étaient, dit-on, *à cœur de lis d'argent, au chef cousu d'azur, chargé de trois fleurs-de-lis d'or.* Le jeton nous autorise à avancer qu'elle portait : *de gueules, à neuf cercles d'or se touchant trois à trois, posés 2 et 1, au chef de France.*

En 1811, l'Empereur accorda un nouveau blason en mémoire de Jeanne d'Arc.

Nous avons dit ailleurs, et nous ne saurions trop le répéter ici, que l'on a tort d'altérer les armoiries. Considérées comme signes, elles sont une sorte de cachet qui équivaut à une signature ; considérées comme hiéroglyphes, elles doivent demeurer intactes afin d'aider à retrouver le secret qu'elles renferment. Si nous nous permettons une courte réflexion à propos des armoiries d'Orléans, c'est que nous les avons vues défigurées successivement plus que celles d'aucune autre ville. Après avoir offert trois groupes de cercles rapprochés les uns des autres, elles devinrent des trèfles auxquels on ne craignit pas même d'ajouter des feuilles; enfin on n'a plus eu sous les yeux que trois lobes aigus rayonnant d'un centre. On a même été jusqu'à y voir des cailloux. Cependant, si l'on eût conservé la forme des cercles primitifs, on aurait pu rapprocher ce signe héraldique de celui des villes de Chalon et de Mâcon, et se demander si les rapports héraldiques évidents entre les villes les plus affectionnées par le roi de Bourgogne Gontran n'invitaient pas à chercher quelque signification symbolique indiquant l'union du royaume d'Orléans avec les deux grandes fractions du royaume de Bourgogne qui devinrent, à l'époque du démembrement de l'empire carlovingien, les royaumes de Bourgogne cisjurane et de Bourgogne transjurane, ou bien encore toute autre combinaison politique analogue. L'importance donnée, à Autun, à une disposition semblable de trois serpents disposés en cercles et à laquelle on attribue une origine religieuse, serait peut-être un nouveau jalon dans les recherches à faire.

La ville d'Orléans peut fournir une longue série de jetons : on y voit l'aspect de la ville; Mercure tendant la main droite à la Loire; des cornes d'abondance ou des épis et des raisins; le Christ, en croix ou descendu de la croix, accompagné de chevaliers armés et en prière, c'est-à-dire la représentation de l'ancien monument élevé à la mémoire de Jeanne d'Arc, dans lequel la Pucelle figurait en face du roi Charles VII. La devise de ce dernier jeton est : A DOMINO FACTVM EST ISTVD.

PARIS.

On comprendra que nous n'ayons pas l'intention de passer en revue les jetons de Paris; il leur faudrait un livre spécial. Qu'il nous suffise pour le moment de noter quelques méreaux de plusieurs de ses églises.

CAPLVM — CAPLVM | I PARISIEN 1635 — I PARISIEN. 1635.

Si nous avions une série complète, nous pourrions suivre un ordre rationnel, dicté par l'importance des églises ou par leur ancienneté; mais comme la chose ne nous est pas possible, nous citerons les pièces telles qu'elles se sont présentées.

CAPELLA REGALIS. — Croix portant des clous et la couronne d'épines accostée du chiffre VI. — 1570.

CAPELLA REGALIS. — Même chiffre surmonté de la couronne royale.

Pour l'ordinaire, les ducs et les comtes avaient à portée de leurs châteaux ou palais une chapelle dénommée d'abord *palatine*, et qu'on qualifia plus tard de *sainte* à cause des précieux objets de vénération qu'elle renfermait. Au palais de la Cité, les ducs de France, les comtes de Paris et les rois eurent la chapelle de Saint-Barthélemy.

L'empereur Baudoin ayant vendu à saint Louis la couronne d'épines qui avait, dit-on, servi à la Passion de N. S. J.-C., le pieux monarque résolut de lui élever un temple digne de recevoir toutes les richesses qu'il avait rapportées d'Orient. Il ordonna donc la construction de cette somptueuse *Sainte-Chapelle* que l'on vient de restaurer comme type de la merveilleuse architecture du treizième siècle.

Les méreaux étaient en usage à la Sainte-Chapelle, dès le règne de Charles VI.

« Voulons et ordonnons, pour accomplir et parfaire la fondation de la Sainte-Chapelle de nostre palais à Paris, et remédier aux fautes du divin service qui sont maintenant en icelle, fonder et ordonner distributions pour les heures non fondées; c'est à scavoir, pour prime, tierce, midi, none et complie, selon la forme et manière qui seront plus à plain exprimées ez lettres qui sur ce seront faictes, et que aux dictes heures et chacune d'icelles, les chantres, chapelains et clercs de nostre dicte chapelle fassent entrée dedans le premier *Gloria* et demeurent jusqu'à la fin; et oultre que le distributeur, qui pour ce aura chacun an trente sols parisis, ne baille les *méreaulx* jusqu'à la fin de l'heure de Nostre-Dame, quand on les dira au chœur, et que les défaulx des dictes heures soient convertis au samedy avec les autres défaulx, selon l'ordonnance que Monsieur S. Loys fist en ce cas. » (Ref. de la Sainte-Chap.)

On connaît deux variétés de ces méreaux, sans compter la petite pièce suivante que nous considérons plutôt comme une de ces médailles de dévotion, appelées autrefois *signa* ou *insignes*, que les pèlerins accrochaient à leurs manteaux pour leur servir de passe-port pendant le voyage et de souvenir après le retour.

O. CRVX. AVE. SPES. VNICA. — Croix haussée et fleurdelisée.

O. BONE. IESV. 1700. — Couronne d'épines encadrant un clou.

Ce sont ces reliques, ou une partie de celles rapportées par saint Louis, que l'on vénère à Notre-Dame de Paris.

SAINT-EUSTACHE.

A la vue de ce personnage à genoux devant un cerf, on croirait reconnaître saint Hubert; mais les initiales du revers indiquent qu'il s'agit ici de saint Eustache, dont la légende abrégée va nous fournir le moyen d'expliquer les sujets qui figurent sur nos méreaux.

Sous Trajan, vivait Placide, homme de guerre d'un grand renom, la terreur de ses ennemis, et doué des vertus les plus recommandables. Un jour, suivi de sa troupe, il se rendit à la chasse, et bientôt il vit un nombre considérable de cerfs, dont un surtout fixa son attention par une taille extraordinaire. Il s'acharna à sa poursuite, et, après une longue course, il se trouva seul au haut d'une montagne, en face de la proie qu'il convoitait. La Providence l'avait voulu ainsi, et, selon ses desseins, c'est le chasseur qui fut pris. Longtemps Placide contempla le cerf entre les cornes duquel étincelait une croix avec l'image radieuse du Sauveur; mais combien redoubla son étonnement quand il entendit une voix qui lui dit :

« O Placide! pourquoi me suis-tu? C'est pour te sauver que je t'apparais au front de cet animal. Je suis le Christ dont tu observes les préceptes sans le savoir; les aumônes que tu prodigues aux pauvres sont montées jusqu'à moi, et si je t'ai mis à ma poursuite, c'était pour te prendre dans les filets de ma miséricorde. Il n'est pas juste que celui qui m'est cher par ses bonnes œuvres serve plus longtemps le démon. »

A ces mots, le guerrier s'élance de son cheval, se prosterne et s'écrie : « Je crois, Seigneur, parce que tu as fait tout ce qui est, parce que tu convertis les hérétiques et ressuscites les morts. »

La famille de Placide abjura les faux dieux et il reçut dans les eaux du baptême le nom d'*Eustache*.

Le nouveau converti fut soumis à mille épreuves et à mille revers. Sur ces entrefaites, l'empereur célébra sa victoire sur les Perses : la place d'Eustache était marquée dans ces fêtes; mais ne voulant pas y paraître, il s'enfuit avec sa famille vers l'Egypte. Après avoir atteint la mer, ils s'embarquèrent sur un navire dont le commandant s'éprit aussitôt des charmes de la femme du fugitif, et la retint comme prix de la traversée qu'ils ne pouvaient payer. Force fut donc à Eustache de s'échapper de nouveau, en entraînant ses deux fils. Accablé de douleur, il arriva au bord d'un fleuve dont les eaux étaient trop profondes pour y engager les enfants. Il en prit un sur ses épaules, le déposa sur la rive opposée et retourna chercher l'autre; mais à peine était-il au milieu du fleuve, qu'il vit un lion emporter le premier au fond des forêts; puis, détournant ses regards, il aperçut un loup ravir le second. Alors il se mit à lever les bras, à crier et à se désoler. C'est cette scène de désespoir qui est représentée par le méreau suivant.

Au revers, le cornet de chasse et les chiffres de la valeur représentative. La lettre M de l'un d'eux doit avoir la signification du mot *matines*.

Un troisième méreau porte : MESSES DE L'EVVRE, avec accompagnement de deux cerfs lancés.

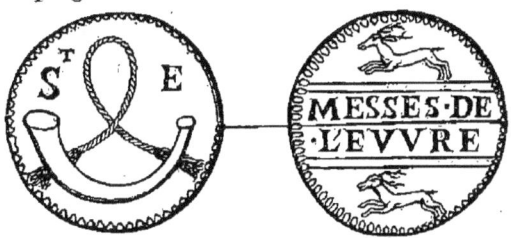

Nous pensons que quand les pièces capitulaires cessèrent d'être employées, la Fabrique retint la représentation de l'apparition du cerf mystérieux et les emblèmes de chasse. En tout cas, nous trouvons ici, chose assez rare, le nom du curé.

FABRIQUE DE St-EUSTACHE. — COMMOVET ET LAUDAT.
J.-J. POUPART, CURÉ. — 1786.

SAINT-GERVAIS.

S. GERVAIS. 1650. — XII D.

Une variété plus petite est de II deniers parisis.

SAINT-JACQUES.

Saint Jacques tenant d'une main un vase et s'appuyant de l'autre sur un bourdon auquel pend une gourde.

CHANOYNES — 1647. Deux bâtons de pèlerin en sautoir, cantonnés de trois coquilles et d'une aumônière.

S. I., initiales de saint Jacques enlacées et soutenues par deux branches passées en sautoir. — 1640.

SAINT-JEAN.

LE : SAINCT : ESPRIT. — EN : GREVE : A. PARIS.

Le Saint-Esprit nimbé descend sur la tête d'un personnage à genoux, probablement saint Jean au milieu d'une foule en prières.

La Sainte-Trinité symbolisée par le Père éternel soutenant les deux bras de la croix où Jésus est fixé et sur laquelle s'éploie le Saint-Esprit.

SAINT-MARTIN.

Nous avons donné, page 70, le méreau de Saint-Martin-des-Champs, à la date de 1588, et représentant, comme il arrive presque toujours, le thaumaturge au début de son apostolat, coupant son manteau pour le partager avec un pauvre.

Saint Martin fut d'abord le patron des Français et devint, après sa mort, le saint le plus révéré, le plus redouté de son temps. Sa chape était portée aux armées comme le *Palladium* de la France, l'étendard de la victoire. L'abbaye de Saint-Denis, devenue puissante, jalouse de l'immense crédit de Saint-Martin, parvint bientôt à le diminuer, et la chape de ce saint fut supplantée par l'oriflamme de Saint-Denis.

L'abbaye de Saint-Martin-des-Champs était située, comme l'indique son nom, au milieu de la campagne. Elle fut, à ce que l'on croit, détruite par les Normands avec une rage tyrannique et sans exemple, ainsi que l'atteste Henri Ier dans un de ses diplômes de l'an 1060. Il la fit reconstruire plus grande, et elle ne fut achevée qu'en 1067. Les chanoines qui devaient la desservir menaient une vie peu exemplaire; en 1079, on leur substitua des moines de Cluny et on changea le titre d'abbaye en celui de prieuré. Une enceinte de murailles avec tourelles lui donna l'aspect d'une forteresse. Son *champ clos* était destiné aux plaidoyers à coups d'épées et à coups de bâtons.

Au moment d'entreprendre un voyage, on clouait un fer de cheval à la porte de l'église pour se rendre saint Martin favorable.

L'église et le réfectoire furent reconstruits au treizième siècle. Le cloître, commencé en 1702, ne s'acheva qu'en 1720. Paris avait alors étendu bien loin son enceinte; en 1712, la construction de maisons sur la rue Saint-Martin fit détruire la prison, l'auditoire, etc. Le monastère fut supprimé en 1790.

SAINT-MERRI.

S. Medericus fonda, avec son compagnon *Frodulfus* ou *Frou*, un oratoire non loin de celui de Saint-Martin. Il y fut enterré en 700. Dès l'an 820, un diplôme de Louis le Débonnaire lui donne le nom de *Saint-Médéric* qui, par corruption, est devenu *Saint-Merri*. Un peu plus d'un siècle après, l'oratoire fut reconstruit et érigé en Collégiale. L'église actuelle date de 1520.

SAINT-NICOLAS.

Il s'agit probablement de Saint-Nicolas-des-Champs. La devise : HVMANÆ. VITÆ. CONDITIO, s'applique au vaisseau de la ville de Paris considéré ici comme emblème de la vie, sur une mer tantôt calme, tantôt agitée.

Cette église revendiquera probablement un méreau de plomb du quinzième siècle, à l'effigie de saint Nicolas, patron des clercs, portant au revers l'inscription gothique en trois lignes : AU. PBRE. ET. CLERCS. DE. PARIS, avec une coquille en haut et une en bas.

SAINTE-OPPORTUNE.

A la page 93 se trouve une pièce de l'œuvre sainte Opportune. Cette œuvre avait pour but de recevoir les pèlerins attirés par les nombreux miracles de la sainte, à l'église qui portait son nom et vis-à-vis de laquelle on avait bâti un hospice. Son origine est très reculée : les uns la font remonter au neuvième siècle, les autres au douzième. Quoi qu'il en soit, l'hospice reçut plus tard le nom d'hôpital Sainte-Catherine. Il était situé au bas de la rue Saint-Denis, et on vient d'en découvrir une partie en dégageant les abords des halles centrales.

PERPIGNAN.

Le caractère bractéate de cette pièce et la représentation de saint Jean nous engagent à la considérer comme une *paillofe* de Perpignan. Alors, on serait autorisé à croire que les méreaux des diverses églises de cette ville étaient les mêmes, ou autrement dit, n'étaient que la monnaie de convention reconnue par l'usage dans ce pays. Seulement, des signes particuliers auraient indiqué tel ou tel Chapitre ou Collégiale, et la surfrappe S. K. s'appliquerait à une église sous le vocable de saint Charles, ou à la fête que l'on célébrait. Toutefois, nous ferons encore remarquer que d'autres variétés sont marquées au type de la Vierge avec des chiffres arabes surfrappés.

Les monnaies bractéates furent très en vogue en Allemagne dès le dixième siècle, mais on pense *généralement* que les jetons ordinaires ou bractéates en cuivre ne remontent pas, en France, au-delà du quatorzième siècle. Ceux que nous venons de citer sont évidemment du seizième au plus. Quelques méreaux de Douai, ceux de Saint-Hilaire de Poitiers et bien d'autres encore, sont bractéates.

POISSY.

LES MEREAVLX : DE LESGLISE : — DE. NOSTRE. DAME. DE. POISSI.

On remarquera l'emploi de deux coins bien différents : celui de l'avers est gothique, et celui du revers, au contraire, accuse une époque plus récente d'au moins un siècle.

PONTOISE.

L'église de Saint-Melon, à Pontoise, nous donne une devise en latin et une en français.

S. MELONI. DE. PONTISARA. — IIII. — 1563.

St. M. A PONTHOISE. — 1586. — St. M.—IHS.

PROVINS.

On a frappé à Provins, au moyen-âge, des méreaux pour le Chapitre de Saint-Quiriace. Ils ne paraissent pas remonter à une haute antiquité. Quelques-uns portent, d'un côté, trois croix avec le nom du saint et celui de Provins; au revers, un A entouré de quatre rangées de points et de mots si mal copiés que nous n'osons les reproduire.

REIMS.

Saint Paul debout, nimbé, tenant un livre ouvert et s'appuyant sur une épée nue. Les accessoires sont ceux que l'on trouve au revers, c'est-à-dire les initiales S. P. surmontées chacune d'une fleur-de-lis; au-dessous, à droite un R couronné, et à gauche un croissant.

Grand R dans un croissant couronné, accompagné des initiales S. P., *sanctus Paulus*, et de deux fleurs-de-lis. — 1649.

Nous ne savons pas positivement si ce méreau appartient à la ville de Reims; mais comme cette attribution a été faite, nous la maintenons faute de mieux.

PATRON DE M^{rs} LES ARQVEBVZIERS DE REIMS. — St ANTOINE R.

PRO REGE ET PATRIA. P. C. R. — 1707.

On sait combien les sociétés de l'arc, de l'arbalète et de l'arquebuse étaient nombreuses et florissantes. Leurs exercices donnaient lieu à des fêtes brillantes pour lesquelles les villes voisines recevaient de fraternelles invitations. La Bourgogne était particulièrement fière de ces luttes pacifiques, et les vieillards n'ont pas encore oublié le grand prix de Beaune remporté, en 1778, par M. P. Margot, de Mâcon. L'abbé Courtépée a écrit la relation de cette cérémonie.

Les chevaliers de l'arquebuse de Reims avaient pour patron saint Antoine. Leur devise se rapporte aux privilèges accordés par nos rois pour les services rendus à la patrie par les chevaliers.

RHÉTEL.

L'attribution de cette pièce à la ville de Rhétel est appuyée, d'une part, sur le râteau ou *rétel* qui y est représenté, et de l'autre, sur les armoiries du revers, *parties de Champagne et de Navarre.*

RIOM.

DVCALIS. ARVERNORVM. CIVITAS. 1607.

Armoiries accompagnées du nom de la ville. — RIOM.

Il y avait autrefois dans cette ville une chambre des monnaies.

M^r DE COMBE ES^r Lt GÉNÉRAL PRÉVOST DE LA MONNOYE.

Armoiries. — *Un vol au chef chargé de trois étoiles.* Supports et cimier, des licornes.

RODEZ.

S. FRANCISCVS. DESTAING. EPS RVTHENENSIS.

SIC. ME. MEA. FACTA. DECORANT. 1653.

Armoiries. — *De France, au chef d'or.*

Ce jeton porte une date bien postérieure au personnage représenté, car François d'Estaing, descendant d'une famille qui avait fourni plusieurs prélats à l'Eglise et qui en fut une nouvelle gloire, naquit à Rodez, en 1462, du sénéchal Gaspard d'Estaing et de Jeanne Murelli. Il devint chanoine de Lyon et membre du grand conseil sous Louis XII, qui lui confia plusieurs négociations près du pape Jules II. En 1501, il eut pour compétiteur à l'évêché de Rodez Charles de Tournon; mais la mort de celui-ci étant arrivée trois ans après, il fut sacré par l'archevêque de Bourges, et mourut en odeur de sainteté l'an 1529.

ROMANS.

La ville de Romans doit son origine à un monastère fondé, sous Charlemagne, par saint Bernard, archevêque de Vienne. On pense que c'est à cette abbaye qu'il faut donner le méreau portant :

ROMANENSIS : ECCLESIE. — SANCTVS BARNARDVS.

D'un côté est le saint en pied; de l'autre, une croix feuillue cantonnée des chiffres de la date. — 1547.

ROUEN.

CIVITAS. ROTHOMAGENSIS. 1584.

De gueules, à un agneau d'argent portant bannière, au chef de France.

Ce type de la ville de Rouen présente des revers qui rappellent les médailles antiques.

CONCORDIA MILITVM.

Deux guerriers soutenant la victoire au-dessus d'un lis.

EX. VIGILANTIA. VBERTAS. — 1584.

Deux coqs vigilants perchés sur une corne d'abondance.

La série de Rouen, non moins nombreuse que celle d'Orléans, offre aussi une légende pieuse : PLACVIT DEVM OBEDIENTIA, entourant la représentation du sacrifice d'Abraham. Comme elle aussi, elle a des emblèmes d'abondance et de commerce, l'ancre et le caducée en sautoir. Puis, faisant la part de la mythologie, nous trouvons Jupiter foudroyant les Titans : VNVS FVLMINAT OMNES. — 1692; et au revers, cette devise qui s'applique à l'agneau des armoiries : PAX AVREA VELLERA REDDET.

TRIA. LIMINA. PANDIT. — ROTHOM. SCIEN. LITT. ART. ACAD.

Minerve, couchée, désigne de la main, au haut d'une montagne escarpée, l'Académie de Rouen, sous la forme d'un temple tétrastyle qui offre une entrée aux sciences, aux lettres et aux arts.

Ces jetons d'argent, à l'instar des méreaux, avaient pour but de stimuler l'assistance. Aujourd'hui que le nombre des sociétés savantes a beaucoup augmenté et que, par suite, le zèle a considérablement diminué, ils seraient plus nécessaires que jamais; et si quelques compagnies ont repris l'usage des distributions, beaucoup ont reculé devant la dépense.

Ce n'est pas sans quelque hésitation que nous reproduirons ici les deux méreaux suivants dont l'attribution a été contestée.

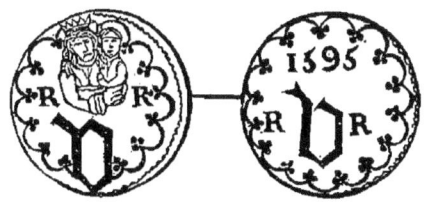

Buste de la Vierge couronnée, tenant l'enfant Jésus nimbé. Deux R l'accompagnent. Au-dessous est un grand V gothique. Le tout est encadré de lobes tréflés, comme dans certains méreaux de Bourges.

Revers de même, excepté que la Vierge est remplacée par la date 1595.

Autre variété avec le chiffre de la valeur XII s, et la date 1632.

SAINT-CLAUDE.

SAINT-CLAUDE en lettres gothiques. Chaque mot est entouré d'une corde bouclée soutenant à chaque bout un sifflet accompagné d'un pompon. Il est connu que le diocèse de Saint-Claude est un pays où l'on fabrique beaucoup de petits objets en bois, notamment des sifflets.

SAINT-OMER.

Le type des méreaux de Saint-Omer est un écu chargé de trois pommes de pin. Si parfois ils sont muets, le plus souvent ils ont pour légende celle que nous avons rapportée page 70.

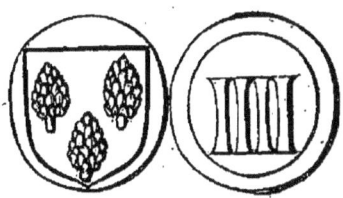

En dernier lieu, la charge de distribuer les méreaux nommés *parisis* dans le Chapitre et *présences* dans la ville était toujours confié à un bénéficier appelé *petit boursier* et *pointeur*.

SAINT-QUENTIN.

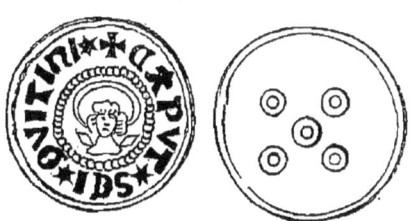

CAPVT * SCI * QVITINI.

Tête de saint Quentin, treizième ou quatorzième siècle. — Revers, cinq annelets.

Vers le treizième siècle, le Chapitre de Saint-Quentin avait une discipline sévère. Nul chanoine n'osait manquer à l'assistance au chœur. On exemptait à peine les septuagénaires de l'office des matines célébré à minuit. Un ponctuateur nommé *Gardien des heures* (custos horarum) était chargé de veiller au maintien de la discipline. Le coupable était puni par la privation des distributions en blé, en avoine et en argent, attachées à l'assistance de chaque office. On peut admettre que le gardien faisait la répartition des méreaux, et que le nombre d'annelets indiquait la valeur représentative de la pièce.

SAVIGNY.

SIGNVM :: SAVIGN.

Bras tenant une crosse accostée d'une rosace.

L'abbaye de Savigny, dans le Lyonnais, portait : *d'azur, à une main d'argent sortant d'un froc de sable et tenant une crosse d'or en pal.*

TOURNAY.

ECCL. TORN. 1734.

Plusieurs contre-marques accusent des années différentes; l'une d'elles a effacé au revers le sommet de l'église de Notre-Dame qui doit avoir cinq clochers que les habitants de Tournay nomment *chanc clotiers*.

TOURNON.

: S : IVLIANVS : — DE : TVR : NO : NE.

Saint Julien debout, nimbé, armé de pied en cap, s'appuyant de la main droite sur sa longue épée nue, tandis que la gauche est posée sur sa hanche.

Au revers, les armoiries de l'église de Saint-Julien affectées autrefois à un de ces Chapitres appelés *Collégiales*, parce qu'ils n'appartenaient pas à des sièges épiscopaux. Cette église, dont la construction primitive remonte au treizième ou au quatorzième siècle, eut, vers le commencement du quinzième, une Collégiale qui fut confirmée bientôt après par une bulle du pape Eugène IV, à la date de 1443. Elle était une annexe de Notre-Dame-de-Tain, qui dépendait elle-même de l'abbaye de Cluny.

TOURS.

La mairie de Tours fut instituée par Louis XI, en 1462; depuis lors, l'élection du maire se faisait le 1er novembre de chaque année dans l'assemblée des notables habitants dont le choix était confirmé par le roi.

Le plus ancien jeton municipal que l'on ait retrouvé est celui de Jean Dufaultrey, élu maire, le 1ᵉʳ novembre 1580, pour l'année 1581 et continué pour 1582.

La devise municipale a été placée pour la première fois autour des armoiries en 1590.

Le privilège de la noblesse ayant été retiré aux maires de Tours, en 1666, ces magistrats regardèrent comme moins intéressante pour eux et leurs familles l'exhibition de leurs armoiries sur les jetons municipaux, et il y eut interruption d'émission. M. Cormier fit exception en 1764.

La mairie de Tours peut fournir aux collections cinquante à soixante pièces portant les armes des maires au revers de celles de la ville, avec une devise qui a varié. L'exemple que nous choisirons

LILIA. PER. TVRRES. STABVNT PER. MOENIA. TVRˢ.

fait allusion aux armoiries de la ville, *trois tours au chef chargé de trois fleurs-de-lis*, et en même temps est une sorte de serment politique.

VALENCE.

Saint Félix debout, nimbé, bénissant et appuyé de la main gauche sur un bâton pastoral.

SANCTVS : FELIX PRESBITR.

INSIGNIA : ÉCCLE : VALENCIE.

Croix large (armoiries de l'église de Valence), surmontée d'un demi-lis.

S : FORTVNATVS : DYACCOS.

IN : SACRA : ECCLE : VALENCIE.

Saint Fortunat en pied, nimbé, ayant la main droite sur la poitrine, et de la gauche tenant une crosse.

Armoiries comme plus haut. A gauche se trouve le chiffre 5, et à droite le nombre 135.

Quelques-uns ont voulu faire remonter l'origine de l'Eglise de Valence aux premiers temps du christianisme ; mais il n'est pas à présumer que saint Paul, allant en Espagne, ait laissé dans cette ville, comme on l'a dit, son disciple Rufus, fils de Simon le Cyrénéen, pour y annoncer la foi du Christ.

C'est déjà beaucoup d'indiquer les premières années du troisième siècle comme ayant vu le christianisme s'introduire à Valence.

Le légendaire des trois martyrs qu'on y révère raconte que le vertueux et savant Irénée, évêque de Lyon, désirant répandre la lumière de l'Evangile, confia à trois de ses disciples, Félix, prêtre, Fortunat et Achillée, diacres, la mission d'annoncer la parole du vrai Dieu à la ville de Valence.

Ils vinrent s'établir dans une petite cellule, non loin des murs de la cité qu'ils voulaient appeler à la foi. Le jeûne, les macérations et la prière les préparaient à la prédication. Dieu leur accorda le don des miracles, et les peuples recevaient le baptême de leurs mains.

Saint Félix connut par une vision les épreuves qui l'attendaient, ainsi que ses compagnons et les deux apôtres de Besançon, Ferréol et Ferrutien. A l'empereur Sévère avait succédé Caracalla dont la fureur contre les chrétiens allait toujours croissant.

Cornélius, un de ses lieutenants, gouvernait Valence lorsque le chant des psaumes parvint à son oreille. Il fit aussitôt jeter en prison les trois hommes à la voix desquels de nombreux prosélytes abandonnaient le culte des faux dieux pour embrasser la foi du Christ. Colère, menaces, séductions et tortures, rien ne put ébranler la fermeté des saints confesseurs. Un ange vint briser leurs fers, et les martyrs réduisirent en poudre les statues de Jupiter, de Saturne et de Mercure. Cornélius ordonna de les décapiter sur le lieu même qu'ils avaient choisi pour retraite. Pendant la nuit, les chrétiens recueillirent leurs corps pour les confier à la terre, et Dieu fit éclater de nombreux miracles à la place où ils furent ensevelis.

L'enfance de l'Eglise de Valence fut longue et ses développements marchèrent lentement, car les monuments historiques ne révèlent l'existence de son premier évêque que vers l'année 374. C'est alors qu'un Concile provincial se réunit à Valence le IV des ides de juillet (12 juillet), avec l'autorisation de l'empereur Gratien.

VERDUN.

NOSTRE DAME DE VERDVN.

La sainte Vierge tenant l'enfant Jésus, assise sur le toit d'une église à quatre tours surmontées de clochers.

SAINCT IOSEPH

Saint Joseph en pied, nimbé, portant l'enfant Jésus sur le bras gauche et une branche de lis dans la main droite.

VIENNE.

Nous avons donné, page 77 et suivantes, plusieurs

méreaux de Saint-Maurice de Vienne; en voici un appartenant à l'église de Saint-Pierre de la même ville.

LIB. ECCLIE. SCTI. PETRI. VIENNE.

Saint Pierre assis sur un large siège, tenant d'une main la double croix et de l'autre deux clefs.

IN. HOC. SIGNO. VINCES.

Croix tressée se terminant aux bras par des couronnes et aux cantons par des boules.

VILLEFRANCHE.

Un jour, il y a bien longtemps de cela, un pâtre, conduisant son troupeau, le vit s'agenouiller pieusement et s'incliner devant l'image d'une madone. Comme ce lieu était fort aquatique, l'oratoire qu'on y éleva fut placé sous l'invocation de N. D. des Marais, et devint l'église collégiale de N.-D.-des-Mares de Villefranche-sur-Saône. On y comptait trente-un autels desservis par une *société* de six prêtres avec le curé comptant pour deux. Trois des chapelles étaient prébendées de la fondation des princes et seigneurs de Beaujeu et de Bourbon. De plus humbles personnages y firent aussi des fondations; nous retrouvons leurs noms sur les méreaux de plomb qui suivent celui de la société et sont d'un plus petit module, portant, comme le premier, la contre-marque .h., signe propre à marquer le plomb, servant de contrôle au métal et indiquant peut-être la démonétisation et la suppression de ces méreaux. Leur date est 1604, date d'un renouvellement de série.

N° 1. NOSTRE. DAME. DES. MARES.
POVR. LA. SOVSIETE. DE. VILLE. FRANCHE.

Vierge assise, tenant l'enfant Jésus. — Croix fleur-delisée et cantonnée des chiffres de la date.

N° 2. GVILLAVME HASTE. — Dans le champ, les deux premières lettres de ce nom.

L'autre face représentant la Vierge comme ci-dessus, indique l'office canonial : TIERCE A VILLEFRANCHE.

N° 3. VERA. AVIARD. ESLVT. DE. BEOLIOS.

Veran Aujard, élu de Beaujolais. — (Armoiries.)

MAITRE. IEHAN. PAIAN. — (Armoiries.)

Il faudrait peut-être lire GAIAN, nom que l'on retrouve souvent dans l'échevinage de Villefranche, tandis que celui de Paian y est inconnu. Du reste, Jean Gaian avait fait une fondation en 1473.

N° 5. Ce méreau ne porte pas, comme les autres, N.-D.-des-Mares, mais on voit d'un côté le nom du fondateur, et de l'autre deux noms.

M°. IEHA. VEYRON. POVR. SESSTE. (Sexte).

Les armoiries sont parlantes; c'est un J, initiale de *Jehan*, et un poisson de l'espèce nommée *véron*.

PIERRE. ET. ANTHE. GVERREIN. — (Armoiries.)

Pierre et Antoine Guerrein furent échevins, l'un en 1521, l'autre en 1512. Antoine fit probablement la fondation à laquelle il voulut associer son parent, peut-être son père.

N° 6. Voici un dernier méreau de cette église; son type est moins ancien. Il servait pour COMPLIE, que l'on s'était sans doute décidé à chanter; chose qui n'avait pas lieu antérieurement, quoique Mgr Jehan de Bourbon en eût fait, en 1475, une des conditions de sa donation pour l'aumône laissée à la disposition des prestres dudit lieu.

Un petit cornet et une clef accompagnent le C du champ. Dans une autre variété pour *primes*, c'est un grand P qui forme le type. L'une et l'autre portent au revers Notre-Dame-des-Mares.

CHAPITRE III.

JETONS DU CENTRE EST DE LA FRANCE.

DUCHÉ DE BOURGOGNE.

Nous avons établi qu'il existait des jetons de Charles le Téméraire et peut-être de Philippe le Hardi; on en verra des exemples pages 104 et suivantes.

Les caractères qui différencient les pièces appartenant à chacun des ducs, sont trop peu étudiés pour qu'on puisse asseoir un jugement; il est à croire que l'on n'y parviendra que quand on aura des termes certains de comparaison fournis par une collection complète.

En attendant qu'on puisse réaliser cette importante série, il est bon de noter d'autres exémples.

PHIPE : DVC : DE : BOVRGOVGNE.

Armoiries de Bourgogne accostées des lettres P. M. N'est-ce pas de Philippe le Bon qu'il s'agit ici? Nous le croyons, car ce prince ordonna qu'on mît *en la pille les plaines armes de mondit s^r de Bourg^{m}, en ung escu*. De plus, on ne peut douter qu'il fit frapper des jetoirs, puisque Jean Daast, orfèvre demeurant à Dijon, réclame le prix de la façon des *gectouers* qu'il avait fabriqués conformément à son ordonnance.

La date de 1421 nous paraît convenable, car, des deux initiales qui accompagnent l'écu, l'une est celle de Philippe, et l'autre celle de sa femme Michelle de France ou de sa mère Marguerite. La duchesse douairière aura voulu constater par là qu'en l'absence de son fils elle était chargée du gouvernement du duché. Le 21 août de cette année, elle écrivit aux gens des comptes, et le 26 décembre, elle régla les monnaies par un mandement, comme duchesse de Bourgoigne, comtesse de Flandre et d'Artois, etc., au nom de son très cher et aimé fils Philippe.

Un autre coin, tout en produisant le briquet de

Bourgogne qui jette force étincelles et flammes, donne au revers les armoiries écartelées, parties de Flandre.

IETTOIRS DV BVRAV DE MONSIGNEVR LE DVC.

TEZ TREVVE LE COTE QVI NAMIE SEN COTE.

Jette, trouve le compte qui n'a pas son compte (*mie* étant un vieux mot synonyme de *pas*).

Nous avons le regret de ne pouvoir offrir rien qui appartienne d'une manière certaine à Jean sans Peur; mais voici encore une pièce du dernier duc de Bourgogne.

GETTOIR DES FINANCES DV DVC. (différent) — Un briquet.

Trois briquets entrelacés et accostés de trois C que séparent des étincelles.

IE LAI EMPRINS AVTRE NARAI.

Deux bâtons noueux en sautoir, liés par le collier de la Toison-d'Or.

Le type du droit dénote clairement Charles le Téméraire, ainsi que la devise du revers qui est celle de ce prince, augmentée de la moitié de celle que prit Philippe le Bon lors de son troisième mariage et de la création de son ordre de la Toison-d'Or, promettant de ne plus avoir d'autre femme.

FAITS HISTORIQUES.

Notre cadre ne nous permet pas d'entrer dans de longs détails historiques, mais nous devons dire un mot de la Ligue dont nous reparlerons encore plus tard.

Le cardinal de Lorraine, étant au Concile de Trente, conçut la formation d'une sainte-union, dans le but de mettre un terme aux guerres de religion; mais la mort de son frère, le duc de Guise, qu'il comptait placer à la tête, le força d'attendre que son neveu, le jeune Henri de Guise, fût en âge d'exécuter ses desseins. Celui-ci fit dresser, en 1576, un projet de ligue pour lequel il recruta secrètement des adhérents. Le sieur de Humières, gouverneur de Péronne, changea le formulaire et dressa dix-huit nouveaux articles qui furent approuvés le 13 février 1577.

Avant cela, la ville de Beaune, qui s'était particulièrement ressentie des effets désastreux des guerres et de la présence d'un nombre considérable d'ouvriers étrangers, avait déjà formulé des vœux sur le bronze.

DOMINE. CONSERVA. NOS.

La Vierge, sa patronne, tient l'enfant Jésus et appuie ses pieds sur le globe du monde.

AQVARVM VIVENTIVM. 1573.

Un puits et au-dessus un seau soutenu par une corde passée dans une poulie et accostée par les insignes de Bourgogne (deux bâtons en sautoir liés par le briquet).

Nous retrouvons le même emblème à côté du puits avec la date de 1588 et la devise AQVARVM * VIVENTIVM * PVTEVS * .

Au revers, se voit la Vierge entourée de signes célestes : MVLIER * AMICTA * SOLE * ET * LVNA * SVB EA.

La ville de Sens s'était empressée d'adhérer à la Ligue.

NVLLA. EXPVGNABILIS. ARTE. — VRBS. ANTIQVA. SENON.

SIC. NOSTRA. VIRET FIDVCIA. CONCORS. 1579.

Au revers des armoiries de la ville, se trouvent deux mains jointes mouvant des nuages et tenant trois flèches enlacées de deux palmes.

Le roi ayant voulu être le chef de l'entreprise, ne bougea pas jusqu'en 1584, époque à laquelle le duc de Guise leva l'étendard et attira à lui le cardinal de Bourbon auquel il fit espérer la couronne.

La ville de Dijon se hâta d'ouvrir ses portes au duc de Mayenne, comme nous le verrons aux jetons des Etats.

Guillaume Le Gouz, seigneur de Vellepesle, avocat du roi, avait conservé ses fonctions pendant la Ligue, et entretenait des relations directes avec Mayenne. L'énergie de son caractère ne lui fit pas défaut dans les temps difficiles où il se trouvait, et on lui doit toutes les mesures importantes qui furent prises à cette époque; aussi disait-il avec vérité : « Je suis le seul à supporter le poids des affaires. »

G. LE. GOVZ. RE. CON. ET. ACTOR. FISCI. CATOLICI. 1592.

SPIRITVS ET. RECTE. CVRRIT. AC. HORTATVR.
LAVS RECTI. — VALLE PELLE.

Ses armoiries sont celles que la famille de Saint-Seine conserve encore aujourd'hui : *de gueules, à une croix endenchée d'or, cantonnée de quatre fers de lance d'argent.* — Cimier, *un massacre de cerf d'or.* L'expression ACTOR FISCI de la devise signifie avocat du fisc ou, ce qui est la même chose, *avocat du roi.* Seulement, pour qu'on ne pût se méprendre sur le parti que Le Gouz servait, il ajouta l'épithète CATHOLICI.

Le corps du revers se compose de la lance héraldique et d'un porte-voix posés en croix et supportant les mots LAVS RECTI qui indiquent que l'avocat doit plaider seulement pour ce qui est juste. Sa parole doit aller droit au but : SPIRITVS ET RECTE CVRRIT; elle avertit les juges : AC HORTATVR.

M. de Vellepesle avait trouvé un soutien dans le maire de Dijon dont la devise était un diamant placé entre l'enclume et le marteau, avec la légende PROBVS. ILLÆSVS ET INEXPVGNABILIS.

Pierre Canquoin, alors prévost de la Monnaie de Dijon, fut chargé de l'analyse des pièces fausses que les *Politiques* de Semur forgeaient à Saint-Jean-de-Lône. Il est sans doute l'auteur des jetons que nous venons de voir; il en frappa un, en 1593, pour conserver à la postérité son nom et son titre.

Au revers, on remarque, en manière d'armoiries, six pièces de monnaie, des coins, un marteau et une fleur qui s'épanouit au milieu des insignes du travail. Le sens qu'y attachait le prévôt est expliqué par la devise LABORARE ET LÆTARI : *Travailler d'abord, se réjouir ou se reposer ensuite.*

Si l'on examine ces jetons avec soin, il sera facile de voir qu'ils n'ont point le même *faire* que ceux fabriqués à Paris et que les ornements surabondent.

ETATS DE BOURGOGNE.

Plus on réfléchit à certaines organisations politiques et administratives, plus on est étonné des attaques acharnées contre le passé. Un Etat est fort quand le souverain est respecté; l'oppression n'est pas possible quand les grands corps ont une action sérieuse; nul ne peut se plaindre quand tous prennent une part raisonnable au gouvernement. C'est courir après un fantôme que de chercher mieux; c'est ouvrir l'ère de révolutions interminables que de méconnaître la nécessité du commandement d'une part et du dévouement de l'autre. Rien n'était plus libéral, plus progressif et plus populaire que ces assemblées qui succombèrent au cri de : Vive la Liberté! La nullité et l'égoïsme n'y trouvaient pas facilement place, voilà pourquoi elles devaient périr lorsqu'une ambition désordonnée envahit la société, lorsque les mauvaises passions qui accompagnent nécessairement la décroissance de la foi en tout ce qui est bon, beau et glorieux, éclatèrent avec violence. Les quelques notes que l'on va lire motiveront peut-être notre opinion si elles sont bien comprises.

Les Etats de Bourgogne votaient les impôts, aides

et subsides. La province réglait son administration économique dans des assemblées générales, et après les sessions, l'exécution des votes appartenait à des *Elus généraux* pris dans tous les rangs de la société et dont la conduite était censurée à chaque triennalité par des commissaires spéciaux et indépendants.

Les Elus faisaient la répartition des impôts, et pour cela ils nommaient de droit tous leurs officiers, ordonnaient les constructions publiques et les réparations des grandes routes, réglaient la levée et la dépense des milices, opéraient la liquidation des étapes, l'adjudication des octrois sur la Saône et tenaient en leurs mains l'importante direction des crues sur le sel que l'on ne pouvait amener en Bourgogne sans leur approbation.

Les habitants n'étaient point traduits hors de leur ressort. Les Etats avaient le droit de rembourser de leurs finances tout office à la charge du pays; le roi ne pouvait en créer de nouveaux sans le consentement de la province, et moins encore disposer de la province sans son aveu.

Les députés à l'assemblée bourguignonne jouissaient de divers privilèges pendant le temps des assemblées, et, en revanche, on leur demandait d'être de *bons économes et fidèles administrateurs*, attendu que leurs délibérations et négociations avaient force de loi jusqu'à l'assemblée suivante, nonobstant toute opposition. Mais, de même que les Etats pouvaient députer au roi pour lui faire les remontrances du pays, de même aussi les administrés conservaient le droit de remontrances vis-à-vis des officiers ou ministres de la province, lesquelles étaient ensuite soumises aux Etats-Généraux. Enfin, le ban et l'arrière-ban n'étaient tenus de faire le service que dans les limites de la province.

Ces franchises, que nous indiquons seulement, étaient sauvegardées avec vigilance. *Notre épée est au service du royaume*, répondirent les députés de la Bourgogne à leur duc Robert II qui voulait y établir la gabelle, *mais la gabelle est une innovation que nous n'acceptons pas*. La résistance aux volontés du roi Jean, tuteur de Philippe de Rouvre, ne fut pas moins grande, et plus tard Charles le Téméraire dut entendre ces dures paroles adressées à ses envoyés qui réclamaient de nouveaux et lourds subsides : *Dites à Mgr le Duc que nous lui sommes très humbles et très obéissants serviteurs, mais que, pour ce que vous nous proposez de sa part, il ne se fit jamais, il ne peut se faire et il ne se fera pas.*

En 1483, Charles VIII, fort de l'appui des Etats-Généraux du royaume, comptait lever chaque année *certaines sommes de deniers* sur tous les habitants; mais les protestations de Philippe Pot, de Rabutin et de l'abbé de Cîteaux amenèrent une déclaration du roi portant *qu'il ne serait pas dérogé aux libertés de la Bourgogne.*

François Ier, prisonnier à Madrid, abandonna la Bourgogne à son vainqueur; mais à l'assemblée de Cognac, en 1527, nos députés dirent au roi : *Votre serment est nul sans nous. Si vous persistez à lais-*

ser des sujets fidèles; si vos *Etats-Généraux nous rejettent, il ne vous appartient plus de disposer de nous. Nous adopterons telle forme de gouvernement qu'il nous plaira, et nous déclarons d'avance que nous n'obéirons jamais à des maîtres que nous n'aurons pas choisis.*

Nos pères aimaient autant que nous l'unité et la grandeur de la France; mais ils redoutaient les écarts du pouvoir. La fierté de leurs réponses n'implique pas le mépris de l'autorité souveraine et encore moins l'égoïsme, car ils s'étaient taxés pour délivrer Jean sans Peur pris à la bataille de Nicopolis. Les Etats secouraient les victimes de la grêle, des incendies, de la guerre et de tous les fléaux soit isolés, soit communs. Le patriotisme de la Bourgogne ne s'est jamais démenti. Louis XI avait compris le passé et prévu l'avenir, car, lorsque la mort de Charles le Téméraire entraîna définitivement la réunion du duché à la couronne de France, le nouveau monarque jura de respecter les franchises des Bourguignons, à la condition qu'ils resteraient fidèles au roi.

Quelques mots suffiront pour donner une idée de l'organisation des Etats de Bourgogne. Ils se composaient des trois positions sociales ou des trois Ordres de la société, le Clergé, la Noblesse et le Tiers-Etat. Le premier représentait la sagesse, les lumières et la bonté; le second, la force, la gloire et la grandeur; le troisième, l'industrie, le commerce et l'agriculture. On ne pouvait trouver rien de plus juste et de plus complet. L'inégalité numérique des trois Ordres disparaissait au moment du vote : au moment solennel de la décision, il n'y avait que trois voix; et celle du Tiers, qui eût été insignifiante si l'on avait compté par têtes, avait le pouvoir de faire pencher la balance du côté où elle voulait.

La représentation des pouvoirs se complétait par la présence aux Etats des envoyés de Mgr le Duc et plus tard de ceux de Sa Majesté.

L'Elu du premier avait pour mission de veiller d'une manière toute spéciale sur les intérêts de la couronne ducale et de l'édifier sur tout ce qui se passait dans l'administration des finances.

Sous le régime monarchique, le roi s'appuyait encore sur le Parlement dont le président prenait la parole à l'ouverture des Etats pour soutenir les demandes de la couronne; il avait de plus l'intendant et le gouverneur de la province; puis la chambre des comptes dont les Maîtres étaient plus habitués que personne au maniement des jetons.

Après une session d'un mois, l'assemblée générale laissait pour administrer le pays, pendant trois années, une petite assemblée ou *Chambre des Elus généraux* composée, comme elle, des éléments intéressés, c'est-à-dire appartenant aux trois Ordres. L'Elu du roi, deux députés de la chambre des comptes, le trésorier général et l'intendant de la province avaient droit d'y entrer pour la couronne, comme les deux secrétaires des Etats, mais sans voix délibérative.

L'Elu de la Noblesse était seul électif; ceux du Clergé et du Tiers arrivaient alternativement à la Chambre.

L'Eglise fournissait tantôt un évêque, tantôt un abbé, tantôt un doyen de la province à tour de rôle. Le représentant du Tiers-Etat était successivement un maire de l'une des quatorze villes inscrites à la *grande roue*; et par privilège, cet Ordre avait encore son président-né, le maire de Dijon.

Les petites villes ainsi que les chanoines et les prieurs n'étaient pas privés de leur part de pouvoir, car c'est dans leur sein que se recrutait la majeure partie des Alcades.

Les Alcades formaient un conseil de censure qui recherchait en outre les choses utiles à proposer au pays et surveillait les opérations de la *grande roue*. Ils composaient un conseil suprême pour protéger la province contre l'erreur, la négligence, le mauvais vouloir ou l'ambition de ses administrateurs. En somme, le grand conseil était jugé par le petit.

Les Elus constitués en commission de permanence entre deux assemblées des Etats faisaient le *voyage d'honneur* ou des remontrances au roi, et, pendant leur séjour dans la capitale, publiaient un jeton d'argent ayant ordinairement pour devise : COMITIA BURGUNDIÆ. Les légendes du revers furent très variées, comme nous le verrons plus loin.

Les jetoirs à l'usage de la Chambre des Elus se trouvent mentionnés dans les délibérations de 1557, sous la désignation de jetons pour *le service* de la chambre; ils étaient de cuivre, car le *cent* ne coûtait que 27 sols 6 deniers. Ce n'est qu'en 1573 que nous entendons parler du jeton d'argent qui coûtait une livre 15 sols 6 deniers. Vers cette époque commence donc le jeton rémunérateur et historique, et dix années plus tard nous lisons dans le registre des délibérations des Etats :

« Parce que l'introduction de la distribution d'une bourse de *cent jetoirs d'argent*, pour une fois, pendant la triennalité, a été faite *afin de reconnoître* les Elus des peines qu'ils ont prises durant le temps de leur élection aux assemblées *extraordinaires*, selon l'occurrent des choses, ainsi que pour la vérification des états des receveurs.... »

Le jeton des Etats était donc une récompense; mais le passage suivant nous apprend qu'en 1584 on s'en servait aussi comme de jetoir :

« Les élus ont encore fait entendre qu'ayant scu que, pendant chaque triennalité, l'on faisoit des jects d'argent pour être distribués à chacun d'iceux, ils en avoient fait faire également et aussi acheter d'autres pour le service du bureau... »

Quand le duc venait au bureau, il calculait les sommes avec des jetons d'or et les officiers du conseil avec des jetons d'argent. Les princes de Condé, gouverneurs de la Bourgogne, recevaient à chaque tenue des Etats une bourse de cent jetons d'or, offerte au nom de la province. Pas un seul en ce métal n'a pu être retrouvé. Les jetons d'argent ont en grande partie disparu; on s'en console en pensant que ceux de cuivre que l'on recueille facilement étaient frappés aux mêmes coins.

Le jeton des Etats présentait toujours, à quelques

exceptions près, les armoiries de Bourgogne; le revers variait au contraire à chaque triennalité, et ce sont ces variétés qui constituent des pièces historiques. Pour donner à ces pièces un plus grand prix honorifique, et par économie, les trois Elus des Ordres et les députés de la chambre des comptes étaient les seuls qui en reçussent; mais, en 1573, une délibération du 16 janvier porte : « On fera faire 550 jetoirs d'argent qui seront mis en onze bourses de 50 chacune. »

En 1581, il y eut une augmentation de quatre bourses, et le nombre des jetons qu'elles contenaient fut porté de 50 à 100, nombre qui n'a plus varié.

Au dix-septième siècle, pour éviter des abus, on décida que la distribution des jetoirs d'argent ne serait faite qu'à la fin de la deuxième année d'exercice. A la même époque, MM. les Conseils et Syndics des Etats convoitaient les jetons honorifiques, et, après des hésitations diverses, l'assemblée de 1648 ordonna qu'il n'en serait accordé qu'aux Elus des trois Ordres, aux députés des comptes dans la Chambre des Elus-généraux, à l'Elu du roi, aux greffier et receveur général, à chacun une bourse d'argent et une de cuivre, ainsi qu'aux avocats de l'assemblée. Les procureurs-syndics et le commis des greffiers furent taxés seulement à une demi-bourse chacun.

Les prétentions n'en continuèrent pas moins : en 1679, il y eut 12,000 jetons de toute espèce, et plus encore dans le cours du dix-huitième siècle.

L'intendant de la province obtint une bourse en 1718:

M. de La Briffe était alors en fonction; on en accorda une à ceux qui étaient députés pour faire aux Chambres les compliments d'honneur. « Et sur ce qui a été représenté, que de tout temps les chambres qui composent les Etats avoient nommé des députés pour faire aux Chambres des compliments d'honneur; et qu'il conviendroit de faire une reconnoissance à ceux qui sont chargés de les adresser; les Etats ont décrété qu'à commencer de la présente année, il seroit offert à celui de chaque chambre qui sera chargé de faire les compliments d'honneur aux deux autres une bourse de jetons d'argent, comme aux *rapporteurs des enquêtes*, à condition qu'il n'y aura qu'une personne pour chaque chambre, laquelle encore ne pourra être en même temps rapporteur des enquêtes. »

Un sentiment d'antipathie peut seul expliquer pourquoi les Alcades avaient été jusqu'alors tenus à l'écart. Quoi qu'il en soit, ils profitèrent d'un voyage en cour pour faire entendre leurs plaintes, en 1751; les Etats rendirent le décret suivant :

« Vu la demande formée par les commissaires alcades, les Etats ont décrété d'accorder une bourse à chacun des dits commissaires présents et à venir, conformément aux intentions de S. M. »

C'était une augmentation de 700 jetons. Nous les avons vus atteindre à peine le chiffre de 550, et au moment de la Révolution il était de 6,550. On donnait en outre 100 jetons d'or au prince de Condé, et 10,900 jetons de cuivre à ceux qui avaient déjà les bourses d'argent, et peut-être à quelques employés subalternes non désignés.

Quoique, dès le quatorzième siècle, Paris eût fourni des jetons à la chambre des comptes, concurremment avec Jean d'Ouges, demeurant à Dijon, on doit noter les voyages des Elus au nombre des causes de cette étrange manie qui n'admet rien de bien, rien de bon que ce qui se fabrique au loin et surtout dans la capitale. Bien qu'il y eût à Dijon une monnaie, et dans le reste de la province de vieux ateliers monétaires, les Elus profitaient de l'occasion du voyage d'honneur pour commander leurs jetons. Nous citerons un de leurs marchés :

« Cejourd'hui 18 décembre 1679 a été convenu que moi, Jean-Baptiste Dufour, ancien tailleur de la monnaie de Paris, demeurant rue Saint-Germain-l'Auxerrois, promets et m'oblige de fournir à MM. les Députés généraux des Etats de Bourgogne coins et carrés pour monnoyer les jetons d'or, d'argent et de cuivre, bien et duement gravés, d'un côté des armes de la province avec l'inscription ordinaire : COMITIA BURGUNDIÆ, et le millésime 1680 ; et de l'autre côté, pour corps, un OLIVIER chargé de feuilles et de beaucoup de fruits, et pour devise : OPIBUSQUE JUVABO... »

« A aussi été convenu que je ferai fabriquer tous les jetons d'or, d'argent et de cuivre, pour lesquels il sera payé 400 fr. pour chaque marc d'or, et 16 fr. pour la façon de chacun des marcs, dont il y aura seulement deux bourses d'environ 4 marcs, 3 ou 4 onces. »

« Sera payé pour chaque marc de jetons d'argent 33 fr., la façon comprise, et en sera fabriqué 2,700, la bourse d'environ trois marcs deux onces, et dix écus pour chaque millier de cuivre au nombre de 9,000. »

On voit que la date des jetons n'est pas celle de l'ouverture des Etats et qu'ils portaient exclusivement le blason traditionnel et la devise triennale. Il nous reste à faire connaître dans quelles bourses on les renfermait.

« Cejourd'hui 17 décembre 1688 M. Henry Tresneau, marchand boursier de la ville de Paris, demeurant proche l'horloge de Palais, à l'enseigne de la Bourse-Royale, a promis à MM. les Elus généraux des Etats de faire fournir dans quinze jours la quantité de bourses ci-après, sçavoir : neuf bourses de velours bleu de Gênes, doublées de satin de Gênes, couleur de rose, parsemées de fleurs-de-lis d'or, au fond desquelles seront élevées en broderie, à deux bourses, les armes de leurs Altesses Sérénissimes Mgr le Prince et Mgr le Duc, et aux sept autres, les armes de la province de Bourgogne avec des cordons et houppes d'or, le tout pour le prix de 24 livres pour chaque bourse. »

« Plus fera ledit Tresneau une bourse de satin rouge de Gênes, en dedans et en dehors brodée en broderie d'or, au fond de laquelle seront élevées les armes de la province, en broderie, pour le prix de 17 livres. »

« Plus, il fera trente-six bourses de velours, moitié cramoisi et vert, doublées de satin rouge de Gênes, à cordons et houppes d'or et de soie, pour le prix de quatre livres 10 sols chacune. »

« Plus six-vingts bourses de cuir avec cordons de soie, pour le prix de 10 sols chacune. »

Il est une seconde espèce de jetons des Etats qu'il ne faut pas confondre avec ceux de la province proprement dite; c'est le jeton *personnel*, propre aux officiers de la Chambre. Celui-ci porte toujours le blason du personnage qui avait été honoré d'une bourse des jetons provinciaux. Les frais en étaient supportés par le destinataire auquel on permettait seulement de prendre l'une des faces du coin provincial. Nous donnerons dans un paragraphe particulier cette série moins importante que la première sous le rapport historique, mais qui ne sera pas sans intérêt sous le rapport héraldique.

On a supposé que Louis XI fit supprimer les registres des Etats de Bourgogne quelque temps après la réunion du duché à la couronne, à cause du caractère d'indépendance et de liberté qui régnait dans les délibérations. Ce qu'il y a de certain, c'est qu'à la fin du règne de François Ier de nouveaux registres furent tenus avec soin, et en même temps les jetons commencèrent à se montrer. Pendant la dernière triennalité, à la veille de la Révolution française, quoique les jetons ne servissent plus aux comptes, on en distribuait plus que jamais. Aujourd'hui, on peut encore retrouver facilement les anciens, tandis que les modernes sont devenus rares; et cependant dans la dernière moitié du dix-huitième siècle, on en frappa 100,000 en argent et 170,000 en cuivre. Il faut encore voir là un effet de ce grand mouvement politique dont un des caractères fut de s'attaquer avec fureur à tout ce qui rappelait le régime tombé, à tout ce qui portait l'image du souverain. D'ailleurs, les familles de ceux qui possédaient ces pièces d'honneur furent dispersées par la tourmente, et souvent leurs enfants oublièrent de conserver ce qu'elle avait épargné.

Nous ne connaissons aucun monument métallique des États antérieur à 1575. A dater de cette époque, nous avons pu former une série à peu près complète et nous la diviserons en trois catégories : 1° de 1575 à 1630; — 2° de 1630 à 1737; — 3° de 1737 à 1789.

La première, à part deux exceptions, est caractérisée par la devise SALVS POPVLI SVPREMA LEX ESTO.

La seconde a pour indication la légende COMITIA BVRGVNDIÆ ou ses variétés.

La troisième porte les mêmes mots, mais le buste du roi en rend en quelque sorte les revers uniformes en leur ôtant leur caractère historique.

Ces différences trouvent une explication dans la politique des trois époques.

JETONS DES ÉTATS.

PREMIÈRE PÉRIODE.

Le 31 janvier 1575, Henri III, traversant la Bourgogne, arriva à Dijon au milieu des plus grandes réjouissances. Les Etats se réunirent quelque temps après et ordonnèrent de frapper un jeton sur lequel on voit trois couronnes. Deux sont posées à terre pour rappeler que Henri III est à la fois roi de France et de Pologne; la troisième est au ciel parmi les étoiles : c'est une conquête à faire

MANET. VLTIMA. COELO.

Les dissensions religieuses appelaient aux armes les partis opposés. La Bourgogne avait accueilli avec enthousiasme le jeune duc de Mayenne pour son gouverneur. On voulut le représenter sous les traits de Mercure entraînant la province figurée par un personnage portant une bourse, par allusion aux privilèges du pays dont l'un consistait à voter l'impôt. Ce personnage, tout en gardant la bourse, confesse son impuissance, abandonné à lui-même.

EGET. ARTE. REGENTIS. — 1580.

La délibération contient : « Le 28 mai 1580, M. Pierre Michel, après avoir fait entendre sommairement le succès de ses poursuites en cour, a déclaré qu'il avait, à sondit voyage, fait faire des bourses de jetoirs d'argent et de copelle, en chacune desquelles y avait cent jetoirs du poids de deux marcs selon qu'il est déclaré, lesquels jetoirs les Elus ont ordonné être distribués à Mgr d'Autun, Elu de l'Etat ecclésiastique; à M. de Montperroux, Elu de la Noblesse; à MM. Petit, vicomte-majeur de Dijon, et Bretaigne, Elus du Tiers-Etat; à d'Esbarre, Elu par le roi; au premier président de la Chambre des comptes; Colin et Milières, maîtres des comptes; de Monthelon et Morin conseillers des Etats; Maillard, receveur; Souvert, greffier; Joly, administrateur du greffe, avec ledit Souvert, chacun une bourse, et une bourse à partager par moitié entre les deux syndics des Etats, ayant égard aux vacations extraordinaires. »

Dans ce temps, comme de nos jours, les évènements marchaient vite. Les Etats s'assemblèrent extraordinairement et publièrent un nouveau jeton indiquant qu'au moment où la guerre était sur le point d'éclater, on a cherché à s'éclairer sur les tendances des partis.

PATET. FALLATIA. TANDEM. — 1580.
ΑΡΧΙΜΗΔΗΣ.

Archimède plonge dans l'eau la couronnne du roi de Syracuse, afin de reconnaître si elle ne contient point d'alliage.

Bien que Henri III ne fût plus autant aimé, on sentait le besoin de se serrer autour de lui, et le jeton, voté en mai 1584, porte une ruche dont l'essaim s'envole en entourant la reine des abeilles, avec la devise

PLEBIS. AMOR. REGIS. CVSTODIA. — 1584.

exprimant plutôt un désir qu'une réalité.

Le duc de Joyeuse, amiral favori du roi, avait été tué; cette perte fut vivement sentie, et le jeton frappé quelques mois plus tard rappelle sa mémoire.

MELIVS. MELIORA. SECVTIS. — 1587.

L'ancre entourée de deux branches de chêne et surmontée d'un aigle aux ailes éployées, c'est l'amiral triomphant. Bien qu'il soit mort, *la palme n'en restera pas moins au meilleur parti*. Il faut peut-être voir dans cette représentation le symbole de la foi.

Malgré l'annonce de la paix, le parti des Guise ne

s'en fortifiait pas moins. En vain, le 23 décembre 1588, Henri III fit-il assassiner à Blois le duc et le cardinal de Guise; Mayenne leur frère fut proclamé lieutenant général du royaume et protecteur de l'Eglise.

Tandis que le parti des rois se retranchait sur les plateaux de Flavigny et de Semur, le reste de la Bourgogne était ligueur, à peu d'exceptions près, et Dijon devint le centre de la résistance, le quartier-général de la Sainte-Union.

Au milieu de la guerre civile, la division était complète entre les parlements et les Etats, entre les membres d'une même famille, car le comte de Tavannes était en Bourgogne le lieutenant des rois, et le vicomte le lieutenant de la Ligue.

Aux Etats ligueurs assemblés en octobre 1590, on jure de vivre et de mourir dans la sainte foi, serment que consacre le jeton suivant.

SERVET QVAM PRIMA RECEPIT.

La Bourgogne *gardera la foi qu'elle a reçue la première*, et qu'elle a donnée aux rois francs.

Au revers, une couronne surmontée de la croix, avec accompagnement de palmes victorieuses; le tout placé au-dessus du symbole de l'union, deux mains jointes sur l'arche d'alliance. La foi traditionnelle sera victorieuse : VICTRICI ✱ FIDEI. — 1591.

Les royalistes, du haut du rocher de Semur, dans le but de faire croire à leur puissance, voulurent se donner un jeton d'Etats. Le 5 septembre 1592, MM. de Cypierre, Fiot, Filzjean, Brocard et Humbert, étant réunis à Semur, dans la maison et sous la présidence de M. de Crespy, décidèrent qu'on ferait 800 jetons d'argent et 1,200 de cuivre. Nul ne pourrait dire si cette décision reçut son exécution, mais le dessin de la pièce est resté dans le registre de leurs délibérations.

PRO. PATRIA. IVRATA. MANVS. PRO. REGE. DEOQVE. — 1592.

Trois mains jointes placées sur un autel jurent de servir Dieu, le roi et la patrie. A droite, le roi couronné, couvert du manteau fleurdelisé et tenant le sceptre; à gauche, la patrie avec couronne murale et une palme à la main; au-dessus brille le tétragrammaton hébreu.

La guerre civile était finie, mais les excès avaient été terribles, les temps bien durs. L'espérance semblait renaître, ou du moins le premier jeton du dix-septième siècle l'annonce.

SÆCLI. MELIORIS. ORIGO. — 1600.

Le roi de France et de Navarre, assis les pieds sur des trophées, tient le sceptre et des branches d'olivier de la main droite; de la gauche il soutient une horloge, et le Temps armé de sa faulx, placé en face, indique l'heure sur le cadran.

Le jeton de 1600, tiré à mille exemplaires, fut mis en dix bourses de velours destinées aux trois Elus des Etats, au vicomte Maieur de Dijon, aux députés de la chambre des comptes, à l'Elu du roi et aux deux greffiers. Celle qui restait fut partagée entre les procureurs-syndics qui eurent chacun cinquante jetons.

Marie de Valois était stérile, et la couronne avait besoin d'un héritier pour assurer le repos public. Il fallut en venir à une dissolution de mariage en 1599, et le 27 septembre 1601, Henri IV eut de Marie de Médicis un fils qui devint Louis XIII. Les Etats ne pouvaient mieux faire que de consacrer sur leur jeton cet heureux évènement.

TVTA. SALO. AC. COELO. — 1602.

La Bourgogne est représentée par un vaisseau sur une mer encore agitée, mais son grand mât s'élève entre deux étoiles (le roi et la reine), tandis qu'un *dauphin* couronné s'appuie sur l'ancre de sécurité.

L'assemblée fut ouverte par le duc de Biron qui conspirait en secret, et lorsqu'il eut été décapité, le Dauphin devint gouverneur. L'enthousiasme ne connut plus de bornes. Henri IV, sous les traits de Jupiter Olympien, trônait dans un ciel fleurdelisé.

ET. SI. QVID. VLTRA. — 1605.

L'aigle qui soutenait le monarque aspirait à l'élever plus haut s'il était possible.

Au-dessous de lui, un cœur enflammé posé sur la table de la Chambre provinciale, recouverte d'un tapis semé de fleurs-de-lis et de dauphins, pour rappeler que le gouverneur de Bourgogne est *Mgr le fils du Roi*.

Gaston d'Orléans naquit après; les espérances se consolidaient.

GALLIARVM SECVRITAS. — 1609.

Ce jeton, frappé la deuxième année de la triennalité, offre un personnage tenant par la main les *deux enfants de France*.

La réunion suivante se fit au mois d'août 1611, et la même année parut cette pièce :

HIC. TOTVM. HVNC. TOTVS. RESPICIT. ORBIS. — 1611.

Il regarde le monde tout entier et tout le monde a les regards fixés sur lui (le jeune roi). Les trois personnages que l'on remarque debout dans la ville aux clochers sont les trois représentants des Ordres qui avaient coutume, à chaque triennalité, d'aller en cour *contempler le soleil.*

Louis XIII est déclaré majeur, et la Bourgogne, qui venait de tenir ses Etats triennaux, reprend la devise de 1580.

EGET. ARTE. REGENTIS. — 1614.

Mais cette fois la province n'est pas représentée sous la figure d'un homme qui tient la bourse et suit Mercure; c'est un vaisseau aux voiles carguées reconnaissant gracieusement qu'il lui faut un pilote.

A la suite des discordes de la Régence, Marie de Médicis avait été reléguée à Blois; un an après l'ouverture des Etats de 1618, la reine-mère sortit de prison et se réconcilia avec la cour par la médiation de Richelieu.

Les rayons du soleil acquièrent une intensité plus grande en traversant une glace; leur action combinée produit un effet qu'ils n'auraient pu obtenir isolément.

ALTER. OPE. ALTERIVS. — 1619.

Par suite de nouveaux embarras, il y eut une convocation extraordinaire, puis la session ordinaire, et ce n'est qu'un an plus tard que parut le jeton rappelant l'union intime qui doit exister entre l'autorité et les provinces.

FIRMAT. SOL. EDVCAT. IMBER. — 1623.

Le lis est la couronne de France qui ne peut se soutenir sans le concours simultané du soleil, c'est-à-dire du roi, et de la rosée, autrement dit de l'appui généreux des provinces.

Le type de la première période disparaît sur le jeton frappé l'année qui suivit la réunion de 1626. Plusieurs raisons se présentent, mais c'est à la misère du temps qu'il faut s'arrêter. La guerre à l'extérieur, des menées à l'intérieur portaient la dépense à un chiffre double de celui de la recette. Les ravages des troupes en Bourgogne étaient immenses, et les Etats furent spécialement convoqués « afin que, par l'advis commun des trois Ordres, on proposât les moyens d'empêcher les violences des gens de guerre et autres foules dont le peuple avoit été jusqu'alors affligé. »

L'établissement de la *Cour des aides* augmentait

encore les charges publiques. « Afin donc que toute la postérité sache le mal qui presse la Bourgogne et le regret qu'elle a de voir aujourd'hui violer sa liberté et ses privilèges, les Etats ont conclu que de très humbles remontrances seraient faites au roi. »

Alors le jeton prend une simple étiquette : POVR LA PROVINCE DE BOVRGONGNE.

Et il ajoute : ONERI IMPAR INIQVO. *Vous m'écrasez.*

Pour comble de malheur, Gaston d'Orléans rompt avec son frère et vient se mettre à couvert derrière les fortifications de Seurre qu'avait élevées le duc de Bellegarde, gouverneur de la Bourgogne. Louis XIII, à la tête de son armée, déconcerta par un mouvement rapide des projets qui pouvaient devenir funestes.

Après son départ, le 28 février 1630, l'émeute hurle dans les rues de Dijon. C'étaient les vignerons qui craignaient un impôt sur le vin. Le pillage commença, l'incendie suivit; le portrait de Sa Majesté fut mis en pièces et traîné dans la boue. Une décharge de la troupe, devant l'église Saint-Michel, calma l'irritation.

Le roi rentra à Dijon; tout était calme et silencieux. Les magistrats et plus de cent notables se rendirent tristement au palais, se prosternèrent, et là, Charles

Fevret, l'orateur de la députation, parla les genoux en terre.

SI. QVIS. ADHVC. PRECIBVS. LOCVS. — 1650.

Sur le jeton, la Bourgogne, sous la figure d'une femme éplorée, est aux pieds du monarque et demande pardon s'il en est temps encore.

JETONS DES ÉTATS.

DEUXIÈME PÉRIODE.

Gaston d'Orléans n'avait pas dit son dernier mot. Retiré en Lorraine, il rassemble une troupe d'étrangers et se présente devant Dijon. Le faubourg Saint-Nicolas fut pillé et incendié; les environs de la ville furent exposés à toutes les violences.

Les Etats, sous le poids de dettes énormes et croissantes, de maladies contagieuses entraînant la misère, figurent sur leurs jetons une grêle de traits et s'écrient: Nous succombons!

DEUXIÈME PÉRIODE.

OBRVIMVR NVMERO. — 1634.

La province conservait néanmoins un reste d'énergie. La conquête de la Franche-Comté était à faire, car son voisinage donnait des inquiétudes. L'expédition était prête, le prince de Condé était déjà devant Dôle avec une armée nombreuse, quand Paris, menacé par le Nord, appela à son secours les troupes concentrées en Bourgogne. Dès-lors, le pays restait ouvert à l'invasion des forces combinées de l'Autriche et de la Lorraine. Quarante mille hommes l'envahirent; les bataillons de Galas s'arrêtèrent devant Saint-Jean-de-Lône. Mais, derrière les murailles de cette petite place, il y avait des hommes énergiques qui avaient juré de vaincre, et ils tinrent leur serment.

Le comte de Guiche partit de Dijon le 15 novembre pour aller annoncer à la cour la déroute des ennemis. Il fallait conserver la mémoire de cette résistance, et les Elus la confièrent au bronze de leurs assemblées.

VNA FVGATIS HOSTIBVS INSIGNIS. — 1636.

Une lionne irritée, portant sur son cœur les armes de la province, foule l'étendard autrichien et s'élance contre les bataillons qui fuient. — *J'étais seule et j'ai glorieusement vaincu.*

Sur ces entrefaites, un fils étant né à Louis XIII, le prince de Condé, lors de l'ouverture des Etats de 1639, fit savoir qu'il avait plu à Dieu de *bienheurer la reine de la naissance de Mgr le Dauphin.* La Bourgogne représenta le royal enfant qui avait reçu le nom de *Dieu-donné*, parmi les étoiles, sous la forme d'un *dauphin* mettant en fuite une *hydre* à trois têtes. — Voici le Dauphin, nos maux vont finir.

OCCIDENT. HOC. ORIENTE. MALA. — 1639.

L'espérance revenait au cœur de la Bourgogne; elle se reposait sur son gouverneur, le prince de Condé, et se montra généreuse. Malgré cela, ses plaies ne purent se cicatriser, mais on avait encore foi dans l'avenir.

TANDEM OPPRESSA RESVRGET. — 1642.

La province est figurée par un palmier dont les branches vont se relever sous l'influence du soleil. On y compte du moins, quoique dès le début des séances le duc d'Enghien eût dit : « Il n'y a pas d'autre moyen que de faire la guerre. » Ce à quoi Brulard répondit : « Plus la guerre est longue, plus la paix est durable. »

Quelques mois après, Richelieu et Louis XIII moururent. Le vainqueur de Rocroy inaugura le nouveau règne par de glorieux faits d'armes et des prises importantes. Cependant, la victoire n'amenait pas la paix considérée plus que jamais comme la seule chance de salut.

SPES. VNA. SALVTIS. — 1645.

La Bourgogne foule aux pieds les armes et élève l'olivier et le caducée.

L'année suivante, le duc d'Enghien, devenu prince de Condé par la mort de son père, le remplace dans son gouvernement. Les Elus lui adressèrent un mémoire portant sur l'indiscipline des gens de guerre et leurs brigandages.

Le nouveau gouverneur arrive le 26 mars 1647, et

ordonne « de courir sus aux gens de guerre commettant ravages et rançonnements. »

Les Etats s'assemblèrent en 1648. Le prince les ouvrit et demanda de nouveaux secours pour faire la guerre. « A ce coup, s'écria le président, le bras du prince de Condé abattra l'orgueil de nos ennemys. »

La gloire rayonnait au front du demandeur, il était impossible de lui refuser. La province ne se dissimulait pas pour cela qu'après avoir résisté, elle était arrivée au terme de ses efforts. Son bras soutient un bouclier, mais les traits tombent sans nombre du ciel.

RESISTIT. PAVCIS. OBRVITVR. PLVRIBVS.

C'est toujours le même et triste état; on serait tenté, en voyant le blason qu'accompagne la légende COMITIA BVRGVNDIÆ, — 1648, de supposer que la province a une velléité de se séparer du roi, car les fleurs-de-lis ont disparu; il ne reste plus que le vieux blason provincial.

La France s'était divisée en Frondeurs et en Mazariniens et, le 18 janvier 1650, le grand Condé fut enfermé à Vincennes. A cette nouvelle, Dijon s'émut. Dans Beaune, à la suite d'un banquet, les Frondeurs mêlèrent de leur sang au vin de Bourgogne et jurèrent, en y trempant la pointe de leurs épées, de mourir pour défendre le héros de Rocroy. Après quelques escarmouches, ils se retranchèrent dans Seurre dont ils firent leur quartier général.

Vers la fin de février, le duc de Vendôme, nommé gouverneur, arriva à Dijon et annonça aux Etats, réunis au mois d'avril, qu'il s'agissait de réduire une bande de rebelles. Le roi en personne marcha contre la ville de Seurre dont les assiégés abattirent aussitôt leurs étendards semés de têtes de morts et crièrent : *Vive le roi!*

Louis XIV venait d'être déclaré majeur (7 septembre 1651) : la Bourgogne est couchée sur son vieux bouclier à la croix de Saint-André; elle se soulève, tend la main au monarque et lui dit : *Vous voici debout,* je me relèverai.

TE. STANTE. RESVRGAM. — 1651.

Au revers, une couronne encadrant les armoiries de la province signale la prise de Seurre. La devise FIDES ORDINVM BVRGVNDIÆ est la traduction des paroles du premier président et de l'évêque d'Autun, à l'ouverture des Etats, *Les trois Ordres seront fidèles;*

paroles dites à Dijon et frappées à Paris, mais que l'on oublia quand on apprit la délivrance du prince de Condé. Son exil en Guyenne occasionna une réaction de la part des royalistes, et les Frondeurs se retirèrent encore à Seurre. Le duc d'Epernon, s'empara de cette dernière retraite des révoltés et en fit raser les fortifications. Au mois de juin 1652 tout était fini ; la royauté triomphait.

La province offre au jeune roi une couronne de laurier. Elle est due, lui dit-elle, à notre libérateur.

LIBERATORI DEBITAM. REPENDO. — 1653.

Une année plus tard, Louis XIV fut sacré et ses armées obtenaient de brillants succès. Les Etats de Bourgogne se réunirent au mois de mai 1656, et frappèrent un jeton dont la devise s'applique aux heureux et habiles capitaines qui faisaient la force de la France et en étaient les boucliers.

MILLE. CLIPEI. PENDENT. EX. EA. — 1657.

DEUXIÈME PÉRIODE.

Au mois de novembre 1658, Louis XIV était à Dijon avec toute sa cour, se rendant à Lyon pour son mariage. Les Etats furent convoqués six mois avant l'époque légale, pour voter un crédit extraordinaire demandé par le roi. Les Elus ne voulurent pas consentir à une exigence qu'ils regardaient comme la ruine entière du peuple, et le 23, le roi, qui venait de quitter Dijon, écrivit des bords de la Saône que l'assemblée eût à se séparer immédiatement. Cinq mois après (avril 1659), il convoqua les Etats à Noyers, et alors il trouva une soumission entière à sa volonté, car l'indépendant Brulard avait été envoyé en exil au fond des Pyrénées-Orientales.

On comprendra que le jeton frappé dans cette occasion ne pouvait faire allusion à la lutte qui venait d'avoir lieu; il est au contraire un compliment au souverain qui a dépassé les espérances qu'il faisait concevoir.

VOTA FEFELLIT. — 1659.

L'aspect d'une riche moisson annonce la paix et l'abondance; c'est le signal de l'approche du traité des Pyrénées et du retour des deux nobles exilés bourguignons.

Ce jeton gravé par Varin, à Paris, au mois de juin

1659, fut frappé à 8,500, dont 100 en or, 2,400 en argent et 6,000 en cuivre. Il coûta 75 liv. pour les carrés ou trousses; 446 liv. 15 s. pour chaque marc pesant de jetons d'or; 33 liv. pour chaque marc de jetons d'argent, et 50 liv. pour chaque millier de jetons de cuivre.

La convocation suivante eut lieu en 1662, et le prince de Condé, rendu à la Bourgogne, ouvrit la session : « Il fallait, disait Brulard à M. de La Vrillère, que les intentions du roi fussent expliquées par une personne chérie comme M. le Prince, pour obliger les Etats à faire de si prodigieux efforts, car enfin la misère n'a jamais été au point où elle est, et jamais le don n'a monté si haut. »

Il dictait ainsi le corps et la devise du jeton.

ME. SPOLIAVIT. AMOR.

La Bourgogne, sous les traits d'une femme à moitié nue, tient un cœur de la main droite et semble l'offrir à celui pour l'amour duquel elle a consenti à se dépouiller.

Il fallut encore donner une grosse somme lors de la triennalité de 1665; la Bourgogne ne savait rien refuser au prince qui avait toute son affection et au roi dont elle attendait tout. Seulement, elle constate le dénuement où elle se trouve et exprime sa pensée.

.VT. DITET. SPOLIAT.

L'amour enlève successivement tous les vêtements d'une femme, image de la province; mais c'est pour l'enrichir qu'il la dépouille.

Le prince de Conti, Gaston, Mazarin et Anne d'Autriche étaient morts; des traités avaient été conclus; Colbert et Louvois rétablissaient la justice, le commerce et les finances; un Dauphin venait de naître, la France, l'Angleterre et la Hollande s'entendaient; une paix solide semblait devoir être la conséquence de la gloire acquise.

Cependant la mort de Philippe IV vint engager Louis XIV à faire valoir le droit de dévolution de Marie-Thérèse. Quoiqu'on craignît le retour des grandes guerres européennes, les Etats assemblés en janvier 1668 votèrent ce que l'on voulut, et le 6 février le prince de Condé parut sous les murs de Besançon. En douze jours la Franche-Comté fut conquise.

FIDES. ORDINVM. BVRGVNDIÆ. — 1668.

LVDOVICO XIV. OB SERVATAM VICTIS SEQVANIS PROVINCIAM.

A Louis XIV qui a sauvé la Bourgogne par la conquête de la Franche-Comté.

Le roi est représenté à l'antique; l'une de ses mains élève une branche d'olivier, et l'autre soutient une statuette de la victoire qui lui offre une palme et une couronne. La France marquée d'une fleur-de-lis et la Bourgogne d'une croix de Saint-André sont à droite et à gauche; elles présentent des palmes, et une corne d'abondance promet la prospérité.

Aux Etats de 1674, quand la couronne demanda deux millions deux cent mille livres, les Elus, comme à l'ordinaire, se montrèrent économes et offrirent un peu moins d'un million. Le roi, loin d'en être irrité, répondit : « C'est trop encore, je me contente de huit cent mille livres; mon but a toujours été de soulager mes sujets. »

Cet acte de générosité causa un étonnement profond; les Etats en corps portèrent chez le prince de Condé d'humbles remercîments au roi et protestèrent de leur fidélité inviolable.

Le jeton interpréta de tels sentiments.

VNI. FIRMIOR. EST. ACIES AMOR. OMNIBVS. IDEM.

Tous l'aiment, un seul peut le regarder.

Le soleil est, on le sait, Louis XIV; l'aigle perché sur un rocher est le prince de Condé; les oiseaux qui s'agitent au bas, ce sont les Elus. Tous battent des ailes en signe de contentement.

La Franche-Comté avait été rendue à l'Espagne par le traité d'Aix-la-Chapelle, mais sa possession définitive était trop importante pour que le roi, dans le but ou sous le prétexte de traverser les projets du duc de Lorraine, ne s'en emparât pas de nouveau. Tout d'une voix, et pour la première fois sans objection, les Etats votèrent l'allocation demandée. Une remise leur fut faite, comme à la triennalité précédente, et la reconnaissance générale adopta pour symbole un lion paisiblement couché et définitivement vaincu par la générosité de son maître.

JAM. SOLITVS. VINCI. — 1674.

Il y eut 200 jetons d'or qu'on offrit à Leurs Altesses, dans des bourses doublées de satin de Gênes, richement brodées aux armes des Condé.

Ces bourses furent faites à Paris dans la première quinzaine de décembre 1674. Il y avait pour les autres jetons trois bourses de peau de franche panne, avec cordons de soie incarnat; sept bourses de velours cramoisi doublées de satin, deux desquelles portaient les armes de la province et de messire l'abbé Fyot et de Langeron, avec double filet d'or sur les plis; et les autres, les armes de la province avec simple filet d'or. Il y eut en outre dix-huit autres bourses de velours, doublées de satin, à cordons d'or et de soie, avec boutons; enfin, quatre-vingt-dix bourses simples doublées de cuir rouge et portant cordons de soie.

Dans le cours de cette triennalité, on voit apparaître une nouvelle espèce de jetons qui, bien que portant les armes de la province, ne doivent pas être confondus avec les pièces triennales. Ils se rapportent aux francs-fiefs et nouveaux acquêts.

Les biens nobles pouvaient être acquis par des roturiers, et alors la mutation entraînait de forts droits au profit du fisc. La dépréciation ainsi apportée sur la valeur des héritages, jointe aux exigences inquisitoriales des commis de la recette, engendra de graves abus et des vexations inouïes qui occasionnèrent jusqu'à des meurtres.

Les Etats de Bourgogne firent supprimer la chambre des francs-fiefs, et les Elus obtinrent de traiter en bons pères de famille, directement avec le roi. C'était une œuvre de dévouement de leur part, et ils n'acceptèrent aucune indemnité pour ces fonctions exceptionnelles. Cependant, pour reconnaître un tel service public, les Etats offrirent à chacun cent jetons d'argent et un certain nombre de jetons de cuivre frappés exprès.

PROVIDENTIA. ORDINVM. BVRGVNDIÆ.

SVCCVRRIT * OFFICIOSA * SVIS. * — 1676.

Un *pélican* et sa *piété* sont un emblème bien choisi et exprimant parfaitement la pensée qu'on a voulu rendre.

La liquidation, qui ne fut achevée qu'à la fin du dix-septième siècle, tant elle était difficile et embrouillée, fournit le type du jeton de la triennalité suivante. C'est un *labyrinthe* dont un homme n'a pu sortir que guidé par un fil.

DILIGENTIA. ORDINVM. BVRGVNDIÆ.

NEC. TENVI. FILO. EXTRICATVR. — 1678.

Un autre, qui fut encore frappé pour ce sujet, en 1696, montre la nature de l'opération qui consistait à admettre ce qui était juste et à rejeter ce qui ne l'était pas, de même qu'un *van* sépare le bon grain du mauvais lorsqu'il est mis en mouvement.

SEGREGAT VT SERVET.

CHAMB. DES. ELYS. GÉNÉRAUX. DE. BOURGOGNE.

Le roi avait remporté partout des succès avec une rapidité jusqu'alors inconnue. Malgré cela, pour obtenir la paix il fallait continuer à se montrer fort et conserver les quatre armées sur pied. Les Etats ne reculèrent pas devant un énorme sacrifice qu'ils espéraient être le dernier.

QVO. PLVRA. REFVNDAT. — 1677.

Le soleil dissipant les nuages les force de s'agglomérer pour se dissoudre et retomber en pluie abondante et féconde.

Ce jeton fut gravé par Claude Balain, marchand orfèvre ordinaire du roi et conducteur de la Monnaie, demeurant aux Galeries de Louvre. Il reçut 7,750 liv. pour la fabrication de toutes les espèces d'or, d'argent et de cuivre. Il y eut des bourses données à MM. Colbert, de La Vrillère, Châteauneuf, secrétaires d'Etat; à M. Picon, commis de M. Colbert; à MM. Gourvelle, Caillet, de Chaulot, aux Elus, aux deux députés des comptes et aux officiers des Etats. — La fabrication des deux bourses contenant les jetons donnés au prince de Condé et au duc d'Enghien qui avait présidé les Etats, brodées et blasonnées, coûtèrent 244 liv.

La campagne fut brillante et amena la paix de Nimègue. Les Elus se rendirent aussitôt à Paris, chez Jean-Baptiste Dufour, ancien tailleur de la Monnaie du roi, et lui commandèrent un jeton portant un olivier chargé de beaucoup de fruits, avec une devise signifiant : J'ai imposé la paix à mes ennemis, vous allez jouir de ses fruits d'or.

OPIBVSQVE. IVVABO.

Pour compléter l'allusion, tous les jetons d'argent,

aussi bien que ceux de cuivre, devaient être dorés. L'artiste figura un arbre couvert de feuilles, mais nous n'y voyons pas de fruits dont la représentation offrait peut-être des difficultés d'exécution.

En 1682, le petit-fils de Louis XIV naquit à Versailles le 6 août. Les Elus qui se trouvaient à Paris en ce moment s'empressèrent de faire allusion à cet heureux évènement. Le roi étant le soleil, ils crurent ne pouvoir mieux faire que de représenter le premier signe du zodiaque, *aries* ou le *bélier*. La devise fut une étrange flatterie : *Un des Dieux porte mon nom.*

NOSTRVM. VNI. EX SVPERIS. NOMEN. — 1682.

Cette figure reparaît à la triennalité suivante; le bélier quitte les rayons du soleil et contemple la province.

Le jeton de 1682 fut gravé au mois d'octobre par F. Chéron, graveur des médailles du roi. Il reçut 8,221 liv. 16 sols, savoir : 3,722 liv. 2 s. 6 d., pour 200 jetons d'or destinés au prince de Condé et au duc d'Enghien; 4,117 liv. 16 s. 4 d., pour 121 marcs 5 gros d'argent, à raison de 34 liv. le marc, y compris la façon. Plus, pour 90 bourses de cuivre de 100 jetons chacune, à raison de 3 liv. la bourse; plus 100 liv.

pour la façon des coins et 12 liv. pour les vins aux ouvriers qui monnayèrent les jetons. — Les bourses furent fournies par H. Tresneau, et coûtèrent 392 l. 10 s.

SES PREMIERS REGARDS SONT POVR MOI. — 1686.

Malheureusement le duc de Bourgogne, si bien préparé par les leçons de Fénelon à gouverner un jour, ne vécut assez que pour laisser des regrets.

En 1688, la Bourgogne qui commençait à respirer représenta le roi sous les traits d'Hercule au repos, appuyé sur sa massue et foulant aux pieds les étendards des ennemis vaincus.

IL. ASSEVRE. MON. REPOS. — MDCLXXXVIII.

On avait compté sans la Ligue d'Augsbourg qui appela encore Louis XIV aux armes. Alors la richesse, fruit du repos, est représentée par de magnifiques épis inclinés sur leurs tiges ; mais on espère encore que les rayons du soleil relèveront la moisson.

CVRVATA. RESVRGET. — 1692.

Quoique la fortune des armes semblât abandonner la France, la Bourgogne se montre plus rassurée ; elle compte sur les deux Condé, celui qui se battit à Sénef et son fils le duc de Bourbon. Le premier étant devenu infirme, ne pouvait plus venir tenir les Etats ; le second lui succédait par anticipation. De là les deux devises :

FELICIBVS CONDOEI ET BORBONII AVSPICIIS.

SECVRA DVABVS. — COMITIA BVRGVNDIÆ. 1694.

Le vaisseau de la province, sur une mer agitée par les vents soufflant des quatre points cardinaux, est retenu par deux ancres fixées au rivage.

Il fallait à tout prix confondre la ligue des puissances européennes levées contre la France et obtenir enfin le repos et la paix. La Savoie tendit d'abord la main à notre patrie accablée, et les quatre traités conclus en 1697, à Riswich, firent déposer les armes à la Hollande, à l'Espagne, à l'Angleterre et à l'empereur. Aussi, la Bourgogne satisfaite représenta, sous la forme d'oiseaux, ses trois Ordres s'élançant à la suite de son gouverneur vers l'astre monarchique qui brille aux cieux.

IVNGITQVE. REGITQVE. DVX. AMOR. — 1698.

Il n'y a plus de Pyrénées. — Tels étaient les mots que l'on aimait à répéter en 1700 ; mais à peine l'assemblée était-elle dissoute, que la foudre éclata à l'horizon. Le Nord se liguait contre la France et l'Espagne dont le trône venait d'être donné au petit-fils de Louis XIV. Brulard, qui dans ses discours avait souvent fourni le sujet des jetons, indique encore celui de cette année dans ces mots faisant allusion au roi sous l'emblème du soleil : « Il entre d'abord dans les nuées par la douceur de ses influences. Si elles résistent, il les dissipe et les abat par la force de ses rayons. »

DISSOLVET. ET. ISTAM. — 1701.

En attendant, la Bourgogne soutenue par les princes de Condé, comme une vigne supportée sur deux colonnes solides, s'élève et reverdit au soleil.

FULTA VIRESCIT. — 1704.

La pauvre province, à demi rassurée, se complaît dans son amour pour ses deux gouverneurs. Le vaisseau qu'ils pilotent n'a plus besoin d'être au mouillage; il vogue toutes voiles dehors avec sécurité, car ses deux astres favorables brillent au firmament.

CERTA DUCUNT SIDERA. — 1707.

Hélas! Henri-Jules de Bourbon, fils du grand Condé, meurt le 1er avril 1709, et son petit-fils, le 3 mars de l'année suivante. Les Etats désolés offrirent au duc d'Enghien, resté debout à la mort de son père, le jeton gravé par Hercule Lebreton, graveur du roi, représentant un arbre d'or dont une branche est brisée, tandis que l'autre s'élance avec vigueur.

NON. DEFICIT. ALTER. — 1710.

Il y en eut 100 exemplaires en or, 1,750 en argent et 10,800 en cuivre.

Les personnages les plus illustres et les princes étaient moissonnés. Le duc de Bourgogne succomba le 8 mars 1712, laissant l'héritage du trône à celui qui devait être Louis XV. Quoique celui-ci n'eût encore que trois ans, la province s'écrie en découvrant son berceau :

IAM QUANTUS IN ORTU. — 1713.

C'est-à-dire qu'il s'annonçait sous d'heureux et pacifiques auspices.

Le duc de Vendôme trépassa la même année, et Louis XIV le suivit le 1ᵉʳ septembre 1715, l'Europe étant calmée par la paix d'Utrecht.

La France venait de tomber sous une régence. L'astre n'éclairait plus directement; il recevait la lumière d'un autre.

ORBI LUX ALTERA. — 1715.

Les libertés de la province avaient besoin d'une confirmation; les Etats l'ayant demandée, ils l'obtinrent, et cette circonstance les engagea à montrer le soleil se levant sur la ville de Dijon.

VOS ME DUCTORE BEABIT. — 1719.

La devise du jeton gravé par Jean du Vivier sort de la bouche du prince de Condé : — Laissez-moi vous conduire et le roi fera votre bonheur. — Si l'exemplaire de ce jeton était mieux conservé, on devrait y voir une étoile, image du gouverneur, au-dessus du village de Talant placé sur une hauteur. Dans le marché fait avec le graveur parisien, il est dit : « Il y aura sur l'autre coin un soleil levant précédé de l'étoile du matin. »

Les Etats furent convoqués en 1721, et ils frappèrent un nouveau jeton. L'étoile s'y retrouve, mais plus élevée à l'horizon, et trois oiseaux (les trois Ordres) se dirigent à tire-d'aile vers le soleil dont les rayons seuls paraissent. Le guide est le même pour tous.

NOBIS DVX IDEM SOLIQVE. — 1722.

En 1724, la tradition du soleil se perpétuait; le roi étant devenu majeur, c'est à la voûte des cieux que l'astre paraît pour animer un cadran solaire.

REGIT ME ET DIRIGIT ORBEM. — 1725.

Il me gouverne et l'univers est soumis à ses lois.

Lorsque J. du Vivier grava ce jeton, il ne pouvait faire allusion au mariage du roi qui n'eut lieu que quelque temps après.

Tant que le prince de Condé avait été premier ministre, on avait, en quelque sorte, moins pensé à lui; mais lors de son exil à Chantilly, l'affection de la Bourgogne semble vouloir le consoler. Les Elus font graver ses armes et celles de sa femme Caroline de Hesse-Reinfeld, couronnées et accompagnées du génie de la province dont la corne d'abondance est renversée.

ROBUR ET DECUS NOVUM. — 1728.

En 1731, la Bourgogne, s'appuyant toujours sur le prince de Bourbon-Condé, veut qu'il soit représenté par un chêne vigoureux qu'enlace une vigne chargée de fruits.

HÆRET HAUD INGRATA. — 1731.

TROISIÈME PÉRIODE. 305

Les plaies de la province étaient loin d'être cicatrisées, quand une nouvelle élection pour la couronne de Pologne alluma la guerre. Il faut suivre le roi.

NEC DESERENT NEC DESERENTUR. — 1735.

Il n'est plus question de privilèges, il faut abdiquer en faveur de la monarchie pure. Condé s'élance pour la dernière fois vers le soleil, et la province le suit.

SIC ME FATA VOCANT. — 1737.

JETONS DES ÉTATS.

TROISIÈME PÉRIODE.

Dans cette période, le blason de la Bourgogne existe

toujours, il affecte même plus d'ampleur et de beauté; sa forme est généralement ovale, mais au revers les devises de la triennalité sont remplacées par l'effigie du roi. Seulement, le costume du monarque fait allusion aux évènements.

MAI 1739-1740.

LUD. XV. REX CHRISTIANISS. — D. V.

Louis XV, en manteau royal, porte le collier des Ordres et la perruque bouclée rappelant celle de Louis XIV.

La paix de Vienne ne fut pas de longue durée, et alors le roi tressant ses cheveux endosse la cuirasse.

1742-1743.

Après la mort du cardinal de Fleury, cet ardent ami de la paix, la France eut à combattre la Savoie, la Hollande, l'Angleterre et l'Autriche. Louis XV fit sa première campagne en 1744, et l'année suivante les États lui posèrent une couronne de laurier sur la tête.

1745-1746.

Les succès furent rapides en Flandre, et la bataille de Fontenoy est une belle page d'histoire.

La France qui avait souvent offert la paix la vit enfin accepter au mois d'octobre 1749, à Aix-la-Chapelle, et cette année la Bourgogne ajouta une nouvelle branche de laurier posée sur la poitrine du roi qui n'avait pas encore quitté la cuirasse. Mais, lors de l'assemblée de 1751, il y avait longtemps que l'on se reposait, et malgré cela on ne représenta pas, comme en 1688, le monarque appuyé sur sa massue; c'est à peine s'il est possible de découvrir sur ses épaules un débris de la peau du lion de Némée.

JUIN 1751-1752.

En résumé, la période du dix-huitième siècle n'offre aucun intérêt numismatique; nous la terminerons en donnant le dernier jeton frappé à la veille de la Révolution.

COMITIA BURGUNDIÆ 1789. — LUDOVICUS XVI REX CHRISTIANISS.
DV VIV.

JETONS PERSONNELS.

Nous avons dit, p. 266, ce que c'était que le jeton personnel; et comme il n'était pas obligatoire, tous les Elus ou autres magistrats qui y avaient droit n'en firent pas frapper.

NEC. DENTES. NEC. LABRA. TIMENT.

1622.

D'argent, à trois chardons de gueules feuillés et

soutenus de sinople; armoiries de Philippe Baillet, doyen de l'église Notre-Dame de Beaune, élu du Clergé. D'abord conseiller du roi, maître ordinaire en la chambre des comptes, il avait succédé à Bénigne Pouffier, fondateur de l'Académie de Dijon. Il résigna, en 1615, pour embrasser l'état ecclésiastique.

F. DE GISSEY. ÉSLEV. D. TIERS. ESTAT. D. BOVRGONGNE.

François de Gissey, élu du Tiers-État pour la même triennalité, portait *trois flambeaux surmontés chacun d'une étoile,* avec cette devise : A. CŒLO. LVX. MEA.

On trouve un autre jeton de Baillet portant la date de 1634.

1677.

Abraham de Thésut, doyen de Saint-Georges de Chalon, élu du Clergé, portait : *d'or, à la bande de gueules chargée de trois sautoirs d'or.*

Le revers marqué du labyrinthe indique que ce jeton appartient à la chambre des francs-fiefs. Sur un autre, les armes sont timbrées d'un casque, au lieu de la mitre et de la crosse, ce qui indiquerait que M. de Thésut avait pour collègue un de ses parents.

1694.

G. DE GADAGNE. D'HOSTVN. COM. VIRD. BVRG. GEN. ELCT. SEG. PROREX.

Les armes de Gadagne sont *de gueules, à une croix engrêlée d'or*.

Nous trouvons ici une particularité que nous n'avions pas encore rencontrée. Par une exception singulière, le revers ne porte ni les armoiries de la province, ni la devise de la triennalité, mais un autel sur lequel brille une flamme qui ne doit pas s'éteindre : VIVA * ET * PERENNIS. — 1695.

Le dernier jeton de la chambre des francs-fiefs, représentant le van d'élection, appartient à un président de la chambre des comptes, qui avait été vingt-sept ans lieutenant au bailliage de Nuits. Voici l'autre face :

GERARD. IACHIET. PRES. A. LA. CHAMB. DES. COMPTES.

D'azur, à deux bâtons péris en bande.

BRETAGNE. DE. VALCROISANT. M^e. DES. REQ^{tes}. AVX. ESTAS. — 1698.

D'azur, à une fasce ondée d'or, accompagnée en chef de trois grelots de même, et en pointe d'un croissant d'argent. Armoiries de Bretagne, abbé de Valcroissant, blasonnées de différentes manières par Paillot.

1698.

I. IVLIEN. ESCVIER. SECRETAIRE. DES. ESTATS. DE. BOVRGOGNE.

La famille Julien, connue dès 1370, portait *d'azur, au lion d'or lampassé de gueules*. Jacques, dont il est ici question, avait été reçu greffier-secrétaire des Etats en 1685.

Claude Fyot, dernier abbé de Saint-Etienne de Dijon, élu du Clergé en 1700, obtint deux fois l'honneur d'être nommé Elu-Général des Etats de Bourgogne. Ancien aumônier de Louis XIV, il était encore comte de Bosjon, conseiller d'honneur au Parlement.

1700.  1701.

Il portait *d'azur, au chevron d'or accompagné de trois lozanges de même*.

L'Elu du Tiers-Etat était FÉLIX. SONOIS. MAIRE. DE NVITZ. ELV. DE. BOVRGOGNE. Ses armoiries parlantes

sont une oie nageant sur la Saône.

Le chevalier d'honneur de la chambre des comptes,

Jacques II de Ganay, seigneur des Champs et Marcau, eut une bourse comme celle des Elus.

MESSIRE. IAQ. DE GANAY. CHE^r. DONH. DE. LA. CH. DES. COMPT. — 1701.

Il portait *d'or, à un aigle éployé de gueules.*

Nous signalerons encore une singularité à propos de la pièce suivante :

ANT^{Ne}. FERRAND. M^{re}. DES. REQ^{tes}. INTEND. EN BOVRG ET BRESSE.

Les intendants ne commencèrent à avoir des bourses aux Etats qu'en 1715. Si c'est comme maître des requêtes que M. Ferrand en obtint une, nous ne voyons pas pourquoi le revers de son jeton est marqué aux armes de la ville.

Voici le jeton de l'Alcade de cette triennalité :

IEAN. BAVDESSON. CON^{er}. DV. ROY. MAIRE. D'AVXERRE.

D'or, à un arbre de..., au chef d'azur chargé de trois quintes-feuilles.

Les trois Elus des Ordres, pendant la triennalité de 1703, nous fournissent chacun une pièce dont les deux premières sont sans légendes.

Elu du Clergé, M. Le Gouz, abbé et doyen de Saint-Georges de Chalon.

On connaît déjà les armes de cette famille : *de gueules, à la croix dentelée d'or, cantonnée de quatre fers de lance.*

Elu de la Noblesse, M. le comte Louis de Foudras, marquis de Demigny.

PERSONNELS. 315

D'or, à trois fasces d'argent.

Elu du Tiers-Etat, M. de La Ramisse dont les armes parlantes sont *un ramier portant un rameau*.

IACQ. DE LA RAMISSE. ELV. DES ETATS. GNAVX. DE BOVRG^de — 1704.

Jacques de La Ramisse était conseiller grènetier au grenier à sel de Saint-Jean-de-Lône. Sa famille compte plusieurs membres au Parlement et à la chambre des comptes, à Auxonne et à Bourbon-Lancy.

En 1706, nous n'avons rien pour l'Elu du Clergé, ni pour celui du Tiers-Etat; mais, en revanche, apparaissent un nouvel Alcade et le trésorier des Etats.

Antoine de Sercey, Elu de la Noblesse, avait une devise toute chrétienne.

ABSIT GLORIARI NISI IN CRVCE DOMINI.

Ses armoiries sont : *d'argent, à la croix de gueules chargée de quatre roses du champ, qui est de Bar; sur le tout, d'argent, à trois fasces ondées d'azur, qui est de Sercey.*

Philippe de Challemoux, ancien premier vicomte-maieur ou maire de Bourbon-Lancy, était un des Alcades.

PHpvs. DE CHALLEMOVX. Ivs VICECO: MAIOR. BORBONIi ANTvs.

Il portait *d'azur, à trois gerbes d'or posées 2 et 1.*

La charge de trésorier des Etats resta héréditaire, pendant plus de deux siècles, dans la famille Chartraire de Montigny. François, conseiller au Parlement, portait *d'azur, à une tour d'or crènelée.*

Les trois jetons qui précèdent portent, sur certains exemplaires, les armes de Bourgogne avec la devise COMITIA BURGUNDIÆ, et sur d'autres la devise de la triennalité CERTA DUCUNT SIDERA; il est donc à croire qu'il y a eu émission dans deux années différentes.

1709. — Annet Coustin de Manasdau, abbé commendataire de Fontenay.

Claude Lemulier, conseiller du roi, maire de Semur, Élu du Tiers-État, portait *d'azur, à deux cigognes affrontées.*

Pour la chambre des comptes, Claude Vitte, conseiller du roi, maître ordinaire en la chambre des comptes où il entra en 1685. Il résigna en 1712.

Il portait *d'azur, au sautoir d'or cantonné en chef d'un croissant d'argent.*

Nous n'avons pas parlé de l'Elu de la Noblesse pendant cette triennalité, car c'était Georget-Anne-Louis de Pernes, comte d'Epinac, premier gentilhomme de S. A. S., et les armoiries connues de cette famille ne permettent pas suffisamment de lui attribuer le jeton suivant où nous ne voyons, comme pouvant lui appartenir, que la croix ancrée sur le tout.

Nous ne savons non plus à qui donner cette ruche peu héraldique.

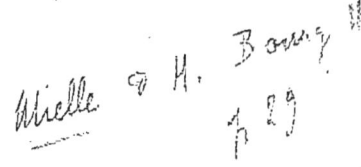

1712. — Faute d'indication suffisante, nous nous hasarderons à attribuer le jeton qui suit à Henri-Sylvestre de La Forêt, écuyer, conseiller du roi, maire perpétuel de la ville de Montbard, Elu du Tiers-Etat.

Philippe de Cronembourg ou Cronambourg, seigneur de Jambles au bailliage de Chalon-sur-Saône, portait *d'argent, à deux fasces dentelées de sable.* Il est aussi appelé quelque part seigneur de Broin et de Vougeot. C'est ce dernier lieu qui a été adopté par le catalogueur des gentilshommes qui avaient séance aux Etats.

La bourse qu'il reçut lui fut donnée en qualité d'Alcade.

1715. — Il fut dit cette année « qu'il serait à propos de donner une bourse de jetons d'argent, à chaque triennalité, à M. l'intendant pour marque d'honneur et de considération des services qu'il rendoit à la province, comme il se faisoit à Messieurs les premiers présidents du Parlement et des comptes. » Dèslors, il put se faire frapper un jeton personnel.

Mʳ DE LABRIFFE INTEND EN BOURG ET BRES.

Henri II avait établi les intendants de province sous le titre de *Commissaires départis* pour l'exécution des ordres du roi. Louis XIII leur donna celui d'*Intendants du militaire, justice, police et finances*. Dans toute l'étendue de leur généralité, ils connaissaient des exécutions des arrêts du conseil qui leur étaient adressés pour la plupart des affaires des fermes du roi, de celles des postes, coches, diligences et messageries; de celles des poudres et salpêtres, du contrôle des notaires, petit scel, insinuation laïque et centième denier, des droits sur les cartes, des amortissements, nouveaux acquêts, francs-fiefs, des règlements de l'imprimerie et librairie, des manufactures, des dettes de communauté, etc. Ils faisaient la répartition des tailles, assistés de deux trésoriers du bureau de Dijon et en présence des syndics.

1718. — Nous ne trouvons qu'un jeton de cette triennalité, et encore nous ignorons à qui il peut appartenir, car il ne se rapporte à aucun des Elus qui étaient : Edme Mongin, abbé de St-Martin, René Constant, comte de Pont, et Guy Jouard, maire de Châtillon.

1721. — L'Elu de la Noblesse, Louis, marquis de Vienne, baron de Château-Neuf, chevalier d'honneur au parlement de Bourgogne, portait *de gueules, à un aigle éployé d'or*, avec cette devise : TOUT BIEN AVIENNE.

A cette même date, il existe un autre jeton qui est peut-être celui de M. de l'Estang, conseiller du roi, maire de la ville d'Auxonne, Elu du Tiers-Etat.

1724. — Marie Roger de Langehac, marquis de Coligny, seigneur de Chaseuil, Elu de la Noblesse, portait :

D'or, à trois pals de vair. Quoique la chambre des comptes le blasonne *d'or, à trois pals d'hermines*, on remarquera que le jeton est identique au blason indiqué dans les planches du Catalogue des armoiries des gentilshommes ayant séance aux Etats de Bourgogne.

1727. — Massol de Montmoyen n'était pas Elu, et on ignore pour quels services il reçut ce jeton, comme gratification particulière qui fut aussi accordée à MM. de Thyard, de Bragny, Morelet de Couchey et Vitte des Granges que nous allons mentionner.

Massol portait *d'or, à l'aigle éployé de sable, coupé de gueules au dextrochère armé tenant une massue, mouvant d'une nuée d'argent à sénestre.*

Morelet de Couchey portait *d'azur, à une tête de Maure d'argent bandée de gueules.* Dans les lettres-patentes de 1669 qui permettent à cette famille de reprendre ses anciennes armes, on voit qu'elle est une des plus anciennes de Dijon.

De Thyard (Jacques), marquis de Bissy, était en ce temps gouverneur des ville et château d'Auxonne; il portait *d'or, à trois écrevisses de gueules.* Dans le marché passé en décembre 1728 avec J. du Vivier, il est dit que l'un des coins représentera le génie de la Bourgogne appuyé sur les armes de S. A. S. Mgr le duc et sur celles de la duchesse (v. p. 304). Le même graveur se chargea de graver les coins nécessaires pour 100 jetons aux armes de MM. de Thyard,

Massol et Morelet, mais nous n'avons pu trouver les jetons votés en même temps et commandés pour MM. de Bragny et Vitte des Granges. Ce dernier était commandant du château de Dijon, comme M. de Thyard de celui d'Auxonne, et nous devons en induire que la distinction qu'ils obtinrent se rapporte à un fait de guerre.

1730. — Gaspard Moreau, doyen de l'église Cathédrale d'Auxerre, Elu du Clergé, portait *d'or, au chevron de gueules accompagné de trois têtes de Maures*.

1736. — François de la Tournelle, seigneur de Cussy, Elu de la Noblesse, portait *de gueules, à trois tourelles d'or*.

1739. — Philippe de Lamare, dont le nom ne se trouve pas parmi ceux des Elus, a laissé un jeton.

P. P. DE LA MARE. C. B. LIBEL. SUP. REL.

Il était conseiller au parlement et portait *de gueules, au chevron d'or accompagné de trois coquilles d'argent lignées de sable*.

1745. — Andoche Pernot d'Escrots, religieux profès de la maison de Cîteaux, docteur en théologie de la Faculté de Paris, abbé de cette abbaye, général de l'Ordre, Elu du Clergé, portait *bandé d'argent et de sable de sept pièces, au chef d'azur chargé d'un aigle éployé d'or*.

André-Claude de Thyard, marquis de Bissy, lieutenant-général des armées du roi, portait *écartelé de diverses alliances, sur le tout d'or à trois écrevisses de gueules, qui est de Thyard.* La devise de cette famille fait allusion à l'écrevisse.

RETROCEDERE NESCIT.

1754. — On trouve deux jetons se rattachant à cette triennalité. L'un porte *de...... au chevron d'or, accompagné de deux étoiles en chef et d'un oiseau en pointe.*

L'autre porte *de...... à trois bandes d'or.*

1772. — Nous ne connaissons que le jeton de M. Florent (Claude) du Châtelet, qui n'était pas Elu, mais gouverneur du château de Semur-en-Auxois, marquis d'Osmont et de Cirey, colonel d'infanterie. Faute de date, nous avons dû recourir à l'Almanach de la province dans lequel M. du Châtelet est mentionné à cette époque sous les qualités susdites. Il portait *d'or, à une bande de gueules chargée de trois fleurs-de-lis d'argent*, avec cette devise :

ADHVC. SPES. DVRAT. AVORVM. — NON DEGENER. ORTV.

Ce jeton pourrait être reporté à 1727, date de l'entrée aux Etats du père du gouverneur de Semur. En tout cas, il ne doit pas être confondu avec les jetons personnels ordinaires, marqués au revers des armes de Bourgogne ou de la devise de la triennalité et signalant des fonctions récompensées par des bourses.

1775. — Antoine de Lagoutte, doyen de la Cathédrale d'Autun, était Elu du Clergé.

Les armes de la famille de Lagoutte sont *d'azur, à un chevron ondé d'or, accosté de deux glands en chef et d'un croissant en pointe*. Une autre famille, celle de Jundrillac à ce que nous croyons, portait *d'azur, au chevron d'or accosté de deux étoiles en chef et d'un lion rampant en pointe.* Cette famille avait, dit-on, pour héritière la fille unique d'un vaillant homme de guerre qui la maria à M. de Lagoutte, sous la condition probablement que les deux écussons seraient réunis de manière à n'en former qu'un. Il en résulta un nouveau blason qui est celui d'ANTOINE DE LAGOUTTE, ABBÉ DE BELLEVILLE, DOYEN D'AUTUN, ÉLU DU CLERGÉ.

J.-Fr. Maufoux, maire de Beaune, Elu du Tiers-Etat, portait *d'argent, à un chevron d'azur accompagné de deux étoiles en chef et d'un arbre en pointe.*

Les jetons octogones étaient frappés exclusivement

aux frais des destinataires, car le jeton des Etats étant rond, l'une de ses faces ne pouvait se prêter à cette malheureuse innovation.

1784. — M. de Sassenay n'étant ni Elu, ni Alcade, ne devait pas avoir de bourse, mais il n'en fit pas moins frapper un jeton pour rappeler son entrée aux Etats. Ceci est appuyé sur un passage du *Carnot* des Etats où il est dit : « M. de Sassenay a présenté un certificat aux commissaires-vérificateurs des titres, par lequel il paroît qu'il a été trouvé de la qualité requise. Lecture faite, la Noblesse a délibéré de le recevoir en leur Chambre, sans voix délibérative, jusqu'à ce qu'il ait justifié de reprise de fief. »

FR. M. BERNARD. VIC. DE. SASSENAY. ET. DE. CHALON. S. S. BAR. DU TARTRE.

Etienne, son ancêtre, portait *d'azur, à une fasce d'or chargée d'une molette d'éperon à six pointes d'azur, accompagnée en chef de deux coutelas posés en sautoir, les pointes en bas, d'argent, surmontant une hure de sanglier de même, et en pointe, une bannière ou étendard aussi d'argent, la lance d'or posée en bande.* On peut voir, d'après le jeton, les modifications apportées à ce blason.

1784. — Le jeton de l'abbé de La Farre, doyen de la Sainte-Chapelle, vicaire général du diocèse de Dijon, abbé commendataire de l'abbaye royale de Licques, Elu du Clergé, existe; il contient dans le champ l'énoncé de son nom et de ses dignités, comme dans l'exemple suivant qui est probablement le dernier que l'on puisse citer.

P. H.
GUENEAU D'AUMONT.
ECUYER, MAIRE
DE SEMUR-EN-AUXOIS,
ELU GÉNÉRAL.
DU TIERS-ETAT.
TRIENNALITÉ DE 1787.
A 1790.

COMITIA BURGUNDIÆ 1789.

PARLEMENT DE BOURGOGNE.

Le Parlement de Dijon fut créé par Louis XI après la réunion de la Bourgogne à la France; il remplaça les Parlements appelés Jours-Généraux ou Grands-Jours de Beaune et de Saint-Laurent.

Paillot a publié le Recueil des armoiries des membres du Parlement depuis sa création jusqu'en 1634. Petitot, d'après ses notes, a publié un second volume, et M. S. des Marches vient de compléter ce Recueil intéressant par un troisième volume qui va de 1733 à 1790.

PER. ME. REGES. REGNANT. — PRO. PARLAMENTO. DIVIONENSI.

La justice tient une épée dans la main droite et une balance équilibrée dans la gauche. La devise rappelle que, en 1458, l'évêque de Coutances répondant pour le roi à Maître l'Orfèvre, ambassadeur du duc de Bourgogne, qui avait plaidé pour le duc d'Alençon, dit : « *C'est par la justice que règnent les rois*, et n'étoit la bonne justice des rois et des princes, les royaumes et les seigneureries ne seraient plus que larronneries. »

Dans le champ du revers, Louis XIV en pied, couronné, vêtu du manteau royal et tenant le sceptre et la main de justice.

LVDOVICVS. XIIII. D. G. FR. ET. NAV. REX. — 1645.

Claude Frémiot, chevalier, seigneur d'Is-sur-Tille, d'abord conseiller laïc, fut pourvu de la charge de septième président, le 6 décembre 1643.

Il était neveu du célèbre président Bénigne Frémiot dont il sera parlé à l'article des vicomtes-maieurs, et portait, comme lui, *d'azur, à trois merlettes d'ar-*

gent, deux en chef et une en pointe, surmontées de trois étoiles d'or posées de même, au chef de gueules brochant sur les deux étoiles du chef.

Cimier.—*Un mortier de président surmonté d'un merle de sable.*

M^{re}. CLAVDE. FREMIOT. CHE^r. CO^{er} DE^{ta}. PRE^{nt}. AV. PARL^{ut}. DE DI^{on}.

Un jeton, étranger par sa dimension et son type aux vrais jetons du Parlement de Dijon, doit être considéré comme consacrant le souvenir de l'augmentation du nombre des procureurs créés en titre d'office par édit de novembre 1663. L'édit de 1666 les fixe à soixante-dix, et celui de 1673 les porte à quatre-vingt-neuf.

ORBI PRÆPONDERAT. — LVDOVICVS. MAGNVS. FR. ET. NAVAR. REX.

SENAT. DIVION. 1673.

Louis XIV était alors au comble de la puissance.

Il nous reste à donner le jeton des huissiers.

ELLE. REÇOIT. POVR. DONNER. — EXPERTVS. FIDELEM. JVPITER.

HVISSIERS. DV. PARLEMT. 1653.

La lune reçoit les rayons du soleil pour les réfléchir vers la terre, et l'aigle prenant son vol tient dans ses serres le foudre de Jupiter.

CHAMBRE DES COMPTES.

Du temps des rois de Bourgogne, il existait déjà une chambre des comptes, mais elle était ambulatoire. Philippe le Long, par lettres données à Viviers-en-Brie, en janvier 1319, rendit sédentaires toutes les chambres des comptes qui existaient alors en France. Celle de Dijon figurait au second rang et Philippe le Hardi la régla à l'instar de celle de Paris.

Nous savons qu'en 1426, Jean Daast, orfèvre demeurant à Dijon, fabriquait des *gectouers*. Humbert Viard, maître de la Monnaie, pour le temps qui s'est écoulé à peu près de 1436 à 1438, a consigné sur son registre en parchemin in-4°, folio 126 :

A Messieurs des comptes de Dijon, la somme de soixante-deux livres dix sols tournois pour cinq cents *gectoirs* d'argent fin de soixante-quatre au marc, qui poisent sept marcs six onces et demi, au prix de huit francs le marc, valant ladite somme de LXII liv. X s. tournois, pour ce. . . . . LXII l. X s.

Audit Thevenin, boursier, pour la façon des fers desdits gectoirs et pour ouvraige en monnoyaige d'iceulx. . . . . LXXVIII S. IX d. t.

CHESONT * DES * GETOVIERS * DE LA

LA CHANBRE * DES * CONTES * DE DIIO.

Pour saisir le sens de cette légende, il faut, dans le premier mot, intervertir l'ordre des lettres s et T, alors on a CHETONS (jetons). Si l'expression de JETOVIERS ne s'applique pas aux gens qui faisaient usage des jetons, nous devons l'entendre de la table ou bureau dont ils se servaient, c'est-à-dire de l'*abaque*.

D'un côté on voit le briquet ou *fusil* de Bourgogne, et de l'autre les armes burgundo-flamandes

LUDOVICVS : D : GRA : FRANCOV : REX.

Ecu de France entre l'initiale et le chiffre de Louis XII.

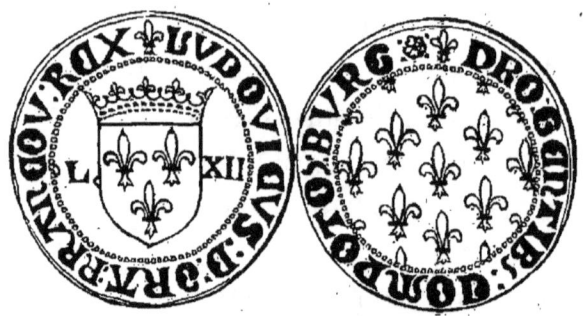

PRO : GENTIBS : COMPOTOS : BVRG :

Champ semé de fleurs-de-lis sans nombre.

PRO GENTIBVS COMPOTORVM.

Ecu de France couronné et entouré du cordon de Saint-Michel.

DNI. NOSTRI. REGIS. DIVIONI * 1543.

Salamandre couronnée, emblème de François Ier.

PRO. GENTIBVS. COMPVTORVM. 1556.

DOMINI. NOSTRI. REGIS. DIVIONI.

Le monogramme d'Henri et Diane accosté de quatre fleurs-de-lis couronnées, avec quatre petits croissants dans les cantons, nous montrerait, lors même qu'il n'y aurait pas de date, que ce jeton est du temps de Henri II. Il en est de même du suivant.

PRO GENTIBVS. COMPOTORVM. — DNI NOSTRI REGIS DIVIONI.

PRO. GENTIBVS. COMPVTORUM. BVRGVN.

PIETATE. ET JUSTITIA. — 1569.

Deux colonnes enlacées soutenant la couronne royale encadrée de branches d'olivier. Cette devise de Charles IX a été composée par le chancelier de l'Hospital.

La chambre des comptes de Dijon, dont les archives étaient d'une richesse immense, s'étant retirée à Autun, en 1626, voulut enlever de Dijon ses titres et papiers; mais cet enlèvement occasionna une grande émeute dans la ville. Les voitures chargées de tonneaux, dans lesquels étaient renfermés les titres, furent arrêtées par le peuple sur la route de Dijon à Nuits, vis-à-vis de l'endroit où existaient jadis les fourches patibulaires, et ramenées à la chambre des comptes. On défonça les tonneaux, et leur contenu, versé sur le pavé des salles, y resta abandonné sans soins, en sorte que, lors du retour de la chambre à Dijon, une grande partie des papiers était gâtée et pourrie. Des soustractions puis l'invasion vinrent compléter le mal.

Quant à notre sujet particulier, un extrait de l'analyse des anciens journaux de la chambre des comptes de Bourgogne nous fournit les renseignements suivants :

Le 11 mars 1603, résolut que les droits des festins, réglés à vingt écus pour chacun de ceux qui les avaient faits, seraient employés à des jetons.

Le 17 mars 1604. — Cinquante écus des épices de la réception d'un conveneur joints au fond destiné pour les jetons d'argent. — Les épices de M. le maître des comptes Thomas, aussi réservés pour les jetons.

Le 18 décembre 1605, la chambre donne commission au conveneur Bernard de s'informer, étant à Paris, combien il coûterait de faire trois mille quatre cents jetons.

La chambre ayant été transférée à Autun (1625-1627), résolut que, pour s'acquitter des dettes contractées pour l'obtention de la juridiction de la cour des aydes, il n'y aurait plus de *buvettes* jusqu'à ce qu'il en ait été autrement ordonné.

Le 1er mars 1647, la chambre délibéra que le fonds provenant du versement des buvettes serait employé à des jetoirs d'argent, dont les présidents, maîtres et gens du roi auraient chacun une bourse, et les conveneurs et auditeurs chacun une demi-bourse, et pareillement le greffier et le receveur des épices; les bourses doivent être chacune de cent jetons. Les conveneurs représentèrent à la chambre que c'était leur faire préjudice que de ne leur donner qu'une demi-bourse de jetons, et en dirent les raisons. La chambre ayant examiné ce qui s'était fait en 1606, résolut que la même distribution serait observée comme est dit ci-devant.

On trouve plus loin dans le même registre, p. 19 : Retranchement des buvettes et qu'il ne serait plus fourni que du pain et du vin pour les buvettes, et que le fonds serait employé à des jetons d'argent, suivant la délibération de la chambre du 1er mars 1647, etc.

CAMERA. RATIONVM. REGIARVM. BVRGVNDIÆ.

AVRO. TVATVR. ET. ARMIS. — 1648.

D'un côté se trouve la représentation de l'entrée de la chambre des comptes de Dijon; de l'autre, une couronne royale placée sur une table couverte d'un tapis fleurdelisé. Minerve tient au-dessus une branche de laurier, une palme et une épée à laquelle est suspendue la Toison-d'Or, par allusion à la devise.

Les jetons distribués en 1648 coûtèrent 3,500 liv. Dans la distribution qui fut faite le 26 mars de cette année, on donna une bourse de cent jetons d'argent et une de rosette à chacun de MM. les présidents, maîtres et gens du roi; et à chacun des conveneurs, auditeurs et greffiers en chef, et receveurs des épices, une demi-bourse de jetons d'argent et une entière de rosette. Cinq jours après, le garde des livres ayant présenté une requête à ce qu'il plût à la chambre lui accorder une demi-bourse de jetons d'argent, elle lui fit expédier un mandement de 30 liv. pour certaines causes non exprimées.

La chambre envoya deux bourses de jetons d'argent à M. le président Ferrand, étant à Paris, pour présenter l'une à M. Perrault, l'autre à M. Girard, et encore une demi-bourse pour le président Ferrand.

Sommation faite par les conveneurs contenant protestation contre la demi-bourse de jetons d'argent.

Dans l'emploi des impôts perçus par la province de Bourgogne (1789), on trouve : Au graveur des médailles du roi, 150 liv. 2 s. 4 d. Au sieur Labourey, pour métal des jetons, 8,028 l. 13 s. 4 d. Aux sieurs Guesdon et Harel, pour fournitures des bourses de jetons, 331 l. 14 s. 4 d.

Il résulte de ces notes, que les jetons de la chambre des comptes, comme ceux des États et d'autres analogues, après avoir servi de jetoirs, devinrent des jetons honorifiques et rémunérateurs.

TRAITES FORAINES.

On entendait autrefois par *traites foraines* les droits qui se levaient sur les marchandises entrant dans le royaume ou en sortant; plus tard, les mêmes droits s'étendirent sur celles qui allaient de certaines provinces de France à d'autres.

Les Etats de Bourgogne s'opposèrent toujours à l'établissement des bureaux de traites foraines. Philippe le Hardi, jaloux de maintenir les privilèges de ses sujets, employa son crédit auprès de Charles VI, et ils obtinrent, en date du 18 juillet 1393, des lettres-patentes du roi qui leur accordaient la faculté de transporter leurs denrées et leurs vins au-dedans du royaume et au-dehors, sans payer aucun droit de sortie. Henri II les soumit aux droits de traite foraine, ce que constate un jeton de ce prince portant son monogramme et la date de 1552. Il les leva ensuite sur les remontrances des Etats, mais ils furent définitivement rétablis par Henri III.

DE. LA. FORAINE. EN BOVRG. ET. ADIA.

POVR. LES. OFFICIERS. DV. ROY.

Il y avait jadis dans la généralité de Bourgogne six traites foraines, dont cinq, celles de Dijon, Beaune, Chalon, Bourg et Nantua, ressortissaient au Parlement (cour des aides), et celle de Mâcon au Parlement de Paris.

VICOMTES-MAIEURS DE DIJON.

Les habitants de Dijon avaient le droit d'élire les maires et échevins qu'ils choisissaient parmi les nobles ou les citoyens les plus recommandables par leurs lumières et leur probité. Des lettres-patentes, enregistrées à la chambre des comptes en 1491, donnaient la noblesse aux maires et à leur postérité.

Les noms de ces magistrats sont inscrits dans le *Gallia Christiana* de Robert, mais M. G. Peignot en a dressé une liste beaucoup plus complète, de 1187 à 1837. La durée de leurs fonctions était autrefois annuelle et l'élection se faisait la veille de la Saint-Jean.

C'est en 1509 que l'on a commencé à frapper des jetons dont chaque vicomte-maieur, lors de son avènement, a été l'objet. Cet usage a duré jusqu'en 1787. M. Amanton en avait recueilli 131 qu'il fit graver en 1814; son fils a rédigé le texte qui y est relatif et l'a remis à la Commission des antiquités de la Côte-d'Or qui, nous l'espérons, le publiera bientôt. En attendant, il est toujours bon de donner quelques spécimens.

Les plus anciens jetons des maires portent l'indication : *Pour la chambre des comptes de la ville*, ou *pour la reddition des comptes de Dijon*. Les légendes de quelques-uns n'indiquent pas leur objet; le titre de maire ne paraît qu'en 1517.

1508-1514. Bénigne de Cirey, seigneur de La Motte, d'Aiserey et de Pouilly-lès-Dijon.

PRO : CAMERA : COMPOTORV : VILLE.

IPSI : PERIBVMT : TV : PERMANEBIS.

Le porc-épic de Louis XII et au-dessous M. V. VIIII.

L'initiale de François Ier, couronnée et accostée de deux fleurs-de-lis, donne quatre variétés à partir de 1531.

PRO CAMERA COMPOTR VILLE.

SOLI DEO GLORIA. 1540.

Pendant la première moitié de cette année, Jacques

Moisson, docteur ès-droits, était maire; pendant la seconde, ce fut Jehan Le Marlet, docteur ès-droits.

PRO CAMERA COMPOTR VILLE.

TVNC SATIABOR. 1553.

Guillaume Berbisey portait *d'azur, à une brebis paissante d'argent, et pour brisure une étoile en chef.*

1557-1560. Bénigne Martin docteur en droit.

NON. VNVS. SVFFICIT. ORBIS. 1559.

Les armes de la ville, accostées des initiales B-M, sont entourées des têtes de tous les membres du conseil, c'est-à-dire le maire et les vingt échevins. Ce jeton est une imitation du sceau de la Commune.

Au revers, une main tenant le globe terrestre est un type que nous avons déjà trouvé à la chambre des comptes. La lettre F couronnée et la date 1559 indiquent François II. Cette pièce pourrait donc servir avantageusement à combler en quelque sorte la lacune désespérante pour les collecteurs de monnaies, car on sait qu'il n'en fut point frappé en France au nom de l'époux infortuné de Marie Stuart. Celles que l'on fabriqua sous son règne provenaient des trousseaux gravés sous le nom du feu roi Henri auxquels le tailleur Jean Beaucousin ajouta la date de 1559.

PARTA LABORE QVIES. 1560. (Il y a erreur dans la gravure.)

PRO. REDD. RATION. VRB.

Armoiries de la ville accostées des initiales de Jehan Maillard qui portait *d'azur, au chevron d'or chargé à la pointe d'un tourteau de sable surchargé d'une croix d'or, accompagné de deux quintes-feuilles en chef aussi d'or, et d'une étoile en pointe de même.*

DONVM MAIORIS MILLIERE.

PAX ET SANITAS. 1571.

Armoiries parlantes, *trois tiges de millet posées*

2 et 1. L'expression DONUM fait supposer que Guillaume Millière, selon l'usage admis en certains lieux, distribua des jetons à l'époque de son installation.

1584-1587. Guillaume Royhier, docteur en droit, avocat.

: G. ROYHIER. VICOMTE. MAIEVR. DE DIION :

MAGNANIMITAS. IVSTITIÆ. COMES. — 1584.

D'un côté les armes de la ville et de l'autre celles du maire.

B. FREMIOT. C. DESTAT. P. A. LA. C. V. MA. DE DIION.

SIC. VIRTVS. SVPER. ASTRA. VEHIT. — 1597.

Bénigne Frémiot, seigneur de Tottes, conseiller du roi en son conseil d'Etat et président au Parlement, avait d'abord été maître extraordinaire à la chambre des comptes de Bourgogne, puis avocat-général en cette cour; il jouissait d'une telle considération, que toujours les arrêts furent basés sur ses conclusions. Il devint juge et enfin président. Durant les guerres de la Ligue, il suivit la majeure partie du Parlement à Flavigny et à Semur où il présida. Henri IV, pour reconnaître ses services, tant en la charge de président qu'en celle de maire de Dijon, lui donna l'abbaye de Saint-Etienne de Dijon (voir son blason, p. 332).

Le dernier jeton de la vicomté-mairie expirante fut frappé en honneur de M. Moussier, Elu le 19 juillet 1784 et démissionnaire le 21 juillet 1789.

LOUIS MOUSSIER ECUYER VICOMTE MAYEUR DE DIJON.

HÆC MEA MAGNA FIDES. — 1787. — (Armoiries.)

MÉREAUX DE DIJON.

MERELLVS * CAPELLE — DVCVM * BVRGVNDIE : DIVIONE.

D'un côté, la représentation de la Sainte-Chapelle de Dijon, et de l'autre, le chiffre de la valeur.

C'était au fort d'une tempête que le duc de Bourgogne Hugues III, implorant la vierge Marie, fit vœu d'élever un temple en son honneur; et, en 1172, il édifiait la Sainte-Chapelle de Dijon qui devint paroisse des ducs et chef-lieu de l'ordre de la Toison-d'Or. Les chanoines de cette collégiale étaient au nombre de vingt, non compris les dignitaires. Ils avaient le singulier privilège, lorsque les duchesses de Bourgogne faisaient leur première entrée dans leur église, *de baiser (lisdi doyens et chanoines) mesdittes dames en la joue, et après s'enallaient en leurs hostels dîner joyeusement.*

La Sainte-Chapelle rappelait au roi qu'il avait vaincu à Jarnac et à Moncontour; elle le représentait l'épée haute, couronne en tête, et lui prédisait, dans une légende flatteuse, qu'il remporterait encore la victoire.

JVSTVS. VT. PALMA. FLOREBIT. — 1579.

INSIGNIA. SACRI. SACELLI. REGII. DIVIONEN.

Ce méreau, aux armes de la Sainte-Chapelle de Dijon, fut frappé à l'occasion de la première cérémonie de l'*Ordre du Saint-Esprit*, institué par Henri III en mémoire de ses avènements aux couronnes de France et de Pologne, le jour de la *Pentecôte*.

HIC EST DISCIPVLVS DILECTVS.

Sur une autre variété, le personnage est saint Jean l'Evangéliste tenant une coupe de laquelle sort un serpent, fait qui est ainsi expliqué par la Légende-Dorée. « Un prêtre des idoles, Aristodème, disait un jour à saint Jean : Si tu veux que je croie en ton Dieu, je te donnerai du poison à boire, et s'il ne te fait pas de mal, tu auras montré que ton Dieu est véritable. L'apôtre lui répondit : Fais ce que tu voudras. Aristodème répliqua : Je veux que tu en voies mourir d'autres devant toi. Il alla trouver le gouverneur et lui demanda deux hommes condamnés à mort qui lui furent accordés; il leur donna du poison en présence de tout le peuple, et, aussitôt qu'ils l'eurent bu, ils tombèrent morts. Alors l'apôtre prit la coupe, fit le signe de la croix et but tout le venin; il n'en éprouva aucun mal. » Le serpent qui sort de la coupe représente le poison chassé par la prière de l'apôtre.

Le trésor de la Sainte-Chapelle de Dijon était admirable; mais ce qui la faisait particulièrement briller à tous les yeux, c'est qu'on remarquait au-dessus des stalles des chanoines tous les écussons des chevaliers de la Toison-d'Or que, le 24 juin 1643, vinrent ombrager les drapeaux de Rocroi.

Aujourd'hui, sur l'emplacement de cet édifice qui vit courber le front à tant de têtes superbes, s'élève un théâtre.

VILLES DU DUCHÉ DE BOURGOGNE.

AUTUN.

A part des monnaies épiscopales et une médaille commémorative de la construction de son nouvel hôtel de ville, nous ne sachions pas qu'Autun ait produit d'autres monuments métalliques que des méreaux. Sa Cathédrale est sous le vocable de saint Lazare appelé plus vulgairement *saint Ladre*, parce que l'on confond l'ami du Christ avec Lazare le lépreux qui donna son nom aux lazarets et aux léproseries ou *ladreries*.

On ne sait à quelle époque remonte l'emploi des méreaux dans l'église d'Autun. Tous ceux que l'on connaît sont sans légende; d'un côté se trouve Lazare sortant du tombeau, et généralement de l'autre les armoiries de la Cathédrale qui sont *de gueules, à une croix ancrée de sable borgée d'argent.*

Le type de ces pièces est assez moderne, et la raison en est dans la persistance de l'usage de vivre en commun. Cet usage fut établi sous la seconde race de nos rois, et on suivit longtemps la règle tracée, en 765, par Chrodegaud, évêque de Metz. Le Concile d'Aix-la-Chapelle fit, en 816, un règlement pour les chanoines, et l'église d'Autun l'adopta des premières. A cet effet, elle construisit un cloître que son évêque Jonas rendit ensuite plus vaste et mieux approprié aux besoins. Il donna en outre des fonds suffisants pour subvenir à l'entretien et à la nourriture des chanoines. Ceux qui possédaient un patrimoine le conservaient et ne recevaient, pour le service de l'église, que la nourriture. Les autres avaient de plus le vêtement ou une pension.

La nourriture consistait en un potage de deux portions à dîner et une à souper, plus quatre livres de vin équivalant environ à trois chopines de Paris.

L'habillement se composait, tous les ans, d'une chape, deux tuniques, deux chemises, et du cuir pour la chaussure. On recommandait la propreté, mais l'affectation était défendue.

Les chanoines faisaient un service assez rude; ils devaient se lever à minuit et se rendre ensuite à l'église. A deux heures venaient les *Nocturnes*, puis *Matines* et *Laudes*, etc. D'après les usages anciens, dans les solennités, l'office durait toute la nuit.

Les nocturnes ayant été réunis aux matines, on fut obligé, pour rendre les chanoines plus assidus, de rapprocher successivement cet office du commencement du jour. On en vint à ne le chanter qu'à cinq heures. C'est à cette époque que nous croyons voir naître la nécessité des méreaux. Enfin, le zèle se ralentissant encore, on délibéra, en 1695, que pour ôter toute excuse aux plus paresseux, les matines ne commenceraient en hiver qu'à six heures. La même décision fut prise pour l'été en 1731. Le méreau qu'on y recevait valait, dit-on, autant que tous ceux des autres offices ensemble; c'est peut-être celui du plus grand module dont voici une variété,

1587. — S. V. L. (Sanctus Lazarus V deniers.)

tandis qu'aux offices de la journée on se servait de celui d'un module beaucoup plus petit, que nous avons donné plus haut.

Quant aux distributions, voici ce que nous en savons : En 1199, l'évêque Eudes, dans le but de faire cesser les cérémonies scandaleuses qui avaient lieu à l'occasion de la fête de la Circoncision, assigne des distributions à ceux qui assisteraient modestement à la messe de saint Etienne et de la Circoncision. En 1228, Anselle, doyen du Chapitre, fait un accord avec frère Pierre, prieur de Saint-Racho, par lequel celui-ci doit toucher pour le vin, pitance et distributions, cent sols payables aux Saint-Martin d'hiver et d'été. De plus, il est dit qu'il aura, comme un chanoine, les distributions en deniers qui se feront pour les défunts, les processions et les sépultures, soit qu'il soit présent ou absent, et n'aura rien à celles qui se font aux *messes* ou *heures*, s'il n'y assiste pas. Il touchera deux sols pour le repas du réfectoire, les jours de Pâques, de Noël et Saint-Lazare, en assistant. Il touchera aussi les distributions des *antiennes de* l'O, présent ou absent. En 1247, il fut convenu que l'on serait moins sévère sur la nécessité de l'assistance, et lorsque les religieux assistaient avec le prieur, on leur faisait part des distributions au chœur.

Jehannette Jacquin, qui se qualifie de *couturière prébendière* de Saint-Léger, c'est-à-dire une des treize femmes chargées d'entretenir les linges et ornements d'église, de raccommoder et de confectionner les habits des enfants de chœur, fonda, vers la fin du quinzième siècle, son anniversaire de pain et de vin.

Vers le même temps, l'évêque, d'accord avec les députés du Chapitre, décrète que si les chapelains enfreignent les statuts sur l'absence, ils perdront leurs revenus au prorata de l'absence. Quelques chapelains recevaient à certains jours un petit morceau de lard.

On trouve, en 1749 : lorsqu'un chanoine veut s'absenter, il est obligé de prévenir le *pointeur*. Le cardinal Rolin avait affecté à la Maîtrise des fonds nécessaires pour son entretien ; il avait en même temps fondé quatre canonicats dont les titulaires devaient être pris parmi les anciens élèves de la Maîtrise. Il paraît que ces chanoines de fortune (c'est ainsi qu'on les désignait) n'étaient pas admis à l'intimité des autres chanoines; aussi était-ce parmi eux qu'on choisissait le pointeur, dans l'espoir qu'il remplirait ses fonctions avec plus de sévérité et ne se prêterait pas à des actes de complaisance.

En 1742, les diacres en retard de s'avancer à la prêtrise ne touchent que les deux tiers du revenu de leur prébende en assistant, et sont *pointés* n'assistant pas.

Nous ignorons si la distribution des méreaux et le pointage avaient lieu simultanément ou à des offices différents, ou si ces deux modes de constatation de la présence se succédèrent. Lors même qu'on ne trouverait aucun méreau de Saint-Lazare et qu'il ne serait pas question de pointeur, on serait certain que l'un ou l'autre ont existé, puisque, le 7 juillet 1661, après bien des disputes et des variations, le Chapitre interprétant en sa faveur le décret du Concile de Trente, il fut décidé que les chanoines pourraient prendre des vacances; mais que, comme on ne connaissait pas dans l'église d'Autun de gros de prébende, et que tout le revenu consistait en *distributions journalières*, celui qui s'absenterait au-delà du temps prescrit perdrait tous ses revenus au prorata.

Il existe encore d'autres variétés des méreaux de Saint-Lazare portant au revers des chiffres. Nous pensons qu'ils sont le produit des piles et trousseaux rendus au Chapitre par arrêt de 1577.

AVALLON.

SOCIÉTÉ MELOPHILE D'AVALLON. — 1787.

SOCIETATIS. VINCULUM. HARMONIA.

Devise que devraient bien prendre toutes les sociétés et particulièrement les sociétés musicales.

AUXERRE.

F. DE. DONADIEV. EVESQVE. D'AVXERRE.

François de Donadieu, issu d'une famille noble et distinguée d'Aquitaine, naquit, en 1558, de Jean de Donadieu et de Magdeleine de Hautpont. Il fut nommé évêque d'Auxerre en 1600. Son épiscopat fut un des plus remarquables et dura 24 ans.

E. PIRÉTOVY. Rᵣ DES. TAILLES. D'AVXERRE. (Armoiries.)

NE CALCVLVS. ERRET (pour éviter les erreurs de compte). —1659.

Table sur laquelle se trouvent un livre de compte ouvert et des jetoirs qu'apporte une dextre mouvant à sénestre. Le tout est surmonté d'un œil, emblème de la vigilance.

AUXONNE.

La ville d'Auxonne était autrefois le centre d'une petite souveraineté que les ducs de Bourgogne possédèrent jusqu'en 1477, époque à laquelle elle passa à la couronne comme le duché.

Le comté d'Auxonne était administré par des Etats particuliers indépendants de ceux du duché.

POVR. LES. ESTATS. DV. COMTÉ D'AVXONNE.

Leur réunion avec ceux de la province eut lieu en 1552, par Henri II, mais l'édit ne reçut d'exécution qu'en 1639. Auxonne occupa alors le dixième rang dans la grande roue.

La ville prit sur ses jetoirs le type des Etats. La mairie avait été établie en 1362 par le roi Jean.

POVR. LA. VILLE. D'AVXONNE.

Les armoiries sont parties : *au premier coupé de Bourgogne moderne sur Bourgogne ancienne* (concession du duc Philippe le Hardi); *au deuxième, d'azur, à la demi-croix ancrée d'argent qui est de la ville*.

Plus tard, nous voyons les trois écussons de France, de Navarre et celui du maire.

GET. POVR. LA. VILLE. D'AVXONNE. — 1613.

Trois demi-vols tels que les portait Jacques Laverne, maire de Dijon en 1591. Le revers mentionné p. 254 se retrouve également ici.

Après cela vient un jeton bien singulier.

VT SIMIA DILEXIT. 1617. — VT HOMO DIREXIT.

D'un côté les armoiries d'Auxonne, de l'autre un singe assis.

Nous pensons devoir attribuer cette pièce à Claude de La Ramisse, maire d'Auxonne, qui aima ses administrés comme un singe (l'amour de la guenon pour ses petits est proverbial) et les administra comme un homme. Quoique nous ne soyons pas à même, dans ce moment, de vérifier le double fait, il n'en est pas moins certain que dès cette époque la famille de La Ramisse jouissait d'une grande considération, et nous avons vu l'un de ses membres Elu du Tiers-Etat en 1704.

Le maire de 1621 fit mieux que celui de 1613; il mit seulement au revers des armes de la ville les siennes propres, ou plutôt un emblème (une gerbe de blé dans une couronne).

POVR. LA. VILLE. D'AVXONNE. — 1621.

DORS. A. IVRAIN. CO. D. R. MAIEVR.

Comme nous ne possédons pas la liste des maires d'Auxonne, nous supposons que celui-ci est fils de Claude Jurain, avocat, maire en 1607, président en l'élection de Vézelay, mort dans sa patrie en 1648, et qui en avait fait connaître les antiquités et les privilèges (un pet. vol. in-8°, 1611).

BEAUNE.

La commune de Beaune, plus ancienne que celle d'Auxonne, remonte à 1203; elle fut calquée sur celle de Dijon, établie en 1187. Les bourgeois procédaient à l'élection du maire, au prieuré de Saint-Etienne, le jour de la Nativité de saint Jean-Baptiste. En 1604, il fut réglé que les maire, échevins et syndic ne pourraient occuper leur place plus d'un an.

En consultant la liste que donne l'abbé Gandelot dans son Histoire de Beaune, comprenant 106 noms qu'il a pu retrouver, de 1248 à 1759, nous y voyons que jusque-là les élections avaient eu lieu à des intervalles fort inégaux, et il paraît même que la nouvelle convention, quoique homologuée au Parlement, ne fut pas exécutée. En ce moment, M. Rossignol, archiviste de Bourgogne, tient sous presse une nouvelle Histoire de Beaune. Peut-être nous dira-t-il à quelle époque commença l'emploi des jetons dans cette ville, ou plutôt quand ils commencèrent à y devenir honorifiques. En attendant, nous allons cataloguer ceux que nous connaissons.

La devise de la commune de Beaune est grande et belle.

MAGISTRATVS. ET. COMMVNITAS. BELNEN.

PRO. REGE. ET. PRO. GREGE.

La municipalité de Beaune prit pour sceau : *d'azur, à une Bellone d'argent debout, tenant de la main droite une épée nue, et la gauche appuyée sur la poitrine.* C'est à présent : *d'argent, à une vierge de carnation habillée de gueules, le manteau d'azur, portant l'enfant Jésus assis de carnation, qui tient un pampre de sinople à la grappe de raisin de sable.* C'est ainsi que la ville a quitté ses anciennes armoiries pour prendre le sceau du Chapitre de la Collégiale, en mettant un pampre de raisins à la main de l'enfant Jésus, au lieu de la fleur-de-lis d'or que tenait autrefois la Vierge.

SANCTA. MARIA. PATRONA. BELN.

LVDOVIC. LOPPIN. MAIOR. BELN. — 1635.

Parti d'un arbre arraché de... et d'une demi-croix ancrée. Les armes des Loppin sont *d'azur, à une croix d'or.*

Il y eut deux jetons frappés en 1651 pour Edme Ferry. Le premier était aux armes de France et de Navarre.

PRO. REGE. ET. PRO. GREGE. — 1651.

Mᵉ. EDME. FERRY. AVOCAT. MAIRE. DE. BEAVNE.

Le second porte trois épis liés par un croissant et

accompagnés de deux étoiles. Ce sont probablement les armoiries du maire.

AMORE. CIVIVM. INVITIS. CONFIRMOR. — 1651.

Nous avons blasonné, p. 325, les armes de la famille de Lamare.

STEPH. DE LAMARE. MAIOR. BELNENSIS. — 1654.

Les jetons de 1658 et 1660 offrent le même avers.

MAGISTRATVS. ET COMMVNITAS. BELNEN.

EX. NIHILO. NIHIL. FIT. — 1658. (Armoiries.)

En cette année, Philippe Parigot était maire.

362 VILLES DU DUCHÉ

MAIOR. SVCCISA. RESVRGIT.

Un pampre soutenu par un échalas et un soleil en chef.

On peut voir ici un jeu de mots. — Semblable à la vigne qui, lorsqu'elle est taillée, devient plus forte aux rayons du soleil, la ville de Beaune se relève de ses ruines et s'agrandit sous l'administration du maire Pierre Chevignard.

MAGISTRAT. ET COMMVNIT. BELNENSIS.

IOANNES. BERARDIER. MAIOR. BELNENSIS.

Jean Bérardier a été maire de Beaune en 1669 et en 1680.

LORENCHET. C. DR. MAIRE. DE. BEAVNE. — 1670.

VBI. OCVLVS. IBI. AMOR

Lorenchet porte *d'azur, à la fasce d'or accompagnée en chef de trois étoiles d'argent* (ici il n'y en a que deux), *et en pointe, d'un chat léopardé passant aussi d'argent.*

PET. TIXIER. REGIA. CONS. MAIOR. BELNÆ. — 1675.

Tixier portait *d'azur, à une croix d'or cantonnée aux 1ᵉʳ et 4ᵉ de deux étoiles d'argent, aux 2ᵉ et 3ᵉ de deux trèfles de même.*

Sous les pieds de la Vierge, se voit le nom du graveur HERARD.

QVARTO. REPETIT. VT. AVVS. HONORES.

En 1676, Etienne de La Mare avait été, comme son aïeul, quatre fois élu maire. C'est alors que la mort le surprit, et l'année suivante son fils J.-B. de La Mare lui succéda.

PATER. MORIENDO. PATREM. ME. GENUIT. PATRIÆ.

P. GILLET MAIRE ET LIEUT. GEN. DE POL. DE LA VILLE
DE BEAUNE. — D. V.

VIGILANT ET TUTA QVIES. — 1719.

D'azur, au chevron d'or accompagné d'un croissant en pointe, au chef d'or chargé de deux étoiles de même. La devise exprime bien les devoirs des magistrats municipaux et le résultat de leurs efforts : *Ils veillent et nous nous reposons en sûreté.*

Le Chapitre de l'Insigne collégiale de Notre-Dame de Beaune était le plus ancien du diocèse et comptait parmi les plus distingués de la chrétienté. Les méreaux dont on s'y servait représentent la Vierge assise dans un large fauteuil et tenant l'enfant Jésus posé sur ses genoux.

Les deux initiales C-B (Capitulum Belnense) l'accompagnent. Les chiffres du revers s'élèvent, à notre connaissance, jusqu'à xx. Il existe un module plus petit au même type. Les coins ont été retrouvés et déposés à la bibliothèque de Beaune.

CHALON-SUR-SAONE.

La ville de Chalon n'est pas riche en monuments métalliques des quatre ou cinq derniers siècles. Nous n'avons pu retrouver aucun des méreaux de son Chapitre, et nous eussions été obligé de la passer sous silence, si le jeton d'un de ses évêques ne nous fût par hasard tombé sous la main.

STIMVLANT. VT. SEMPER. ADORES. — 1643.

Dans le champ, un écusson posé sur deux palmes, sommé de la couronne de comte et des attributs épiscopaux.

Cet écusson est coupé aux 1ᵉʳ et 4ᵉ de Neufchèze probablement, aux 2ᵉ et 3ᵉ *d'azur, semé de France, au bâton de gueules péri en pal*, qui est du Chapitre de Saint-Vincent de Chalon.

La devise fait allusion aux molettes dont les pointes stimulent, mais plus ordinairement un cheval qu'un prélat; on voit donc qu'il y a tendance à un assez mauvais jeu de mots que complète pauvrement le revers en forçant le vrai sens de *Vincentius*.

MENSURAM. NOMINIS. IMPLET. — SANCTVS VINCENTIVS.

CLUNY.

Voici le plus ancien méreau que l'on connaisse, attendu qu'on peut le faire remonter au douzième siècle.

Il a été trouvé à Cluny et appartient probablement à cette abbaye. La clef et le glaive caractérisent les apôtres saint Pierre et saint Paul, premiers patrons du monastère de Cluny qui a conservé depuis pour armes et sceau les deux clefs en sautoir avec l'épée en pal.

La crosse du revers indique la dignité et le pouvoir spirituel de l'abbé.

DE BOURGOGNE.   367

HENR. OSWALD. CARD. AB ARVERNIA.

Buste du cardinal de La Tour d'Auvergne, abbé de Cluny.

*CONSILII PRUDENTIA ORDO VIGEBIT * CLUNIAC. — 1745.

Armoiries *écartelées aux* 2e *et* 3e *de l'abbaye de Cluny, aux* 1er *et* 4e *de La Tour d'Auvergne écartelé : aux* 1er *et* 4e *semé de France, à la tour d'argent maçonnée de sable, qui est de La Tour; au* 2e *d'or, à trois tourteaux de gueules posés 2 et 1, qui est de Boulogne; au* 3e *coticé d'or et de gueules de huit pièces, qui est de Turenne; sur le tout d'or au gonfanon de gueules, qui est d'Auvergne.*

NUITS.

POVR IHIAN : DES BRVYERES.

Armoiries. — Un chevron accompagné de trois têtes de coqs de bruyères arrachées.

BON : COMPTE : REIGLE : LE : MONDE.

Dans le champ, une traduction figurée de la légende, c'est-à-dire la boule du monde surmontée d'une croix, traversée d'une règle et accompagnée de piles d'écus.

L'état des dépenses faites par les échevins et habitants de la ville de Nuits pour la bienvenue de François Ier, de la reine sa femme, de Mgr le Dauphin, en Bourgogne, et pour le passage de Leurs Majestés et de Mgr le Dauphin dans leur ville, nous apprend que noble homme Jean des Bruyères, seigneur de Chosselle, en présence de qui il fut dressé le 19 juillet 1537, était lieutenant audit Nuits de Mgr le bailli de Dijon.

Nous avons vu (p. 312) le jeton personnel du maire Saunois, et le Catalogue de Renesse donne, sous le n° 29, 318, celui de Pourcher, maire de NUIS, Elu du Tiers-Etat de Bourgogne en 1737.

TOURNUS.

Les méreaux de Tournus sont en plomb, frappés généralement d'un seul côté et le plus souvent contre-marqués d'une fleur-de-lis.

S. VALERIANE. ORA. PRO. NOBIS.

Saint Valérien debout, tenant une palme à la main.

Ce généreux martyr était compagnon de saint Marcel. Lorsque Gélon et ses religieux, chassés de Noirmoutiers par les Normands, erraient, emportant avec eux les reliques de saint Philibert, la situation de la petite abbaye de Saint-Valérien leur plut et ils la demandèrent à Charles le Chauve qui, le 19 mars 875, l'octroya à la sainte Vierge, à saint Philibert, à l'abbé Gélon et à sa congrégation errante.

S. MARIA. ORA. PRO. NOBIS.

S. PHILIBERTE ORA PRO NOBIS.

Saint Philibert tenant la crosse et accosté d'une épée nue, la pointe en haut.

PHILIBERTI TRENOCHIENSIS.

Dans le champ, une crosse, une fleur-de-lis, un objet mal déterminé et la contre-marque habituelle d'une fleur-de-lis en creux.

SEMUR-EN-AUXOIS.

SEMVRVS. ALEXIENSISVM. — 1555.

M. BORGEOIS. MAYEVR.

D'un côté, les armoiries de la ville, et de l'autre, celles du maire.

PERSONNAGES.

ROGER. DE. RABVSTIN. COMTE. DE. BVSSY.

VENI. SANCTE. SPIRITVS. — 1648.

Le Saint-Esprit descend dans sa gloire précédé de langues de feu.

Rabutin portait *cinq points d'or, équipolés à quatre de gueules, écartelé de Ballore* depuis l'alliance contractée, en 1360, par Jean de Rabutin, seigneur d'Epiry, avec Marie de Balore. La branche aînée de cette maison finit à Celse-Bénigne de Rabutin, chevalier, baron de Chantal, Bourbilli, etc., tué à l'âge de trente ans, le 22 juillet 1627, lors de la descente des Anglais dans l'île de Rhé. Il laissa de Marie de Coulanges, son épouse, Marie de Rabutin, dame de Chantal et de Bourbilli, morte en 1696. Elle avait épousé, en 1644, Henri, marquis de Sévigné.

Madame de Sévigné est trop connue pour que nous lui consacrions un article particulier; il nous suffira de citer le jeton qui fut frappé à l'occasion de sa mort. Nous avons donné, p. 107, celui du mariage de sa petite-fille, Pauline de Simiane.

M. DE RAB. CHA. MARQUISE DE SEVIGNE.

Buste de Marie de Rabutin-Chantal, marquise de Sévigné.

SERVABIT ODOREM. — M. 1696.

Une rose attachée à une draperie qui couvre un tombeau.

Les seigneurs de Bussy-Rabutin, branche cadette de cette maison, ont commencé à François de Rabutin, baron de Bussy, Epiry, etc., fils puîné de Christophe, Ier du nom. Cette maison a donné des hommes de mérite et de réputation. Christophe de Rabutin, IIe du nom dans la branche aînée, fut un des plus braves seigneurs de son temps et se fit un glorieux renom par les bons services qu'il rendit au roi Henri IV en diverses occasions. Il eut le malheur d'être tué à la chasse par un de ses meilleurs amis. Jeanne-Françoise Frémiot, son épouse, dame recommandable par ses vertus, est la fondatrice de l'ordre de la Visitation. C'est elle que nous vénérons sous le nom de sainte Françoise de Chantal.

FRANCHE-COMTÉ.

BESANÇON.

Besançon (*Vesontio, Visontio, Bisuntium, Vesuntium*, et quelquefois *Chrysopolis*), capitale de la Franche-Comté de Bourgogne, était une des principales cités des Gaules. Vers l'an 413, elle fut soumise aux Bourguignons, puis devint ville libre et impériale, dotée de divers privilèges. Charles-Quint l'eut en 1530,

par héritage de sa tante Marguerite d'Autriche. En
1537, il permit d'y établir un hôtel des monnaies
dont la beauté des produits et leur bon aloi firent
tomber la monnaie de l'archevêque. Les mêmes coins
servirent encore longtemps après la mort de l'empereur. Nous allons examiner quelques jetons de la domination espagnole.

CAROLVS. V. ROM. IMP. SEMP. AVGVST.

GECTOIRS. POVR LE BVREAV. DES. FINS.

La partie fruste portait probablement la date, mais
le jetoir suivant est un des premiers spécimens de
l'atelier monétaire impérial.

CAROLVS. V. AVGVSTVS : IMP. HISPANIA : REX.

GECT. DES : M : D'HOSTEL. DE. LEPERE (l'empire) 1540.

D'un côté, le buste cuirassé et lauré de Charles-Quint; de l'autre, l'aigle à deux têtes, éployée et chargée de l'écusson de l'empire.

Charles V, connu sous le nom de Charles-Quint, naquit le 24 février de l'an 1500. Il succéda aux Etats d'Espagne en 1517, et deux ans après les électeurs le firent empereur à Francfort.

La couronne impériale lui fut d'abord donnée à Aix-la-Chapelle, et il la reçut ensuite des mains du pape Clément VII, le 24 février de l'an 1530. Cet anniversaire lui fut toujours heureux, car c'était à pareil jour, en 1525, que son armée avait fait prisonnier à Pavie le chevaleresque François Ier.

Nous ne suivrons pas l'empereur en Italie, en Afrique, en Provence et en Flandre; nous nous contenterons de rappeler que tantôt mal, tantôt bien avec François Ier, celui-ci, oubliant sa rude détention à Madrid, le reçut en France avec la plus grande magnificence, lui fit parcourir le royaume et l'escorta à son entrée à Paris, qui eut lieu avec une pompe inaccoutumée.

Charles-Quint changea plusieurs fois de devise : *Non plus ultra* faisait allusion aux colonnes d'Hercule qui bornaient son royaume des Espagnes. *Plus ultra* s'appliquait à ses expéditions en Afrique. Si, considérant non l'Europe, mais seulement ses Etats, il appliquait cette seconde devise à ses conquêtes, l'échec qu'il éprouva devant Metz assiégé par lui avec cent mille hommes, en 1552, dut singulièrement abaisser son orgueil. Nous avons peut-être tort de le taxer d'orgueil, car il en avait infiniment moins que César, puisqu'il vit souvent dans sa victoire la main de la Providence, plus encore que la force de ses gros bataillons.

VENI. VIDI. DEVS. VICIT.

Enfin, fatigué du poids de la couronne, il fit cession de tous ses Etats à son fils Philippe, le 25 octobre 1555, pour se retirer en Espagne, dans le couvent de Saint-Just, de l'ordre des Jéronimites, situé dans la province d'Estramadure. Trois ans plus tard, il mourait âgé de 58 ans (21 septembre 1558), après avoir tenu l'empire pendant 38 années. Ce prince était actif, courageux, et par-dessus tout rusé. Il y avait près de trente ans qu'il reposait dans la tombe, lorsque, en 1587, on le représentait encore cuirassé, couronné et portant le globe et l'épée nue.

IMPERATOR CAROLVS. V.

BESANÇON : CITE : IMPERIALE.

Philippe II, fils de Charles-Quint et d'Isabelle de Portugal, avait succédé à son père.

GECT. PO3. LE. BV. DES. FINEN. 4

Tête laurée de Philippe II.

DISSIPA. GENTES. QVE. BELLA. VOLVNT.

Quadrige effrayé par Jupiter qui sort des nuages armé de la foudre, et renverse le conducteur.

FERDINAND. II. D. G. RO. IMP. S. A. ETC.

Au revers, l'écusson impérial entouré des attributs de l'empire, et au-dessus de la couronne, VESONTIO.

Ferdinand II, petit-fils de l'empereur Ferdinand Ier, naquit en 1578, et succéda, le 28 août 1619, à son cousin Mathias qui l'avait fait roi de Bohême deux ans auparavant. L'évènement le plus remarquable de son règne est la bataille de Lutzen qui ne lui fut pas favorable, il est vrai, mais où son redoutable antagoniste, Gustave-Adolphe, roi de Suède, perdit la vie.

GETZ. DES. COMPTES. POVR. BESANÇON. — 1630.

FERDINAND. II. D. G. IMPERATOR.

L'empereur voyait la fortune lui sourire, lorsqu'en 1637, il eut une attaque d'apoplexie dont il mourut cinq jours après.

FERDINAND. III. D. G. RO. IMP. S. A. E.

Ferdinand III, né le 13 juillet 1608, succéda à son père en 1637. Etant roi de Hongrie, il avait suspendu le succès des armes suédoises par le gain de la bataille de Nortlingen en 1634. Une fois sur le trône, sa position se compliqua, car ses armées avaient affaire au prince de Condé et à Turenne; aussi ce fut avec ardeur qu'il désira la paix conclue à Munster en 1648. Rendu à la vie tranquille que l'état de sa santé réclamait impérieusement, il put atteindre l'âge de 49 ans. Son décès arriva le 2 avril 1657.

378   FRANCHE-COMTÉ.

La devise de son sacre avait été une balance équilibrée, surmontée de la croix, soutenue par le sceptre et l'épée en sautoir, avec cette légende : FIRMAMENTA REGNORVM.

Le temps approche où la Franche-Comté va devenir française. Le roi d'Espagne en a le pressentiment; il lie fortement ses deux colonnes, dont l'une porte l'aigle de l'empire et l'autre le lion de Castille; leur base est battue par les flots, tandis que quatre vents cherchent à les ébranler; mais alors le monarque, plein de confiance, écrit au-dessus : STABVNT.

PHIL. IIII. D. G. HISP. ET. INDIAR. REX. 1664.

Sous son règne, le jetoir avait pris une ampleur inaccoutumée.

POVR LES COMPTES. 1661.

VESVNTIO. CIV. IMP. LIBERA.

Philippe IV meurt; Louis XIV élève des prétentions, et le 6 février 1668 le prince de Condé était sous les murs de Besançon, effaçant la devise : SUIS TUTA COLUMNIS.

La Franche-Comté fut rendue aux Espagnols par le traité d'Aix-la-Chapelle; mais, en 1674, elle fut définitivement reprise.

NVLLA EST MORA.

Le canon bat en brèche et ne permet plus de retard.

VESVNT CAPTA (prise de Besançon).

CO-GOUVERNEURS DE BESANÇON.

Dès le quatorzième siècle, la ville de Besançon était déjà divisée en sept quartiers ou bannières. Les citoyens de chaque circonscription faisaient choix, tous les ans, de deux notables qui, à leur tour et le jour de la Nativité de saint Jean-Baptiste, procédaient à l'élection de quatorze gouverneurs. Ceux-ci administraient la ville à peu près sans contrôle. Pour les affaires importantes, ils s'adjoignaient les co-gouverneurs de l'année précédente, puis, lorsque la patrie était en danger ou la guerre imminente, on convoquait les notables eux-mêmes. La réunion prenait alors le nom d'assemblée du peuple ou de la commune.

C'était en honneur des co-gouverneurs récemment nommés, et à la Notre-Dame qui suivait leur promotion, que l'on frappait des jetons. Nous ne saurions assigner une date à cet usage; mais, bien certainement, il n'est pas antérieur au seizième siècle, car c'est l'époque où nous avons vu ailleurs apparaître les premiers jetons, et c'est dans la première moitié de ce siècle que Charles-Quint accorda à la ville de Besançon la permission d'avoir un atelier monétaire.

La série des pièces aux armoiries des co-gouverneurs doit être nombreuse ; mais il nous en manque beaucoup, et le premier exemple que nous puissions citer est de 1665.

SECVRITAS. CIVITATIS. — 1665.

Deux grosses tours de fortifications, et au-dessus les armoiries de la ville.

CVNCTANTER. ET. PROPERE.

CHANDELOT *portait de gueules, à trois levrettes courantes posées en fasce, l'une au-dessus de l'autre.*

RECTE. FACTI. FECISSE. MERCES.

HENRI *portait d'abord d'azur, au chef de sable chargé de deux branches d'olivier posées en double sautoir, d'argent. — Depuis, de gueules, au lion d'or, au chef d'argent chargé de deux branches d'olivier de sinople, passées en double sautoir.*

CORDE. GERO. QVOD. CORDE. COLO. 1666.

Allusion aux armes posées en cœur.

SEMPER IDEM.

MONNIER-NOIRONTE portait *d'azur, à une bande d'argent accompagnée de deux bezants de même.*

LABORE. ET. STVDIO.

LINGLOIS portait *d'or, au lion de gueules.*

SVIS * TVTA * COLVMNIS. 1667.

RECTE. ET. FORTITER.

GUILLEMIN portait *d'azur, au chevron d'or accompagné de trois têtes de licornes d'argent, deux en chef et une en pointe.*

DEO. ET. PATRIÆ.

FLUSIN portait *de gueules, au chevron d'or chargé de deux aigles éployées de sable, surmonté de trois étoiles aussi d'or.*

HVMILIA TENE.

SVIS * TVTA * COLVMNIS. 1667.

TINSEAU portait *de gueules, à un bras revêtu d'or tenant trois branches d'hysope de sinople.*

REGIA. SECVRVS. VIA.

CHIFFLET portait *de gueules, au sautoir d'or surmonté d'un serpent tortillé d'argent se mordant la queue.* (Ici le serpent est remplacé par un croissant.)

COELI. SOLIQVE. MVNERE.

MARESCHAL portait *d'argent, à la bande d'azur chargée de trois étoiles d'or, accostée de deux raisins de pourpre.*

VESONTIO. CIV. REG. LIB. 1669.

REGIT. ATQVE. MICAT.

BILLEREY portait *d'azur, à une étoile d'or en chef et au croissant d'argent en pointe.*

COELO. ET. VIGILANTIA.

MARIN portait *d'azur, à un coq crêté et barbé de gueules, au chef chargé de deux croissants du champ.*

VESONTIO. CIV. REG. LIB. 1669.

LIBERTATE. NON FRAENO.

FRANCHET portait *d'azur, à une tête de cheval animé d'argent et langué de gueules.*

VESONTIO. CIV. REG. LIB. 1669.

ABSQVE. TABE. LINGVA.

BELIN portait *de gueules, à trois rencontres de béliers d'argent.*

ÆQVANIMITER.

MARESCHAL DE BOUCLANS portait *d'argent, à une bande d'azur.*

SORS. VNA. SCELERVM. NESCIA.

FIARD portait *de gueules, à trois chevrons d'or, au lion de sable brochant sur le tout.*

MÉREAUX DE BESANÇON.

S. FERREOLS. S. FERRATIVS. EVLS. BVRGVNDIE.

Ce grand méreau de plomb représente les deux apôtres de Besançon, dont saint Félix, martyrisé à Valence sous Caracalla, prédit le sort avant que Cornélius ordonnât de le conduire au supplice.

Les deux saints ne furent pas décapités, et s'ils tiennent ici chacun leur tête dans leurs mains, c'est simplement pour indiquer le martyre.

Il existe d'autres méreaux beaucoup plus petits et offrant plusieurs variétés, dont voici une avec le chiffre 1.

Le type commun est un oiseau perché sur un phi-
lactère accosté du bras de saint Etienne.

SALINS.

L'extraction du sel nous fournit deux jetoirs d'é-
poques bien différentes. Le premier appartient aux
ducs de Bourgogne, et le second à Philippe II, fils de
Charles-Quint.

GECTS : POVR : LA : POVRTER (probablement *pour les portiers*).

DE : LA. SAVNERIE : DE : SALINS.

D'un côté une croix rayée et fleuronnée, de l'autre
le briquet de Bourgogne avec ses accessoires.

PHS. D. G. HISPA. REX. DVX. ET. COM. BVR.

GECTZ. POVR. LA. SAVLNERIE. DE. SALINS. — 1588.

BRESSE ET DOMBES.

MM. Mantelier et Sirand ont, chacun de leur côté, écrit sur les monnaies de Dombes; mais nous ne pensons pas qu'ils aient épuisé la matière, particulièrement en ce qui concerne les jetons et méreaux. Ils compléteront sans doute leur travail, et notre tâche à nous est seulement d'indiquer quelques pièces, dans le but d'éclairer les collecteurs.

GASTON. F. VNI. D. ROY VSV. DE. L. SOV. D. DOM.

Gaston, frère unique du roi, usufruitier de la souveraineté de Dombes.

PRINCIPI. MIN⁹. LICET. QVOD. OIA. — 1636.

Le prince reçoit l'hommage de ses sujets qu'il est prêt à défendre et à gouverner avec justice, car il tient l'épée haute et la balance en équilibre.

La beauté des jetons de Gaston tient probablement à ce qu'il eut recours au burin de Varin.

AN. MA. LVD. PRIN. SVPRE. DOMB.

POTIORA RECONDIT. — 1674.

Cette pièce, à l'effigie d'Anne-Marie-Louise de Montpensier, dite Mademoiselle, est la reproduction fidèle de son quart-d'écu et ferme la nomenclature des produits de l'hôtel de Trevoux.

La grenade du revers est une réminiscence flatteuse des pots à feu ou grenades enflammées qui chargeaient plus anciennement les médailles des ducs de Bourbon.

BELLEY.

ECCLESIA. BELICENCIS.

Nul méreau n'a le flanc plus épais que ceux de Belley. Leur type est l'agneau à la bannière, non contourné comme celui de Rouen. On y voit la dextre bénissant et quelquefois la tête de saint Jean-Baptiste. Il en existe d'un module beaucoup plus petit.

BOURG.

CAPITVLV. BVRCI. — 1648 (plomb).

Saint Pierre tenant les clefs du Paradis de la main droite et un livre ouvert dans la main gauche.

Au revers, la Vierge avec l'enfant Jésus sur le bras droit, entourée d'un cercle de flammes et placée debout sur un croissant.

PONT-DE-VAUX.

CHAP. DV. PONT. DE. VAVLX. — 1670.

Vierge debout portant l'enfant Jésus.

PHILIPPE DE CORREVOD.

D'azur, au chevron d'or, qui est de Gorrevod.

Ce méreau de plomb est curieux en ce qu'il donne le nom d'un personnage autre qu'un saint. Il appartient à la Collégiale de Pont-de-Vaux, érigée en 1515 sur les instances du cardinal de Gorrevod. Philippe était, par ses ancêtres, fondateur de l'église de Pont-de-Vaux, patron du Chapitre, présentateur aux canonicats vacants; c'est à ces titres, et non à celui de duc de Pont-de-Vaux, qu'il faut attribuer la présence de son nom sur le revers des méreaux que frappaient les chanoines. En sa personne s'éteignit la noble famille de Gorrevod.

TRÉVOUX.

L'église de Trévoux, placée sous le vocable de Saint-Symphorien, martyr d'Autun, fut élevée au rang d'église collégiale en 1525.

SANCTVS. SIMPHORIANVS. F. V.

Saint Symphorien à cheval, un étendard à la main.

CAPITVLVM. TREVOLCII. — 1555.

Armoiries du Chapitre. — *Un grand T accosté de deux clefs posées en pal, rappelant son institution papale.*

NIVERNAIS.

M. le comte G. de Soultrait vient de donner, sous le titre d'*Essai sur la Numismatique nivernaise*, toutes les pièces de cette province connues jusqu'à ce jour. C'est donc à un recueil aussi savant que consciencieux qu'il sera indispensable de recourir. Quant à nous, ne voulant pas abuser de la permission d'y puiser à notre aise, qui nous a été octroyée avec une rare obligeance, on comprendra que nous nous bornions à ne dresser en quelque sorte qu'un catalogue.

MAISON DE BOURGOGNE.

Le monnayage baronal nivernais cessa sous le comte Louis III de Flandre. Sa fille Marguerite apporta ses vastes domaines en dot à Philippe le Hardi, fils du roi Jean. Leur troisième fils, appelé aussi Philippe, eut en partage le comté de Nevers et forma la branche de Bourgogne-Nevers qui posséda le comté de 1401 à 1491. La seule pièce constatant son existence peut être attribuée à Jean de Bourgogne, dit de Clamecy (1464-1491).

SE BIEN AN VIEN SE BIEN AN VIEN.

De France, à la bordure componée d'argent et de gueules.

Au revers, même légende, et dans le champ, quatre bâtons noueux arqués et disposés deux à deux en croix.

MAISONS D'ALBRET ET DE CLÈVES.

JEHAN. D'ALEBRET. CONTE. DE. NEVERS. — ET. DE. RETEL. SEIGNEVR DORVAL.

Ecu aux armes d'Albret-d'Orval, qui sont *écartelées*

aux 1 *et* 4 *de France; aux* 2 *et* 3 *de gueules, à la bordure engrêlée d'argent.*

Ce jeton intéressant rappelle les prétentions que Jean d'Albret d'Orval éleva sur le comté de Nevers au préjudice d'Engilbert, second fils de Jean Ier, duc de Clèves, lequel Engilbert avait été naturalisé français par le roi Charles VIII.

Les deux compétiteurs prirent simultanément le titre de comte de Nevers, et ce ne fut qu'après plusieurs années de contestations, que le mariage de Charles de Clèves avec Marie d'Albret aplanit les difficultés.

Charles de Clèves, comte de Nevers, fils d'Engilbert, mort en 1521, avait laissé un fils nommé François, âgé de cinq ans seulement; par suite le gouvernement du Nivernais revint à Marie d'Albret comme tutrice et comme co-propriétaire de la province.

MARIE : D'ALEBRET : CONTESSE : DE : NEVERS.

Ecu parti des armoiries de Clèves-Nevers et de celles d'Albret-Orval-Nevers.

Au revers, deux bâtons noueux enlacés avec des plumes.

O. MATER. DEI. MEMENTO. MEI.

Il existait à Nevers des tapisseries brodées par la comtesse Marie d'Albret et les dames de sa cour; ces tapisseries étaient encadrées de bâtons noueux et de plumes accompagnés de cette devise : DEFICIENT PENE, SUCCEDET VITA PERENNIS. M. de Soultrait voit l'origine des plumes dans le jeu de mots que l'on aurait fait, comme c'était fort l'usage, sur l'expression *pene* qui, à l'orthographe près, signifie tout aussi bien plumes que peines.

Le comté de Nevers fut érigé en duché-pairie par lettres-patentes du roi François Ier données le 17 février 1538, en faveur de François de Clèves qui portait alors le titre de comte d'Eu; alors fut frappé un jeton à peu près semblable au précédent, sauf le titre et la couronne de duchesse qui remplacèrent le titre et la couronne de comtesse.

François de Clèves ne prit possession de son duché qu'en octobre 1549, après la mort de sa mère. Il a laissé deux jetons dont le premier fut sans doute frappé à l'occasion de sa joyeuse entrée dans la ville de Nevers.

FRANCOYS : DVC : DE : NYVERNOYS.

Ecu écartelé aux 1 et 4 parti de Clèves et de La Mark, et aux 2 et 3 de Bourgogne Nevers.

SIT : NOMEN : DOMINI BENEDICTVM.

Écu sur lequel est un cygne portant une couronne passée au col.

Cet emblème est tiré d'une légende qui attribue à la maison de Clèves une origine fabuleuse.

Le second jeton du duc François offre un blason très compliqué entouré du cordon de Saint-Michel.

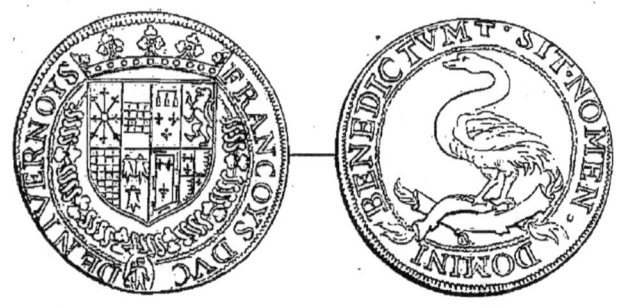

FRANCOYS DVC DE NIVERNOYS. — SIT. NOMEN. DOMINI. BENEDICTVM.

François Ier de Clèves étant mort à Nevers, le 13 février 1562, son fils François II lui succéda. Sur le seul jeton que nous connaissions de lui, il prend le titre et le blason d'Estouteville qui lui appartenaient du chef de sa mère.

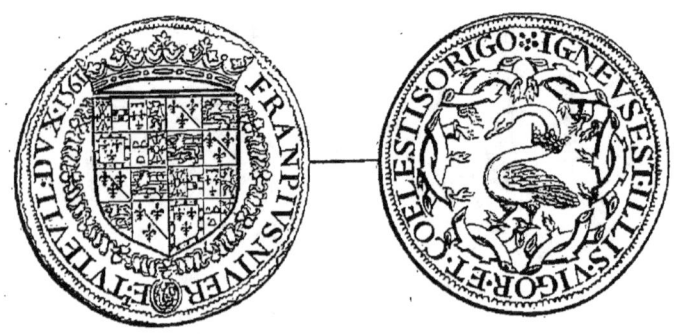

FRAN. PIVS. NIVER. E{t}. TVTEVIL. DVX. 1561.

Le cygne à la couronne continue à se montrer; nous

l'avons vu sur des bâtons enflammés, maintenant il est dans une couronne de ces bâtons; de plus, la devise IGNEVS. EST. ILLIS. VIGOR. ET. CŒLESTIS. ORIGO, fait allusion au motif de cet emblème.

Il reste à expliquer la date de 1561, ce que l'on peut faire sans beaucoup d'efforts, si l'on se souvient qu'au moyen-âge presque généralement le commencement de l'année était fixé indifféremment à Noël, au premier janvier, à l'Incarnation ou à Pâques. Ce ne fut qu'au quatorzième siècle que la dernière date prévalut, et l'année commença alors aussitôt après la bénédiction du cierge pascal, c'est-à-dire dans la nuit du samedi-saint au jour de Pâques. Il en fut ainsi jusqu'à l'édit de Charles IX, donné à Roussillon en Dauphiné, l'an 1563, par lequel il était enjoint de dater désormais à partir du 1er janvier. D'après cela, on comprendra que l'année 1562 des historiens se confond avec l'année 1561, ancien style, dans ses premiers mois.

Le fils du défunt a donc pu porter le titre de duc de Nivernais cette même année, jusqu'au 28 mars, veille de Pâques. Par suite, le jeton a du être frappé du 14 février au 28 mars 1561, ancien style.

François II et son frère Jacques, seigneur d'Orval, moururent bientôt, laissant pour héritières leurs sœurs Henriette, Catherine et Marie, connues à la cour de Charles IX sous le nom des trois Grâces. La plus jeune, Marie de Clèves, était princesse de Condé, comme l'indiquent les 2e et 3e quartiers de son écu; elle avait épousé, en 1572, Henri de Bourbon, Ier du nom, prince de Condé.

Le type du revers, tout en rappelant le principal emblème de la maison de Clèves, fait probablement allusion à l'abjuration de la princesse qui, née dans la religion réformée, embrassa le culte catholique après son mariage.

MARIE DE CLEVES. — CANDIDA. NOSTRA. FIDES

MAISON DE GONZAGUE.

Henriette de Clèves, l'aînée des trois sœurs, eut en partage le duché de Nevers, etc., qu'elle porta dans la maison de Gonzague en épousant, le 4 mars 1565, Louis de Gonzague, troisième fils de Frédéric, duc de Mantoue, et de Marguerite Paléologue, marquise de Montferrat, dont on voit les armoiries sur le revers du jeton suivant, frappé lorsqu'il fut nommé chevalier de l'Ordre de Saint-Michel et gouverneur du Piémont, par Charles IX.

LVDO. D. NIVER. PRIN. MANT. GVB. GEN. PEDEMON. 1567.

Les bâtons noueux et enflammés encadrent une montagne taillée par un chemin en spirale qui aboutit à un petit autel. Au-dessus, *Fides*, et au-dessous, Ολυμπως, mots que l'on retrouve au revers.

Le mont Olympe, qui forme le type du droit de ce jeton, était le cimier des armes des Gonzague, et le mot *Fides* leur devise. Nous retrouverons ce mont surmonté de l'autel et de la même devise sur presque toutes les pièces des ducs qui nous restent à décrire.

Le duc et la duchesse de Nevers sont les auteurs d'une pieuse fondation ayant pour but de doter et marier chaque année, dans toute l'étendue de leurs domaines, soixante jeunes filles pauvres et sages. Chaque paroisse d'une chatellenie faisait un choix et le sort décidait.

C'est sans doute à cette fondation qu'il faut rapporter l'origine des nombreux jetons, uniformes de types et de légendes, qui ont été frappés aux noms de Louis de Gonzague et de Marie de Clèves, de 1579 à 1722, et dont, par conséquent, la plupart sont de beaucoup postérieurs à la mort des augustes fondateurs. Le plus ancien est de 1579.

LVD. GONZAGA. ET. HENRICA. CLIVEN. DUC. NIVERN.

IN. FERVORE. CHARITATIS. GRAN. DNI. EXPECTAM9.

Un autel, au millésime de 1579, posé sur une terrasse ; au-dessus, le Jéhovah hébreux brillant au milieu des nuages d'où s'échappent des rayons lumineux et une pluie de monnaies.

La pièce suivante servira de terme de comparaison pour constater les différences sous les rapports du dessin et de l'altération des types.

A Louis de Gonzague, mort en 1595, et à Henriette de Clèves, décédée le 24 juin 1601, succède leur fils, Charles de Gonzague, déjà connu sous le nom de duc de Rethelois. Il avait épousé, en 1599, Catherine de Lorraine, fille du duc de Mayenne. Il existe plusieurs jetons de ce prince à la date de 1608. Le plus singulier est celui gravé par Nicolas Briot, qui porte le revers figuré à la page 62, réminiscence de l'Iliade et de l'Enéïde.

OS. HVMEROSQVE. DEO. SIMILIS. — 16NB08

CAR. GONZ. D. NIVERNENSIS. ET. RETH.

Le duc Charles, nommé ambassadeur à Rome en 1608, allait complimenter, de la part du roi Henri IV, le pape Léon XI qui venait de succéder à Innocent IX. Il n'emmena pas sa femme, et la devise SERVET DATAM exprime la foi que se garderont mutuellement les époux éloignés l'un de l'autre.

CATH. DE. LORRAINE. DVCH. DE. NIVERNOIS.

A la date de 1610, on trouve deux autres jetons qui ne diffèrent que par les proportions de l'écusson et de la couronne.

CAR. GONZ. D. NIVERNENS. ET. RETH.

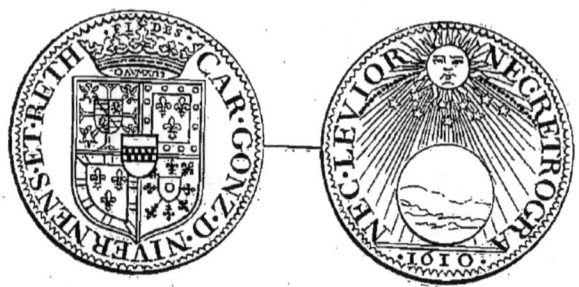

NEC. LEVIOR. NEC. RETROGRA.

La terre est éclairée par le soleil placé au milieu des étoiles.

La seconde pièce porte la même devise exprimée d'une manière plus complète et plus correcte.

NEC. DEVIO. NEC. RETROGRADIOR.

Le soleil figure encore sur d'autres jetons du même duc, aux années 1613, 1614 et 1615.

CAR. GONZAGA. D. NIVERN. ET. RETH.

SOLVS DEDIT. SOL⁵ PROTEGIT.

Le type du revers est emprunté à la maison de Lorraine qui fut donné, avec la légende, pour armes et pour devise à la ville de Charleville que le duc Charles fonda, en 1606, dans ses possessions de Champagne.

Les trois fils du duc Charles I*er* moururent avant leur père, et ce prince ne laissa pour héritier, en 1637, qu'un petit-fils âgé de huit ans et portant le même nom que lui. Sous le prétexte que ce dernier était étranger, ses tantes lui disputèrent les possessions françaises de leur famille, et la princesse Louise-Marie, l'aînée des deux sœurs, prit le titre de duchesse de Nevers et fit son entrée solennelle dans sa ville capitale le 20 mai 1639. Six ans après, par suite du mariage qu'elle contracta avec Ladislas-Sigismond, roi de Pologne, et d'un arrangement réglé par le Conseil d'Etat, le jeune Charles de Gonzague rentra en possession de tous les biens de son aïeul. Charles II vint seulement deux fois dans ses Etats de France qu'il vendit au cardinal Mazarin, par contrat du 11 juillet 1659.

CAR. II. D. G. DVX. MAN. MON. NIV. MAY. ET. RET. P. S. ARCH.

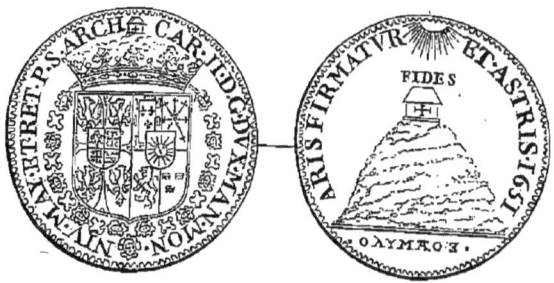

Charles II, par la grâce de Dieu, duc de Mantoue, de Montferrat, de Nevers, de Mayenne et de Rethel, prince souverain d'Arches.

ARIS. FIRMATVR. ET. ASTRIS. 1651.

Le mont Olympe accompagné de ses devises, surmonté de l'autel qu'éclaire le soleil.

Un second revers du même jeton porte trois pensées.

PLVS. PENSER. QVE. DIRE.

Ce type appartient à la chambre des comptes de Bar; il était de l'invention du roi René, dont le duc Charles descendait par sa grand'mère Catherine de Lorraine.

Ici se termine la série des jetons des princes de Nivernais, car on n'en connaît aucun de la maison de Mancini qui ait porté la couronne ducale de Nevers jusqu'à la révolution de 1789.

JETONS DE LA VILLE DE NEVERS.

La ville de Nevers, comme la plupart des autres villes de France, était gouvernée par des échevins dont le nombre varia. L'élection de 1507 donna lieu à de graves désordres, et au mois de mai 1512, le comte Charles de Clèves fit un nouveau règlement.

On pense que c'est à cette occasion que fut frappé le jeton imité de celui de Jean d'Albret-Orval.

: PRO : CAMERA : COMVNITA' : VRBI : NIVERN :

Ecu aux armes de la ville de Nevers qui sont *d'azur, semé de billettes d'or, au lion de même armé et lampassé de gueules, brochant sur le tout.*

ADORAMVS. TE. XPE : ET. BENEDIXIMVS.

Croix fleuronnée et cantonnée des lettres o. m. r. d. (O Mater Dei).

Le jeton de 1568 et l'un de ceux de 1592 offrent au revers une devise que la ville paraît avoir adoptée lors des troubles religieux de la fin du seizième siècle; elle demandait alors une heureuse unité : VNITAS. AVSPICATA. 1568.

CIVITAS. NIVERNENSIS. 1568.

Une dextre tenant sept flèches, mouvant d'une nuée à sénestre.

Lors du départ du duc Charles pour son ambassade de Rome, la ville fit frapper deux pièces, l'une portant les armes du roi Henri IV, et l'autre celles du duc.

En 1612, le type de la main armée de flèches reparaît et la devise du revers est complétée.

AVSPICATA. SVB. REGE. VNITAS.

Enfin, un dernière pièce octogone est marquée au droit de l'empreinte du sceau de la ville,

CIGILLVM VRBIS NIVERNENSIS. 1694.

et au revers, des armes des ducs de Nevers de la maison de Mancini, écartelées de *Mazarini* et de *Mancini*.

Le cardinal Mazarin avait laissé son duché à son neveu, sous la condition que lui et ses descendants porteraient le nom et les armes de Mancini-Mazarini.

CHAMBRE DES COMPTES DE NEVERS.

La chambre des comptes de Nevers, établie, en 1405, par le comte Philippe, troisième fils de Philippe le Hardi, duc de Bourgogne, ne figure ici que pour un jeton frappé du temps de Charles de Clèves dont il offre les armoiries, vers 1507 ou 1508.

PRO : CAMERA : COMPOTORVM : NIVERNENSIS :

PRO : CAMERA : COMPOTORVM : NIVERNENSIS.

Le revers de ce jeton offre le casque et le cimier de la maison de Clèves, tels qu'on les trouve sur le sceau d'Adolphe de Clèves, seigneur de Ravestein.

Charles prit, dans cette occasion, la couronne ducale comme étant celle de sa famille, car il n'était que comte de Nevers.

La chambre des comptes, dont nous parlons, reconnue par Louis XV, subsista jusqu'à la Révolution, sans laisser d'autres traces métalliques.

JETONS PARTICULIERS DU NIVERNAIS.

M^res TA. DE BEZE C^er D. L. C^r D. AYDES. 1707.

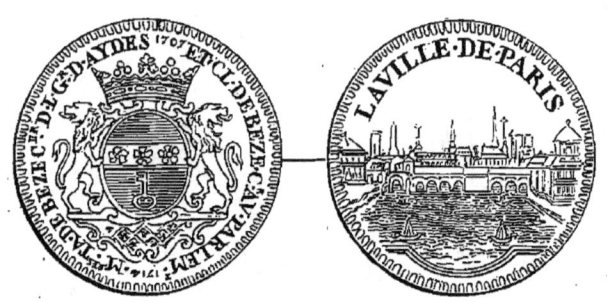

ET. CL. DE BEZE. C^r. AV. PARLEM^t. 1714.

Armoiries de la famille de Bèze, *d'azur, à une fasce d'or, chargée de trois roses, accompagnée en pointe d'une clef en pal.*

Cette famille, noble et ancienne en Nivernais, a eu pour principale illustration le fameux Théodore de Bèze. Les deux magistrats nommés sur le jeton descendaient d'un frère de ce personnage; ils étaient de la branche des seigneurs de Lys et du Cholet, en Nivernais.

Au revers, LA VILLE DE PARIS vue en aval du Pont-Neuf.

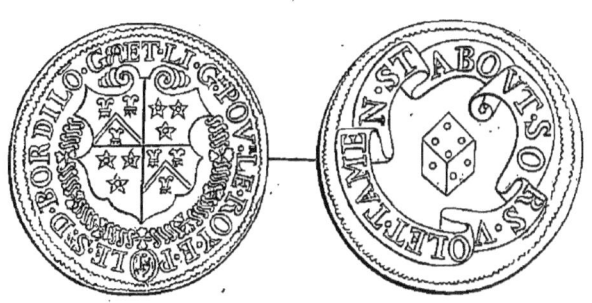

LE. Sʳ. D. BORDILO. G. ET. LI. G¹. POVʳ. LE. ROY. E. P.

(Le seigneur de Bordilon, gouverneur et lieutenant-général pour le roi en Piémont.)

Armoiries de la famille de La Platière-Bourdillon qui portait : *écartelé aux 1 et 4 d'argent, au chevron de gueules, accompagné de trois anilles de sable, qui est de La Platière ; aux 2 et 3 de gueules, à trois molettes d'éperon d'or, qui est des Bordes.* L'écu entouré du collier de l'Ordre de Saint-Michel.

La légende VT. SORS. VOLET. TAMEN. STABO s'applique au dé à jouer qui forme le corps de la devise.

Ce jeton fut frappé en 1559 ou en 1560, à l'époque où Imbert de La Platière, seigneur de Bourdillon, de Frasnay, de Montigny, de Saint-Aubin, né en Nivernais, à la fin du quinzième siècle, d'une des plus anciennes familles de la province, était lieutenant-général pour le roi en Piémont. Il fut créé maréchal de France le 22 décembre 1562, et cette dignité n'étant point indiquée sur la pièce suivante, nous pensons qu'elle doit être à peu près de la même époque que la première.

CAROLVS. 9. D. G. FRANCOR. REX.

L'écu du revers, timbré et lambrequiné, est entouré de la même devise VT. SORS. VOLET. TAMEN. STABO.

Bordilon, marié deux fois, d'abord à Claude de Damas et ensuite à Françoise de Birague, mourut, sans laisser de postérité, le 4 avril 1567.

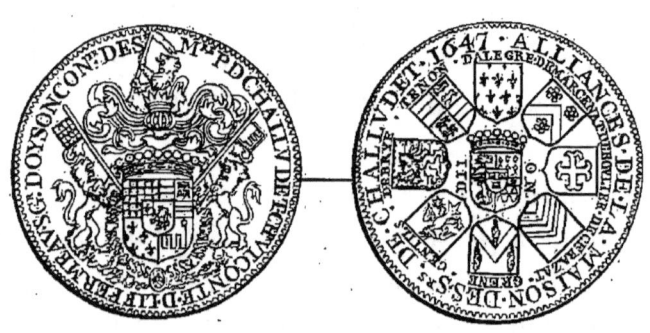

Mre P. D. CHALLVDET. CH^r. VICONTE. D. LIFERMEAV.
SG^r. DOYSON. CON^{er}. DES^t.

Ecu écartelé *de Chaslus, de Tenon, d'Alègre et d'Auvergne; sur le tout d'or au lion de gueules et au franc-quartier d'azur chargé d'une fleur-de-lis d'or.* Sur le petit étendard que tient le lion issant du cimier se lit le commencement de la devise : *Désir sans vanité.*

Au revers, se voient les écussons indiqués par la légende.

ALLIANCES. DE. LA. MAISON. DES. Sʳˢ. DE. CHALLVDET. 1647.

Dans le champ, huit écussons disposés en orle, et au milieu un neuvième; au-dessus de chacun, le nom de la famille dont il offre le blason.

D'ALÈGRE, DE MARCENAT, DE BOVLIER, DE CEBAZAT, GRENE, GENTILS, DE BRYE, TENON, DIJON.

Pierre Challudet, trésorier de France en la généralité d'Orléans, qui fit sans doute frapper ce jeton à l'occasion de l'érection en vicomté de la terre de Liffermeau, appartenait à une famille bourgeoise de La Charité-sur-Loire; son père, ancien maître de forges, lui avait laissé une fortune considérable. Il rêva une illustration nobiliaire et se fabriqua une généalogie appuyée sur la famille de Chaslus, d'Auvergne. Après la mort de sa première femme, Rose Dijon, il épousa, en 1560, Suzanne de Rochechouart. Cette alliance illustre lui inspira l'idée d'émettre un nouveau jeton portant d'un côté les armes de son père et de sa mère, et de l'autre les siennes et celles de ses deux femmes.

Pʳᵉ. DE. CHALVDET. Mᵉ. DE. LHOSTEL. DV. ROY. ET. MARIE. TENON.

PDCHALVDET. CHʳ. M. ROZ. DIION. ET. SVZAN. DEROCHECHOVARD.

Les dates de 1637 et 1650 sont celles de ses mariages successifs.

I. DAMAS. E. DE. CRVX. 1580 : — SIC. NOS. IVNXIT. AMOR.

Monogramme composé des lettres I. D. E. C. (Jean Damas, Edmée de Crux.)

HIS. VICIVS. DAMAS. SVPERAVIT :

D'or, à une croix ancrée de gueules, qui est de Damas. L'écu entouré du cordon de l'Ordre de Saint-Michel.

Jean de Damas, IVe du nom, lieutenant au gouvernement de Nivernais, gentilhomme ordinaire de la chambre du roi Henri III, avait épousé, le 19 février 1560, Edmée de Crux. Il mourut le 13 août 1586.

Le grand jeton sans légende qui vient après appartient à Etienne-Hyacinthe-Antoine Foulé, marquis de Martangy, qui épousa, en 1700, Marie-Elisabeth Le Rebours, fille d'un président au grand conseil.

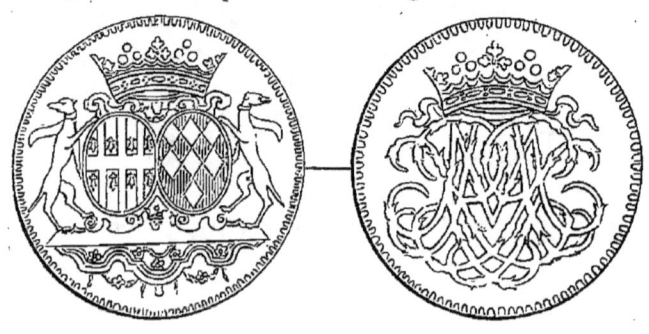

Ecus accolés aux armes des familles Foulé et Le Rebours. Le chiffre du revers est composé des initiales M. L. R. enlacées.

Le marquis de Martangy, issu d'une famille originaire de Paris, mais établie en Nivernais depuis la fin du quinzième siècle, fut successivement avocat-général aux requêtes de l'hôtel, maître des requêtes en 1701, intendant de la généralité de Bourges en 1708 et de celle d'Alençon en 1715. Il mourut sans enfants en 1736.

MESSIRE : · : IEHAN : · · : DE : · · : GANAY :

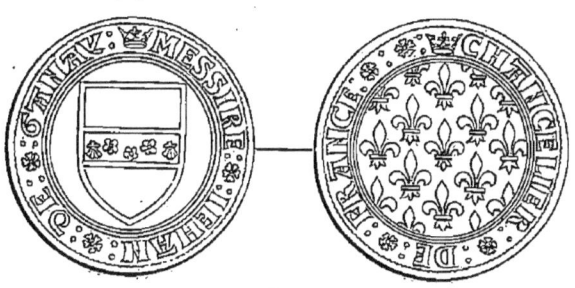

D'argent, à la fasce de gueules, chargée de trois roses d'or posées 2 et 1, accostées de deux coquilles aussi d'or.

CHANCELIER : · : DE : · · : FRANCE : · :

La famille de Ganay, dont le blason offre plusieurs différences, prit son nom d'un fief situé sur la Loire, à la limite du Nivernais et du Bourbonnais, non loin de Decize qu'elle habita pendant tout le quinzième siècle.

Jean de Ganay, avocat au Parlement en 1478, puis conseiller en la cour des aides et chancelier du royaume de Naples où il avait suivi le roi Charles VIII, revint en France, fut nommé premier président au Parlement de Paris; et enfin Louis XII lui conféra la dignité de chancelier, par lettres-patentes données à Blois le 31 janvier 1507.

Le chancelier de Ganay mourut à Blois en 1512, et fut enterré à Paris dans l'église de Saint-Merry où il avait fondé une chapelle.

M^{re} CL DE MOVLNORRI. ABBE. D. GALLIAC. CON^r DE^t. ET M^c D. REQ^{es}

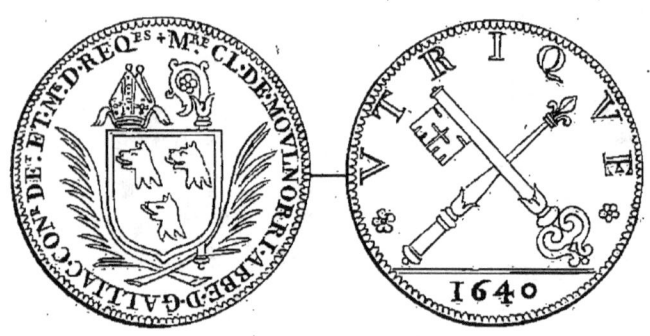

D'argent, à trois têtes de loup arrachées de sable, lampassées de gueules.

VTRIQVE. 1640. — Un sceptre et une clef passés en sautoir.

Claude de Maulnourry, successivement conseiller au Parlement de Toulouse, conseiller d'Etat et maître des requêtes, appartenait à une ancienne famille du Nivernais. Le revers fait allusion au double pouvoir spirituel et temporel de l'abbé commendataire de Gaillac; son frère était, en 1638, président de la chambre des comptes du duc de Nevers.

ANTHOINE DE VEILHAN.

Ecartelé aux 1 *et* 4 *d'azur, au ray d'escarboucle pommeté èt fleurdelisé d'or de huit pièces, qui est de* Veilhan; *et aux* 2 *et* 3 *de sable, à la bande d'argent, qui est de* La Rivière.

La famille de Veilhan, originaire du Limousin, s'établit en Nivernais au commencement du seizième siècle, après le mariage de Jacques de Veilhan avec Jacquette de La Rivière, dame de Giry. Antoine de Veilhan était petit-fils de Jacques. Il fut gentilhomme ordinaire de la chambre du roi et chevalier de l'Ordre de Saint-Michel, vers 1560. Il avait épousé Marie de Jaucourt.

La légende du revers PRVDENTIS. HOC. GYRI. fait allusion à la baronie de Giry dont les seigneurs de Veilhan ajoutèrent le nom au leur.

MÉREAUX DE NEVERS.

M. de Soultrait propose une nouvelle étymologie du mot méreau (Merallis); il signifierait selon lui monnaie de la *Marelle* (marguillerie, administration de l'église), et le mot *Marella* lui-même viendrait de *Matricula*, registre où l'on inscrivait les pauvres et les gens qui avaient droit aux distributions ecclésiastiques. Il décrit ensuite trois méreaux du Chapitre de la Cathédrale de Nevers frappés au commencement du seizième siècle.

M. ANNIVERS.... I ECCLIE. NIVERNEN.

D'un côté, une tête de mort entourée de larmes et accostée de deux ossements; de l'autre, saint Cyr à cheval sur un sanglier, en face de Charlemagne, conformément à la légende que nous avons rapportée p. 201.

SANCTE. CIRICE. ORA. PRO. NOBIS.

L'empereur demanda l'explication de son songe à plusieurs prélats alors réunis à Paris. Saint Jérôme, évêque de Nevers, se chargea d'en donner le sens; il expliqua donc au monarque « qu'en son église Cathédrale, il y avoit une chapelle dédiée à saint Cyr, martyr; que l'enfant qui lui avoit apparu étoit le dit saint Cyr, et que le voile qu'il lui demandoit étoit la réparation et l'amplification de la dicte chapelle, et la restitution du bien et patrimoine de la dicte église. »

Charlemagne, accédant aux désirs du saint évêque, fit rendre à l'église de Nevers les biens dont elle avait été dépouillée.

SANCTE CIRICE ORA PR. — SANCTA IVDITA ORA PR.

Cette pièce ne porte pas le nom de Nevers, mais elle appartient à la Cathédrale de cette ville qui est la seule église épiscopale de France sous le vocable de saint Cyr et de sainte Julitte, Juliette ou Judithe. De plus, la hure de sanglier qui figure au droit formait le blason du doyenné de Nevers, comme on le voit sur la grille du chœur de la Cathédrale.

MOETA CVRIE ECLE NIV.

Chiffre III, et au revers le songe de Charlemagne.

Enfin, il existait, comme nous l'avons dit p. 69, des méreaux de plomb appartenant à l'église de Nevers; mais nous n'avons pu en retrouver aucun.

MONTARGIS.

Nous avons omis de mettre en son lieu le jeton suivant qui a trop d'importance pour que nous ne le donnions pas ici.

RENEE. D. FRAN. DOVAI^re D. FE^re DVCH. DE CHRES.

CONTESSE. D. GISORS. ET. DAME. D. MONTARGIS.

Renée de France, seconde fille de Louis XII et d'Anne de Bretagne, fut mariée très jeune, le 19 février 1527, par François Ier, à Hercule d'Est, duc de Ferrare. Devenue veuve en 1570, elle revint en France pour réclamer contre les conditions de son contrat qu'elle prétendit avoir été frustatoire, fait abusivement par le roi son beau-frère qui était aussi son tuteur. Selon son dire, on n'avait pu faire en son nom abandon de ses droits comme fille de France. En conséquence, elle revendiquait la moitié de la succession des biens d'Orléans, du chef de Louis XII, son père; la moitié du duché de Bretagne, du chef d'Anne sa mère; en tout 70 terres et seigneuries.

Le roi consentit à un accommodement, et Renée reçut la terre de Montargis, le comté de Gisors et le duché de Chartres dont elle resta paisible possesseur, malgré l'opposition du procureur général à l'exécution de cet arrangement.

M. le baron de Girardot, sous-préfet de Montargis, vient de découvrir aux archives de cette ville les deux mémoires manuscrits du procureur général et de la duchesse.

Ces documents seront prochainement publiés par la Société archéologique de l'Orléanais.

Quant à notre jeton, il a le mérite de rappeler tous les titres de la princesse qui l'a fait frapper. Ses armoiries sont parties de Ferrare et de France. Le revers porte son initiale R, semé des fleurs-de-lis de France et des hermines de Bretagne, pour faire allusion à la naissance et aux prétentions de Renée.

FIN.

TABLE DES MATIÈRES.

DÉDICACE.

AVERTISSEMENT	page 5.
PRÉFACE	9.

CHAPITRE Ier

DÉFINITION DES JETONS ET DE LEURS TROIS GRANDES CLASSES.

JETONS	37.
MÉREAUX	65.
JETONS DE MARIAGE	101.
JETONS D'AMOUR	110.
JETONS RELIGIEUX	111.
JETOIRS	124.

CHAPITRE II.

CLASSEMENT.

JETONS HISTORIQUES	146.
PRINCES ET MINISTRES	148.
ORDRES DE CHEVALERIE	159.
ENSEIGNE DES CENT SUISSES	161.
ETATS PROVINCIAUX	163.
ADMINISTRATIONS ET JURIDICTIONS	166.
PERSONNAGES	176.
CORPORATIONS	179.
ORDRE ALPHABÉTIQUE DE VILLES. Voir la table suivante.	

CHAPITRE III.

JETONS DU CENTRE-EST DE LA FRANCE.

DUCHÉ DE BOURGOGNE........................ page	247.
FAITS HISTORIQUES	250.
ETATS DE BOURGOGNE.........................	255.
JETONS DES ETATS. — PREMIÈRE PÉRIODE.	268.
Id. DEUXIÈME PÉRIODE.........	280.
Id. TROISIÈME PÉRIODE.........	305.
JETONS PERSONNELS............................	308.
PARLEMENT DE BOURGOGNE......................	330.
CHAMBRE DES COMPTES DE DIJON................	333.
TRAITES FORAINES.............................	340.
VICOMTES MAIEURS DE DIJON	341.
MÉREAUX DE DIJON............................	346.
VILLES DU DUCHÉ DE BOURGOGNE. Voir la table suivante.	

FRANCHE-COMTÉ.

BESANÇON.....................................	372.
SALINS.......................................	388.
CO-GOUVERNEURS DE BESANÇON	380.
MÉREAUX DE BESANÇON	387.

BRESSE ET DOMBES.

Page 389. Voir pour les villes la table suivante.

NIVERNAIS.

MAISON DE BOURGOGNE	393.
MAISONS D'ALBRET ET DE CLÈVES................	394.
MAISON DE GONZAGUE.........................	399.
JETONS DE LA VILLE DE NEVERS.................	405.
CHAMBRE DES COMPTES DE NEVERS..	408.
JETONS PARTICULIERS	409.
MÉREAUX DE NEVERS..........................	416.

MONTARGIS.

TABLE ALPHABÉTIQUE.

Abaque, page 135.
Académie des Inscriptions et Médailles, 31.
Alcades, 260.
Allégories, symboles, devises, 52.
Anjou, 187.
Armoiries, 52, 143.
Arquebusiers, 230.
Artillerie, 170.
Artois, 164.
Arts, 34.
Auteurs, 7, 21, 29, 33, 35.
Bourgogne, 28, 34.
Bractéates, 28.
Buvettes, 88, 337.
Chancellerie, 167, 414.
Chanoines, 83, 260, 350.
Chambre des comptes, 333, 336.
— Id. aux deniers, 173.
Chapelains, 352.
Chapitres, 65, 66, 68, 85, 210, 217.
Collations, 88.
Colonnes, 378.
Comptes, 65.
Confréries, 90, 94, 115, 182.
Connétablie, 168.

Corporations, 65, 183.
Corps de métiers, 180.
Couturière, 352.
Cygne, 397.
Dates différentes, 43.
Domaine, 131.
Ecotiers, 79.
Effigie, 42.
Elus, 256.
Epices, 337.
Etats, 163, 193, 355.
Fabriciens, 113, 222.
Faits historiques, 43, 147.
Franche-Comté, 281, 290.
Francs-fiefs, 292, 310.
La Fronde, 284.
Globe, 97, 375.
Graveurs, 44 (leurs noms), 46, 48, 296, 302, 339, 402.
Guerres (ordinaire et extraordinaire des), 128, 169.
Homme sauvage, 57.
Huissiers, 333.
Hure, 101, 418.
Imprimerie, 177.
Inquisition, 154.

Jetoirs (origine), 124.
— Différents noms, 125, 126.
— Emploi, 125, 339.
— Historiques, 104.
— Avertissements qu'ils donnent, 126.
— Désignations particulières, 127.
— Usage, 128.
— Par qui fabriqués, 133.
— Manière de s'en servir, 135.
Jetoirs différents, 248, 334, 355.
Jetons, 36, 37.
— Origine, 44, 139.
— Etrangers, 45, 47, 110.
— De Recruteurs, 42.
— Avertissements qu'ils donnent, 38.
— Destination, 52, 139.
— Par qui payés, 143.
— Etrennes, 63, 103.
— Différences avec les monnaies, 38, 41.
— Distributions, 51, 102, 266, 351.
— Façon, 195, 264, 288, 295, 296, 333.
— Nombre, 267.
— Bourses, 262, 265, 292, 295, 338.
Légendes, 54.
Lépreux, 94.
Lettres gothiques, 41.
La Ligue, 250, 272.
Lion et coq, 57.
Lorraine, 134.
Maine, 80, 86, 205.
Maires, 141, 146, 195, 254.

Marchands, 182.
Marguilliers, 112.
Médailles et monnaies, 11.
Médecins, 183.
Méralliers, 65.
Méreaux, 64.
— Emplois divers, 66.
— Définition, 68.
— Remboursement, 69.
— Destination, 70.
— Origine, 70.
— Différents pour chaque office, 71.
— Heures, 71.
— Valeur, 71, 73, 78, 81, 194.
— Manière de payer, 74.
— Distributions, 75, 81.
— Prières indiquées, 73.
— Fondations, 74, 212.
— Pointeurs, 72, 76, 80, 352.
— Boursiers, 78.
— Nécessité des méreaux, 82.
— Dénominations, 95.
Méreaux différents, 70, 90, 97, 189, 190, 192, 196, 206, 212, 217, 232, 234, 240, 347, 349, 364, 366, 387, 416.
Millésime, 41.
Monnaies, 234, 254.
Monnayers, 51.
Noms d'officiers divers, 132, 133, 144, 205, 212.
Origine des médailles modernes, 29, 33. — Des bénéfices, 87.
Parlement, 331.
Pauvres, 116.
Plombs, 67, 71.
Prévôté, 212, 231, 254.

TABLE ALPHABÉTIQUE.

Revenus casuels, 173.
Satire, 56.
Secrétaires du roi, 175.
Sociétés, 179, 354.
Soleil, 60, 291, 403.
Tailles, 355.
Tailleurs, 47, 152, 264, 295.
Trésor, 128, 132.

PERSONNAGES.

Baillet, 308.
Baudesson, 314.
Belin, 386.
Bérardier, 362.
Berbisey, 343.
Bernard (Jean), 187.
Besson, 161.
De Bèze, 409.
Bignon, 31.
Billerey, 385.
Birague, 411.
Bordillon, 410.
Borgeois, 370.
Bouffet, 188.
Boulin, 206.
Bretagne, 311.
Brulard, 288, 299.
Des Bruyères, 367.
Canquoin, 254.
De Challemoux, 316.
Challudet, 411.
Chandelot, 381.
Chartraire de Montigny, 317.
De Chaslus, 412.
De Chastellux, 87.
Du Châtelet, 327.
Chevignard, 362.
Chifflet, 384.

De Cirey, 242.
Colbert, 31, 158.
Cotereau, 212.
Courtois, 183.
Coustin de Manasdau, 317.
Cramoisy, 177.
De Cronembourg, 319.
Damas, 411.
Damas de Crux, 413.
De Donadieu, 354.
D'Estaing, 231.
Fauchet, 177.
Ferrand, 313, 339.
Ferry, 360.
Fiard, 386.
Filioli, 184.
Flusin, 383.
De Foudras, 315.
Foulé, 413.
Franchet, 385.
Frémiot, 331, 345.
Fyot, 312.
De Gadagne d'Hostun, 310.
De Ganay, 313, 414.
Gillet, 364.
De Giry, 416.
De Gissey, 309.
De Gorrevod, 391.
Gueneau d'Aumont, 330.
De Guénégaud, 107.
Guillemin, 383.
Henri, 381.
Jachiet, 311.
De Jaucourt, 416.
Jeanne d'Arc, 215.
Julien, 311.
Jurain, 358.
De Labriffe, 320.

De La Forêt, 319.
De Lagoutte, 327.
De Lamare, 325, 361, 363.
La Platière, 410.
De Langehac, 322.
De Laramisse, 315, 357.
De La Rivière, 416.
De La Tour, 97.
De La Tour d'Auvergne, 367.
De Latournelle, 325.
Laverne, 357.
Legendre, 132.
Legouz, 253, 314.
Lemulier, 317.
De Lestang, 322.
Loppin, 360.
Lorenchet, 362.
Luther, 123.
Maillard, 344.
Mareschal, 384.
Mareschal de Bouclans, 386.
Des Maretz, 179.
Marin, 385.
Le Marlet, 343.
Martin, 343.
De Massol, 322.
Maufoux, 328.
Maulnourry, 415.
Mazarin, 404, 407.
Millière, 344.
Moisson, 343.
Mongin, 321.
Monnier-Noironte, 382.
Moreau, 324.
Morelet de Couchey, 323.
Morin, 68.
Moussier, 346.
De Neufchèze, 365.

De Noinville, 107.
Parigot, 361.
De Pernes d'Epinac, 318.
Pernot d'Escrots, 325.
Perrenot (cardinal de Granvelle), 153.
Pétrarque, 2.
Piretouy, 355.
De Pontchartrin, 31.
Pouffier, 309.
Pourcher, 368.
De Quaremont, 142.
De Rabutin, 370.
Raimbauld, 142.
Richelieu, 59, 283.
Rochechouart, 412.
Rolin (le cardinal), 352.
Royhier, 345.
De Sassenay, 329.
De Sercey, 316.
De Sévigné, 371.
De Simiane, 107.
Sonois, 312.
Teste, 44.
Testu (Jean), 133. (Simon), 205.
De Thésut, 309.
De Thyard, 323, 324, 326.
Tixier, 363.
Turenne, 377.
Veilhan, 416.
Vergy (Alix de), 87.
De Vienne (Louis), 321.
Vitte (Claude), 318.
Wilkinson, 67.

PRINCES.

Adélaïde de Savoie, 60.
Anne de Bretagne, 41.

Benoit VIII, 97.
Charlemagne, 88, 204, 417.
Charles d'Anjou, 80.
Charles le Chauve, 369.
Charles VI, 75, 115.
Charles VII, 86, 115, 132.
Charles VIII, 79, 132, 257.
Charles IX, 59, 113, 336, 398, 411.
Charles Quint, 27, 61, 121, 373.
Charles le Téméraire, 104.
Charles Martel, 87.
Clément VI, 88.
Clément VII, 374.
Clément de Bavière, 108, 129.
Condé (le prince de), 282, 286, 298, 377.
Dauphins, 85, 157, 282.
Enfants de France, 62.
Enghien (le duc d'), 283, 301.
Ferdinand II, 376.
Ferdinand III, 377.
François Ier, 44, 59, 75, 133, 187, 257, 342, 368, 420.
François II, 150, 344.
François d'Alençon, 152.
Gaston d'Orléans, 2, 280, 389.
Guise (le duc de), 250.
Henri II (empereur), 98.
Henri II, 148, 320, 335, 340, 356.
Henri III, 155, 181, 271, 340, 347.
Henri IV, 62, 106, 113, 155, 156, 211, 275, 333, 372, 402, 407.
Hercule d'Est, 419.
Hesse-Reinfeld, 304.
Hugues III, 347.
Isabelle de Portugal, 375.
Jean (le roi), 356, 393.

Jean de Bourgogne, 394.
Jean-George de Saxe, 123.
Joyeuse (le duc de), 271.
Louis le Débonnaire, 88.
Louis III de Flandre, 393.
Louis IX, 125, 219.
Louis X, 130.
Louis XI, 86, 266.
Louis XII, 59, 129, 132, 180, 335, 342, 420.
Louis XIII, 282, 320.
Louis XIV, 32, 54, 59, 62, 157, 159, 285, 302, 408.
Louis XV, 32, 135, 301, 306.
Louis XVI, 67, 308.
Marie de Médicis, 277.
Marie Stuart, 151.
Marie Thérèse, 60, 157.
Mademoiselle de Montpensier, 55, 390.
Mayenne (le duc de), 269.
Napoléon, 30, 160.
Philippe le Bon, 105, 248.
Philippe le Hardi, 106, 356, 393, 408.
Philippe II, 375, 388.
Philippe IV, 289, 379.
Raoul de Lorraine, 86.
Reines, 129.
Renée de France, 419.
René (le roi), 187.
René de Savoie, 45.
Roland, 204.

SAINTS

Amé, 199.
Anne 114.

Barthélemy, 111.
Bernard, 232.
Cyr, 202, 417.
Etienne, 98, 193, 208, 214, 312, 346.
— (des Grés), 92.
Eustache, 114, 219.
Félix, 240.
Ferréol et Ferrutien, 387.
Fortunat, 240.
Genès, 198.
Gervais et Prothais, 114, 222.
Jacques, 223.
Jean, 223, 348, 390.
Joseph, 242.
Julien, 207.
Judithe, 418.
Lazare, 349, 353.
Mammès, 202.
Marthe, 100.
Martial, 102, 209.
Martin, 70, 224.
Maurice, 77.
Michel, 94, 208.
Nicolas, 111, 182.
Opportune, 93.
Paul, 366.
Philibert, 369.
Pierre, 243, 366, 391.
Quentin, 236.
Sévère, 79.
Séverin, 93.
Symphorien, 392.
Ursin, 193.
Valérien, 368.
Vierge, 94, 213, 242, 251.
Sainte-Chapelle, 75, 76, 193, 194, 217, 330, 347.

VILLES.

Aix, 184.
Aire, 185.
Amiens, 69, 185.
Angers, 185.
Arras, 69, 189.
Autun, 71, 102, 113, 328, 336, 349, 353.
Auxerre, 86, 314, 324, 354.
Auxonne, 355.
Avallon, 354.
Avignon, 190.
Bar, 134.
Bayeux, 190.
Beaune, 250, 309, 328, 358.
Belley, 390.
Besançon, 372, 387.
Blois, 191.
Bordeaux, 191.
Bourbon-Lancy, 316.
Boulogne, 192.
Bourg, 391.
Bourges, 98, 192.
Burgos, 100.
Cambrai, 196.
Chalon, 69, 314, 365.
Charleville, 403.
Chartres, 197.
Châtillon-sur-Seine, 321.
Clermont, 198.
Cluny, 98, 366.
Cravant, 86.
Creusot, 67.
Dijon, 87, 98, 252, 332.
Douai, 90, 199.
Emmaüs, 56.

TABLE ALPHABÉTIQUE.

Evreux, 200.
Issoudun, 101, 201.
Langres, 202.
Le Mans, 86, 94, 205, 206.
Lille, 109, 121, 165.
Limoges, 103, 207.
Le Puy, 66.
Lyon, 85, 211.
Mâcon, 70.
Maintenon, 212.
Marcigny, 86.
Maubeuge, 66.
Meaux, 71, 213.
Metz, 374.
Montbard, 319.
Montbrison, 75.
Montcenis, 67.
Montfaucon, 214.
Moulins, 113, 143.
Nancy, 86.
Nevers, 69, 101, 394, 403.
Nuits, 312, 337, 367.
Orléans, 86, 215.
Paris, 65, 70, 74, 76, 90, 93, 113, 115, 217, 374, 409.
Perpignan, 66, 227.
Poissy, 228.
Pont-de-Vaux, 391.
Pontoise, 228.

Provins, 229.
Reims, 229.
Rennes, 164.
Réthel, 230.
Riom, 231.
Rodez, 231.
Romans, 232.
Rouen, 51, 233.
Semur-en-Auxois, 330, 346, 370.
Sens, 252.
Saint-Claude, 235.
Saint-Omer, 65, 75, 79, 235.
Saint-Jean-de-Lône, 315.
Saint-Quentin, 236.
Salins, 388.
Savigny, 237.
Termonde, 66, 70, 73.
Toul, 76.
Tournay, 46, 237.
Tournon, 238.
Tournus, 368.
Tours, 68, 238.
Trevoux, 51, 392.
Utrecht, 42.
Valence, 239.
Verdun, 242.
Vienne, 77, 85, 242.
Villefranche, 243.
Viviers, 87.

FIN.

www.ingramcontent.com/pod-product-compliance
Lightning Source LLC
Chambersburg PA
CBHW050902230426
43666CB00010B/1985